分布式商业生态战略

数字商业新逻辑与企业数字化转型新策略

思二勋 ◎ 著

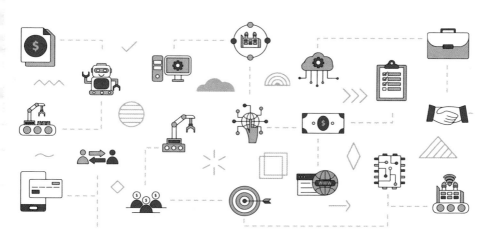

清华大学出版社

北京

内 容 简 介

本书从新时代商业环境出发，紧随市场热点，如分布式自治组织（distributed autonomous organization，DAO）、非同质化通证（non-fungible token，NFT）、元宇宙、Web 3.0、资产数字化、反垄断、要素市场化配置等，以企业数字化转型为核心，以区块链等数字化技术为基本点，以场景为基本面，勾勒了数字化时代分布式商业演化的新趋势，以及其对企业经营管理的影响，提出了数字化时代企业数字化转型的新策略和分布式经营管理的低成本、高效率发展方案。

本书全面分析了分布式商业产生的背景及其本质内涵，认为分布式商业是未来商业演化的必然趋势。分布式商业生态战略不但是未来企业生存的基本战略，而且是元宇宙商业生态建设的底层逻辑，并将 Web 3.0、DAO、NFT、元宇宙等新兴事物融入分布式商业生态体系中，深度解读了数字化时代的新商业逻辑和战略思维。同时，就分布式商业生态战略的具体设计要素和生态建设内核进行深度分析与诠释。最后，就该战略下的组织结构和人才特征进行详解。本书在研究过程中随需以大小案例支撑研究结果的提出。

本书的读者对象为区块链行业从业者、企业管理者、政府相关机构决策者，以及对数字化转型、区块链应用、NFT、元宇宙生态布局有需求的社会各界人士。

图书在版编目（CIP）数据

分布式商业生态战略：数字商业新逻辑与企业数字化转型新策略 / 思二勋著 . —北京：清华大学出版社，2023.6

ISBN 978-7-302-63367-9

Ⅰ.①分… Ⅱ.①思… Ⅲ.①数字技术－应用－企业管理－研究 Ⅳ.① F272.7

中国国家版本馆 CIP 数据核字（2023）第 064596 号

责任编辑：白立军
封面设计：杨玉兰
责任校对：郝美丽
责任印制：丛怀宇
出版发行：清华大学出版社
    网 址：http://www.tup.com.cn, http://www.wqbook.com
    地 址：北京清华大学学研大厦 A 座   **邮 编：**100084
    社 总 机：010-83470000   **邮 购：**010-62786544
    投稿与读者服务：010-62776969, c-service@tup.tsinghua.edu.cn
    质量反馈：010-62772015, zhiliang@tup.tsinghua.edu.cn
印 装 者：三河市铭诚印务有限公司
经 销：全国新华书店
开 本：148mm×210mm   **印 张：**10.75   **字 数：**260 千字
版 次：2023 年 8 月第 1 版   **印 次：**2023 年 8 月第 1 次印刷
定 价：59.00 元

产品编号：098553-01

近两年来，区块链已从鲜为人知发展到尽人皆知且众说纷纭，从产业初期的静默发展到产业成长期的爆发。如今，区块链行业已迎来重要的政策机遇期和产业应用期，需要我们回归区块链的本源价值，探索区块链的商业应用逻辑和应用范式。

区块链作为价值互联网的核心驱动技术，在技术革新和产业变革中起着重要作用。分布式记账、点对点传输、加密算法等计算机技术为分布式数据的共享、业务流程的优化、可信体系的建立、协作与交易效率的提高，以及分布式商业生态的构建等提供了有力支撑。目前，越来越多的人开始关注区块链的实际落地价值与商业应用前景。

然而，要想应用好、发展好区块链，就需要充分掌握其原理、了解其作用、认知其价值，并明确区块链近期发展目标和远期战略愿景。

第一，区块链不仅能塑造可信共享的商业价值网络，还能塑造公平、高效的产业服务平台。区块链被认为是一种以去中心化的方式集体维护的分布式数据库。这种底层分布式数据结构为数据的高效治理和可信共享创造了基础条件。当前，数据日益成为企业发展、产业发展及数字经济建设的基础设施，在区块链所构建的端到端的分布式价值网络生态中，网络节点共同分享数据、管理数据，使数据价值在更多场景中实现了更高效的共享与交易，有效提升了行业数据应用水平。数据的分布式管理更利于多方主体之间的高效协作，以及产业/平台组织的创新和产业上下游生产关系的变革。本书所述的新型协作组织——分布式自治组织，将对传统产业结构、产业协作方式，以及组织的价值创造方式和价值分配方式产生重大影响。在此背景下，书中也提出了基于分布式商业生态战略的设计要素和生态运行内核，对于产业/企业的价值重塑有一定的参考意义。

第二，发展区块链的当下目标在于推动各业务场景的有效落地，远期目标在于推动各行业经济的高质量发展。任何一项技术的核心价值都在于其应用场景的广度与深度，目前区块链还处于探索应用的初级发展阶段，当下的核心目标在于探索区块链技术在各个业务场景中的实际应用路径和方法。那么，如何挖掘各业务场景的价值和技术应用的价值？本书所述的场景思维从多个维度说明了具体场景的价值重塑方式，这为区块链在具体场景中的深度应用指明了方向。随着区块链技术的成熟，越来越多的企业开始探索区块链在实体经济中的实际应用，并利用区块链技术探索数字经济模式创新和各产业供给侧结构性改革。区块链技术以高质量的数据协同和产业协作方式有效推动各行业供需的有效对接和价值的高效转移，从而助力中国经济实现高质量发展。

第三，区块链的底层价值在于构建互联网时代的数字文明，顶层价值在于构建区块链时代下的商业文明。在互联网世界，数据正成为推动数字经济和智能化社会的基础。数据改变了人类的沟通方式和经济运作方式，在区块链所塑造的价值网络中，所有的人或物都凭借数据屹立于数字社会中，这时数字文明就成为社会文明的基础。基于可信数据的高效安全共享，是数据治理的目标，也是数字文明的基础标志。区块链所形成的信任机制很好地解决了数据的安全可靠性，极大地提高了共享交易的效率，降低了社会自治组织中的协作成本和交易成本，也为业务流程的自动化执行提供了技术保障。区块链在商业层面的应用可推动互联网从"信息互联网"向"价值互联网"转变，构造新型生产关系，调动生产要素配置，进而推动生产力的发展，促进公平、开放、可信、高效的分布式商业生态文明的形成。本书所提出的分布式商业生态战略是未来企业数字化转型和产业经济变革的基础战略，希望在区块链技术的赋能下，分布式商业能够引导人类生活发生质变，实现人民对美好生活的向往，并以此带来新的商业文明和社会文明。

对区块链认知和应用的探索，需要先行者勇于研究和实践。未来，随着区块链所带来的数据共享机制、信任机制、组织协作机制、经济激励机制等在各商业领域的应用，分布式商业模式将更加流行，新一轮产业革命和经济供需改革的成效也会愈加明显。如今，在区块链变革浪潮中，只有顺应潮流，才能引领趋势，希望我们在这场变革中都能砥砺前行，争做创新先锋。

何宝宏
中国信息通信研究院云计算与大数据研究所所长

商业活动是促进社会分工、增进人类福利的重要途径。商业活动的主体是人，包括法人和自然人。人都有趋利避害的本性，存在利用信息不对称等因素、采取损人利己的机会主义行为。在中国的成语中，形容人性负面的成语众多，如营私舞弊、坑蒙拐骗、背信弃义。因此，古往今来，商业活动中一直存在一大痛点：信任风险。

为了解决商业活动契约签订和执行过程中的信任风险，出现了很多环节和中介机构，其存在的功能就是获取信息和管理信任风险，这实际上是巨大的社会成本。即使互联网、物联网等连接和数据技术的广泛应用，仍然没有解决信任问题。互联网上仍然骗局频现。例如，近几年的互联网金融，本意是通过互联网借贷平台（peer to peer lending，P2P）的直融模式，打破传统金融服务的门槛，但因为缺乏信用机制，过程失控，风险积聚，引发政府出手整顿。

区块链本身是一种分布式存储记账技术，所有交易分布式记录后，由多方共同维护，可以在公共账本上流转，可追溯，不可篡改。因此，可以用于交易监督，由此衍生出来的共识机制和智能合约技术，可以建立透明、可控、自动化的交易流程，从而大幅降低契约建立和执行的成本。

因此，区块链技术与互联网、物联网、人工智能、5G及云计算等信息技术相结合，必将对商业进行一次范式变革。变革内容主要包括：重塑商业价值体系和商业业态，细分价值颗粒度；重组商业分工，重定商业角色，重造商业流程，重构商业模式；改变商业过程核心要素的协同关系，重新设计和构建生产关系，降低商业交易成本，促进商业智能自动化。

本书系统深入地分析了区块链对分布式商业生态的影响，指出了在区块链驱动下，商业演化和企业管理的新方向、商业新形态。提炼出了分布式商业环境下的商业新思维和分布式商业生态战略设计要素及运行内核，为企业和个人的创新发展提供了新思路。

本书的出版非常及时，有助于商业、政府等各界人士更深入地认知区块链对商业范式和业态变革的重大影响；重新定位自己，思考自己的企业在商业生态中存在的价值，是否已经或正在被部分或者全部替代，及时做出调整；或者利用区块链技术改造自己的业务和管理，提高效率。

朱武祥

清华大学经济管理学院金融系教授

清华经管商业模式创新研究中心主任

我们无法把我们的梦想，构建在猜疑的心上。

——埃尔维斯·普莱斯利（Elvis Presley）

人工智能、区块链、云计算和大数据（artificial intelligence, blockchain, cloud computing, big data, ABCD）等新兴技术推动商业社会朝数字化、平台化、分布式方向发展，数字化技术和数据资产化浪潮推动着商业模式和商业思维的颠覆式创新。

新技术、新场景、新模式融合创新出新业态，原有商业场景被重塑，既有的商业体系被打破。数字经济时代，新型的网络结构凸显了"个人"这一主体的商业话语权和影响力，同时给"个人"的经济生活、娱乐生活等带来了变化，分布式商业应运而生。正如本书中所言，在分布式商业中，人人都可以相对自由地表达创意、实现创意，也可以相对自由地参与某一组织的价值创造、价值分享及价值投资等。

分布式商业、分布式金融乃至分布式社会中各种思潮层出不穷，我们需要透过纷繁复杂的表象，化繁就简，回归到商业的本质上，探讨商业的初心。

商业的本质是价值的交换，而"信任"则是交换的基石。好的商业和坏的商业之间的区别在于能否降低信任的成本，构建"无成本"的信任应当是商业模式创新的终极目标。而金融也逐步从货币信任过渡到资本信任，并进一步进化到数据信任。区块链这一"信任的机器"在数字经济时代对于构建商业信任显得至关重要。

建立信任比掌握技术更重要。ABCD 等新兴技术，甚至数字货币将从根本上改变未来的商业生态，让商业以全新的业态服务于"个人"的生产和生活。再先进的技术，如果不能有效帮助商业双方构建信任，就无法降低"建立信任的成本"，无法提高生产协作效率，也无法提升资源配置效率，更无法提高全要素生产率。建立信任不是机器和算法能够解决的，核心还在于"人"。教育的本

质也应当是赋予人以更美好的思想，正如本书中提到的，分布式商业模式下，
U 盘型人才也应该保持初心，才能更好地走向新商业模式下的自由发展之路。

在商业演进的过程中，我们无法用精细的规划推演未来的业态，能做到的
唯有将既有的封闭系统打开，拥抱时代的变化，鼓励新的模式创新和尝试，而
在创新的洪流中，我们需要坚守的唯有一条简单的普适准则——降低"建立信
任的成本"。

"明月直入，无心可猜。"未来已来，让我们乘风破浪，构建新时代更好的
商业文明。

刘晓蕾
北京大学光华管理学院金融系主任、教授

当前，随着信息技术的飞速发展，产生了众多创新型应用模式，在为商业生态注入活力的同时，也形成了技术和商业上的"天花板"。从技术上来看，数字经济的核心是数据，传统的云计算、大数据等都是资源汇聚型技术，掌握更多云资源和数据资源就会提供更好的服务，这势必造成一家或几家独大的局面。例如，云计算领域的亚马逊、大数据领域的谷歌等公司，为中小型企业带来了不可逾越的鸿沟。从商业模式上看，数字经济的核心是流量，建立更大的平台才能吸引更多流量，更多流量会形成更大的生态，形成"强者恒强"的商业局面，中小型企业只能依附于大平台的生态体系来生存。同时，技术和商业的"天花板"会形成组合效应，因为技术资源的汇聚，形成了技术的屏障，吸引了更多的流量，建立了更大的商业体系，最终形成了生态壁垒。

区块链技术基于点对点通信、分布式网络的基础设施，结合加密算法和共识机制等技术逻辑，完全颠覆了传统中心化的网络架构，为分布式商业生态的建立提供了技术支撑。本书作者深入思考了基于区块链技术的分布式商业战略，从商业变革及其相关管理探索进行分析，给出了建立分布式商业生态战略对组织和个人的要求，同时创新性地提出了分布式商业生态运行与管理指南，为组织推进分布式商业生态的实践提供了指引，促进产业数字化转型进程。

李　鸣

中国电子技术标准化研究院区块链研究室主任

IEEE 计算机协会区块链和分布式记账技术委员会主席

当前，商业经济环境的不确定性越来越明显，市场经济受到疫情、技术、政策等多方因素影响越来越难以预测，黑天鹅事件时有发生，科技与产业发展日新月异。移动互联网、大数据、区块链、云计算、5G 等信息技术的发展，以及 ChatGPT 等新物种的出现，迅速冲击着社会诸多领域，并引发了社会结构、社会关系，以及商业环境、企业价值生态等的变革。

尤其是在信息技术的推动下，原有场景被重塑，原有商业体系被打破，一种新型的网络社会的形成给人们的经济生活、文化生活、娱乐生活等带来了变革。在此背景下，数字商业也逐渐形成，造就了多种不同的工作方式和生活方式，人们更加依赖互联网来解决生活场景中遇到的各类问题，甚至被"捆绑"在网络社会中。目前网络社会已经承载了大量关于消费行为、文化影响、生活轨迹、社会互动、情绪传递、人群分化等的信息和痕迹。从衣食住行到休闲娱乐、社交工作，乃至生活中方方面面的场景都已经被各种移动应用程序改变和重塑。此时，企业的机会和价值就是瞄准场景，重塑场景，提升客户价值体验。

在错综复杂的网络社会中，每个节点都是一个价值贡献体，与网络中的其他个体都存在着或强或弱的连接关系。各个节点自由组合，形成复杂的网络共生体，在此基础上更利于形成"所有人为所有人服务"的商业新生态。

网络社会拓展了人们的生存空间和发展空间，提升了人们在思想、言论、财富创造、创新等方面的自由度。网络社会也对企业的各价值链环节孕育了重构机会。工业时代公司制蓬勃发展，为了提高生产效率，加大对生产资料的利用率，并且为了在单位时间内创造更多的价值，人们要去加入某个组织，然后机械化工作。那时，自由成了奢侈，被"固化"成了常态，人们内心的意愿很难得到全方位表达。

互联网和区块链等技术与思维给予个体价值化、IP（intellectual property）化、自由化发展通道，给予企业网络化、生态化、协同化的发展机会。以互联网、大数据、云计算和区块链等数字化技术为基础，以 Web 3.0 和平台化商业模式为支撑，助力实现"多个服务主体"对接"多种个性化需求"的功能，使网络中的任何一个节点，都可以通过区块链等技术赋能的平台，寻找到与之相配的组织或生态，并根据预先设定的规则和所拥有的技能或资源，以分布式连接方式参与价值共创。一种超大规模的社会化自组织的生产协作范式或将持续涌现。

就个体而言，其可以自由支配在什么时间、什么场景去做什么事情，每个人都是一个自主节点，通过参与组织协作，进而在网络社会中创造价值，自由发展。此时，个体信用资产和多元化能力就变成了个体在网络中生存的核心资产。随着个体价值的崛起和经济社会数字化程度的提升，大规模分布式生产协作或将成为主流。未来每个人都是一个独立的经济体，既可以独立完成某项任务，也可以随机加入某个组织，相互协作，执行系统性工程，并获得相应的报酬。在某种程度上，这种网络化的协作工作方式也能解决新经济压力下的就业问题。

就企业而言，其可以凭借网络生态资源，充分利用内外部资源，造就更多的业务组合、业务协同、产业连接、生态连接机会，基于某一场景痛点和场景数据，通过数字化管理等手段将数字技术与现实场景和实体经济深度融合，并形成新的价值网络空间平台。在该平台上各种业务场景、业务痛点、服务痛点、产品组合等可以被快速识别和定义，平台组织在角色定义、需求重构、资源配置、生态协作、场景造物、动态管理等方式下，快速形成解决方案，从而提高传统产业的数字化、智能化水平和产业组织共生发展与协同发展的可能性，为全场景商业布局和不确定环境下的场景方案提供了高效率解决路径。

分布式商业往往是在这种背景下产生的，是网络社会中的商业新生态。在分布式商业背景下，网络化、数字化、分布式商业形态或将大量兴起，以分布式自治、智能协同、通证激励、资源共享等为特征的分布式自治组织或将成为主流。在这种商业组织中，数据即是资产，算法奠基规则，信用促进交易，行为即有奖励，共识界定价值，协同共创生态。各参与方都处于点对点的对等关系，权力分散，互不隶属，协作依靠共识，是一种相对自由、平等、公正的组织生态。例如，在区块链网络中，价值活动都由多个节点共同参与才能完成，其规则是由算法预先设定，价值活动信息公开透明，各节点的参与权、记账权、收益权都是平等的。每个个体都可以在区块链网络社区中参与价值活动和生态建设。

从经济结构转型来看，分布式商业逻辑在一定程度上也是供需改革和经济结构转型的逻辑。目前，集中化、垄断式的商业模式仍然居于商业价值的主导地位。但商业的本质是价值交换，商业的进化一直以扩大交换范围和提高交换效率为基础。垄断式的商业模式是为了解决相对集中、可量化的大规模需求。商业环境复杂且多变，垄断式的商业模式和集中化的管理已暴露出诸多问题，不仅难以解决分散且多变的需求，而且为用户和合作伙伴带来了诸多剥削和困扰。随着监管部门加强对中心化互联网平台的监管和反垄断的深入落实，未来，以区块链应用为基础的分布式商业或将成为数字经济下的基本商业形态。

本书基于目前的数字商业背景提出了分布式商业新形态及分布式商业思想逻辑，并在此基础上提出了场景思维、区块链思维等理念，辅以分布式商业生态战略落地和经济结构的转型。近年来，移动互联网等技术持续推动商业社会朝着场景化方向发展，催生了新的商业时代——场景时代。大数据、云计算、区块链、人工智能等新兴技术推动商业社会朝着数字化、场景化、平台化、分布式方向发展。

尤其是在区块链技术赋能下，区块链技术不仅能解决信任危机、资产安全和质量危机等问题，还能推动完善产权制度和各生产要素的市场化配置，实现产权有效激励和各资源要素自由流动，为分布式自治组织和个人之间的分布式协作，以及分布式商业生态运转提供有效支撑。分布式商业的形成有助于组织或个人将分散、闲置的生产资源与能力，如劳动、资本、土地、知识、数据、技术等，最大化地利用起来，在资源共享与能力互补下，促使组织或个人以分布式方式解决分散的需求。组织基于预先设定的价值交换或合作规则，在以数据、算法、信用、共识等为基础的价值网络中实现价值连接和智能协同，通过分布式资源供给与分布式管理解决多变场景下的多变需求，有效加快各要素市场化结构性改革，激发全社会创造力和市场活力，实现了供需的"分布式"管理和经济的高质量发展，最终促成一种由"数智"引发的高质量市场格局。

分布式商业聚焦人们的生活场景，以数字化技术和数字化商业思维，全面推动实体经济与数字经济的融合发展。通过线上线下融合，场景活动数字化、平台化、智能化，场景解决方案多主体参与、分布式协作、协同化运营，各主体之间以既定的规则和约定通过数据驱动、网络化协同等方式跨部门、跨企业、跨区域进行智慧型合作生产及运营，在整个生产关系方面呈现出互利、共生、共赢、共担的商业关系，基于此重塑生活场景，带给人们沉浸式生活体验。最终，以分布式商业实现广大人民对美好生活的向往（见图 1）。

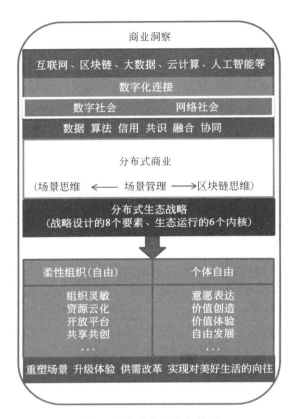

图 1　分布式商业生态体系

　　本书所述的分布式商业是在人们时时刻刻都需要面对的"场景"的基础上提出的。笔者认为，场景是挖掘需求、创造需求的起点，也是价值创造、供需匹配的源点，还是价值分享与价值投资的源点。分布式商业源于分散的需求，分散需求的挖掘和洞察需要基于场景，分散且多变需求的解决需要分布式自治组织作为支撑。区块链等新技术为这种分布式自治组织的形成创造了条件。在利用区块链等新技术构建的对等互信的区块链网络组织中，组织或个体基于共识型社区协作共创，通过智能合约功能实时自动执行业务逻辑及商业契约等，业务流程智能合约化，使组织与组织之间、组织与个体之间、个体与个体之间可以便捷、安全、点对点地进行价值协作、价值创造和价值转换，如此各主体之间便能有效减少商业交易摩擦、降低交易成本。

同时，分布式商业的构建也需以平台为基础，以分布式协作和经济激励为手段，使多个参与方自由地为柔性组织或生态贡献其能力或价值（如设计能力、生产能力、运营能力、销售能力、资源统筹能力、金融服务能力等）。以点对点的方式解决分散的需求，从而实现供给侧的有效改革和经济的高质量发展。因此，分布式商业的形成也能为不确定时代下企业和个人提供应对变化的确定性逻辑。

那么，在诸多分布式场景中，各组织内部成员如何进行分布式协作，解决各种突发性事务和多变性需求，创造价值，获取收益？书中提到的"区块链思维和场景思维"将为组织或个体在具体的协作场景中提供价值创造逻辑。

随着新基建的逐渐成熟，未来人们的生活和工作场景会越来越虚拟化，人们很快可以随时随地借助于智能设备、虚拟设施等，在数字化世界中进行学习、工作、交友、购物、旅游。在此背景下，罗布乐思（Roblox）CEO 大卫·巴斯祖奇（David Baszucki）提出了"元宇宙"的基本特征：身份、朋友、沉浸感、低时迟、多元化、随时、经济系统和文明。基于该特征笔者认为"元宇宙"= 数字化基础设施 + 数字身份 + 数字资产 + 场景化创造与交易 + 分布式自治组织 + 虚拟社交，人们在"元宇宙"中实现价值创造、价值获取与深度体验。笔者亦认为，在"元宇宙"中所遵循的商业逻辑与本书所提倡的"分布式商业逻辑"高度吻合。

分布式商业是在新技术、新思维等土壤下孕育的一个新机会和新业态。笔者认为，分布式商业是数字经济时代商业演化的趋势，是一种网络化、分布式、多主体、强协作、高协同的商业共生关系。分布式商业的形成需以价值互联为基础，以生产经营活动为关键内容，以提升生产经营效率和优化资源配置为核心。这种商业形态更利于实现国家所提倡的扩大内需战略和供给侧结构性改革。

商业的核心不在于交易本身，而在于如何应用商业思维或商业逻辑，持续地让客户购买更多的商品或服务。分布式商业也是如此，分布式商业要有与其相匹配的思维方式，以及在这种思维下衍生的战略规划要点、管理方式、组织形态和人才特征等。基于此，本书也提出了分布式商业生态的运行逻辑和分布式商业生态战略执行要素，并提出辅以分布式商业生态战略落地的"分布式自治组织"和"U 盘化人才"，在这种组织形态和人才特征的支撑下，我们相信，分布式商业或将带我们走向不一样的未来!

最后，本书不免存在纰漏，望读者多加批评与指正，可通过邮箱 bailj@tup.tsinghua.edu.cn 联系笔者，笔者在此深表感谢!

编　者
2023 年 1 月

第1篇
认知篇：界定新环境，探索未来商业演化和企业管理新方向　001

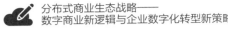
07　第7章
分布式商业生态运行内核　199

08　第8章
分布式自治组织：分布式商业生态下的
新型敏捷组织　232

09 第9章
U盘化人才：分布式商业环境中的个人发展新方向　260

10 第10章
分布式商业案例，开启新商业实践之旅　272

第1篇

认知篇：界定新环境，探索未来商业演化和企业管理新方向新技术、新场景、新商业、新经济接踵而至。当前，大数据、人工智能、5G、AR/VR、区块链等新一代信息技术开始对各领域的生产和生活方式产生影响，传统的物理设施和经济结构正在被解构，新的商业格局与经济社会正在到来。据中国信息通信研究院数据显示，2020年我国数字经济延续蓬勃发展态势，规模由2005年的2.6万亿元增长到2020年的39.2万亿。当前，数字技术正驱动构建一个新的数字孪生世界及其衍生的元宇宙世界，一个新的商业世界正在到来，对原有商业体系、商业逻辑、管理思维、战略规划、组织重塑，以及现实生活的场景体验产生重大变革。

第1章

以场景为基础、以区块链为支撑的商业变革

1.1 生活就是多场景的连续体验

随着区块链等数字技术的发展，企业的价值逐渐体现为重塑人在场景中的生活方式，塑造场景价值，提升场景体验。

自 2012 年面世以来，滴滴出行经过多年的浴血奋战，已成为出行服务场景中的独角兽企业。滴滴出行选定了一个出行场景，凭借互联网时代的新兴技术（如定位技术、云计算、物联网、传感技术等）和新思维（如连接思维、互联网思维、平台思维、算法思维等），为用户提供基于出行场景的解决方案，给出行者提供效率更高、体验更佳的出行服务。

滴滴出行改变了传统的路边招手的打车方式，利用移动互联网技术和思维，将出行场景中的供需角色聚集在平台上，并通过场景科技、支付科技等手段将线下场景需求与线上场景服务深度融合，实现大规模供需角色实时匹配与互动，并以此解决人们在出行场景的出行服务需求，极大程度地提升了人在场景中的服务体验。

在滴滴出行平台，只要是符合要求的司机，都可以参与服务乘客的生态。滴滴出行为司机提供的价值是自主、开放、高效等服务体验，司机可以有选择地高效接单；滴滴出行为乘客提供的价值则是方便、快捷且相对便宜的出行用车服务。滴滴出行的服务逻辑，是界定出行场景并找到价值供需的角色。对于滴滴出行来说，在其价值链上司机和乘客是两个核心群体。滴滴出行的主要工作就是连接这两个核心群体，制定场景机制，激活核心群体，并满足双方的需求，提升司机和乘客的体验。滴滴出行改变了平台两端"司机和乘客"的关系，通过技术赋能使服务变得简单、有趣。在互联网时代，这种基于场景痛点构建的服务改善、

业务重构和产品升级也是企业转型的一种路径。而且，这种场景导向的
商业变革会越来越流行。

在互联网时代，如果说率先占取场景是企业的主要战略，那么争夺
场景则是企业竞争的关键。例如，对于出行场景，滴滴出行、神州专车、
易到用车，以及高德地图等，都争先恐后地争夺场景，进而引发以 BAT
（百度、阿里巴巴、腾讯）为中心的生态战争。

争夺场景的重点之一在于争夺用户，体验场景从一定程度上可以看
作体验生活，生活是多场景组合的连续体验。人们每时每刻都在体验生
活，都在连续经历着若干场景，每个场景都是时间、空间等的综合呈现，
在经过场景后，人们也往往会获得场景的意识表达、体验感觉及记忆存
留。

小文是某公司的设计师，他的一天是这样度过的，如表 1-1 所示。

表 1-1　小文的一天

时间	生活的连续场景	对应的产品或服务
7:00	起床。挣扎，睡意正浓，再睡一小会儿……	智能闹钟、手机闹钟 App 等
7:20	洗漱，穿衣。我要打扮得更漂亮一点儿，我要穿得更体面一点儿……	各种刷牙用品、洁面用品、化妆用品等
7:40	吃早点。呀，今天起得太迟了，到公司楼下再买早点吧；昨天地铁口的那家早点也不错，纠结，该吃什么呢；算了，地铁上再想吧……	各种早餐、街道的早餐铺、家里的早餐甜点等
7:50	在地铁上刷微信朋友圈和各种设计类公众号，偶尔看看微博、资讯类内容	新媒体推文、资讯推文、朋友圈广告等
8:20	出地铁。呀，今天这个新面包买一送一，看起来还不错，买个尝尝鲜	各类产品促销信息
8:40	到公司。做做工作计划，回复邮件；打电话，了解客户需求；进行设计工作；修改设计内容；打电话，再修改；开会……	各种云管理办公软件、智能设计软件、相关的设计书籍等

续表

时间	生活的连续场景	对应的产品或服务
12:00	订午餐。今天任务好多啊，小哲，你帮我带个午饭吧，至于吃什么，你懂的；什么，你也不去吃了？！那叫个外卖吧……	各种午餐外卖平台
12:30	吃午餐。刷微信朋友圈，看信息，向同事吐槽……	媒体推文、资讯推文、朋友圈广告等
13:00	好累，午休一小会儿吧……	办公室午休专用睡枕等
13:40	起来继续工作。开始画图、修改，老板催、客户催，开会，任务好重啊……	高效办公软件、高效学习软件、各种缓解压力的 App 等
18:00	下班时间到了，哎，可是任务还没完成；无奈加班；呀，肚子好饿啊，继续叫外卖，边吃边改设计图……	各种晚餐外卖平台
20:00	完成所有工作，下班。感觉一天中最幸福的时刻……	地铁、单车、打车服务等
20:40	回家，看看电视，洗洗衣服，玩玩手机……	智能、绿色化的家电产品
23:00	睡觉，夜不能寐……	助眠产品

每个时间段都对应一个场景，每个场景都有相应的产品或服务使个体在场景中的需求得到满足，并获得场景体验。商业的价值就是塑造场景，使体验更加流畅、极致、美好。体验随着需求而变，也由心理诉求而动。体验好是因为产品或服务满足了人们的内在需求，而新技术的出现为这种内在需求的发掘和解决赋能。

在一个物质繁盛的年代，人们要选择一件符合自己所需的产品却异常困难。这是因为：一方面，满足同一需求的产品变得繁多；另一方面，有时候消费者也不清楚自己的需求是什么，需要外在引导。而这种需求的引导往往需要从精神层面着手，如赋予产品一定的精神价值。所以，在产品过剩时代，企业既要重视产品的性价比和使用体验，也要更加重视服务链的闭环体验。毕竟，当产品过剩时，消费者会更加注重服务体验。

同样，体验既包括基本物质层面满足后的感受，也包括基本物质需求之外的精神层面的感受（如惊喜、认同、共情等）。在大数据、物联网、云计算、区块链等新技术与场景逐渐融合后，各个场景下的需求相比以前更容易及时被满足，企业也较容易给客户提供基于场景的增值体验。

场景时代就是大融合时代背景下的体验经济时代。场景是价值连接、价值体验及价值传播的场所，场景的价值是为价值创造、价值传播及价值转化指明方向。这个"场"既是空间场、交易场，也是能量场和关系连接的场（例如，滴滴出行这个场景就是实现空间连接的关系场和交易场）。这个"场"中有人、有物、有故事，场景规划者可通过这个"场"界定场景中角色及角色关系，通过场景需求及矛盾的洞察重构需求（具体该如何界定角色、重构需求，5.1 节和 6.4 节将详细说明）。

具体来说：空间场是人们的活动区域，是对人们活动范围的界定，可以是一个企业，也可以是一个家庭，还可以是生活或工作中的方方面面；交易场是传播价值、满足需求、实现交易的环境；能量场则是营造场景氛围，实现精神导向的无形场，这种能量场多数是由人性导向的文化价值来营造，最终在这个场域中实现人与人、人与物的关系连接。"景"是蓝图，是愿景，是心中的远方；"场"到"景"的连接主要由组织通过价值创造来实现。因此，组织的使命往往是达成目标效果、满足场景需求。

在互联网出现或者普及之前，场景的价值只有通过线下活动才得以体现，对场景价值的挖掘还只是停留在表面。人们生活或工作中的很多场景都没被"关注"。随着移动设备和智能终端以及各种新兴技术的出现和普及，通过借助互联网的产品或服务，人们的日常生活与现实场景结合得越来越紧密，基于场景而进行价值创造、价值分享的方式越来越成为主流。移动互联网和数字经济正在改造人们生活的方方面面。

如今，市场中畅谈的"元宇宙"亦是网络世界与现实世界深度融合的产物。虚拟场景与现实场景相融相合，即元宇宙是在多种新技术基础上而形成的新型虚实相融的应用。在该应用中，通过数字孪生技术生成现实世界的镜像，基于区块链技术搭建数字身份、通证经济体系，人们可以结合现实世界的场景，在元宇宙中进行场景创建、需求洞察、场景造物、场景传播与场景体验，并获得更多元的需求满足和沉浸式体验。本书第 4 章与第 5 章所提出的区块链思维与场景思维可以为元宇宙中商业价值活动（包括场景造物、场景协作等）提供指南。

1.2　场景——企业数字化转型的逻辑起点

　　数字化技术的普及和应用为人们应对多变且复杂的商业环境创造了更多可能。技术的本质是让人们更好地认识事物、认识自然、解决问题，并与自然和谐相处。以前人们认识某一事物需要四处访谈调研，耗时耗力，很多时候别人对一个事物已经充分研究过，但是由于信息不对称导致调研成果没有被充分利用。当资源共享、万物互联后，人们认识事物、认识自然、解决问题时就可以充分借助信息化平台、搜索平台上的相关共享资源，然后匹配自己的需求，从而提高解决问题的效率。

　　新技术带来的是新市场与新机遇。在数字化时代，笔者认为：企业数字化转型的抓手是场景，基础是技术和数据应用，核心是业务转型。各场景、各节点和产业链各环节的数字孪生可以将场景数据、物理产品数据、业务运行数据等实现线上共享，跨产业链的资源整合和数字化生态构建让资源、信息、业务等都可以互联。因此，笔者认为，数字化的本质是基于互联网收集数据、分析数据，并将数据应用于商业模式创新、业务重构、组织重塑、改善用户体验等。数字互联技术下的数据互联共享、组织共识共创、生态互利共生，让组织、产品、服务等实现了生态联结与价值递增，在互联互生下就有更多新物种可以被孕育，也有更多业务场景痛点可以更容易在数字技术赋能下被解决。因此，基于新兴技术的场景化应用也是产业数字化发展的突破口。

云计算、大数据、区块链、人工智能等新兴信息技术将成为未来产业/企业数字化的核心驱动力。各产业/企业通过信息技术重塑商业服务平台，对其生产、运营、交易、融资、流通等环节进行数字化改造升级，并以平台的数据要素驱动生产、运营、管理等的效率升级和产业数字化升级。最终以技术应用、网络建设、平台联通等方式促进全场景价值互联生态构建[1]，以此提高资源配置与供需匹配效率。

中国信息通信研究院数据显示，全球数字经济总值在 2018 年就已经达到 26 万亿美元（约 172.1 万亿人民币），占总体经济的 30%。2019 年我国数字经济增加值规模达到 35.8 万亿元，占 GDP 比重达到 36.2%。其中，产业数字化增加值约为 28.8 万亿元，占 GDP 比重约为 29.0%。2020 年产业数字化规模达 31.7 万亿元，占 GDP 比重为 31.2%。如何能抓住数字化浪潮，通过数字化转型为产业/企业发展赋能，是每个行业和企业都关心的课题。

在信息化时代，企业最大的战略就是数字化战略。如果我们想在多变且复杂的商业环境中生存，就需要实现资源、业务、流程以及个人能力等的数字化。如果企业数字化，其会造就更多的业务组合、业务协同、产业连接、生态连接机会，以及高质量、低成本、敏捷反应等商业发展机会。

数字化技术塑造了数字化商业活动。企业数字化后，最大变化就是消费和服务变为全场景、全时刻。随着生活水平的提高，消费者不但关

---

[1] 本书中笔者多次提到"生态构建"，关于如何构建企业生态请参考如下书籍：思二勋.商业生态：新环境下的企业生存法则 [M].北京：电子工业出版社，2017.

注功能性诉求，而且更加关注内容质量、服务质量、参与度、场景体验等升级性诉求，诉求开始变得复杂、多变且模糊，并逐渐向碎片化、场景化方向发展。这时，企业最核心的发展逻辑就是制定一个可服务于某一场景人群的数字化解决方案，基于数字化技术连接场景，洞察场景需求，重塑客户价值，并以场景思维、生态思维等构建分布式、智能化协作方式和业务模式，从而实现场景产品或服务的价值再造。同时，企业数字化也为其洞察用户需求、重塑用户需求、服务用户需求和以之为基础的供给侧改革提供了新的机会。

数字化转型是企业快速了解自身、员工、环境和客户的基础，也是敏捷反应的基础。在数字商业背景下，企业要想长期成功，则需建立数字化管理架构和数字化解决方案逻辑，即基于大量的场景数据和相关信息平台，随需在线化调用，系统之间实现分布式互联互通，赋能业务团队对业务场景的产品/服务升级，敏捷反应、高效协作、按需交付。就产业数字化而言，产业数字化的基础是产业上下游中各场景的数据互通与业务联动，并实现产业链资源整合和产业中各业务的高效协作与创新（包括技术创新、产品创新、模式创新等）。

而在此背景下，企业或个体该如何抓住数字化机会，找到数字化转型突破口？笔者认为，应从场景入手。场景是洞察需求、重塑需求，以及设计业务模式、服务模式等的逻辑起点，也是企业数字化转型的逻辑起点。产品是场景的单一化解决方案，智能互联产品是场景的多元化解决方案。产品系统就是全域场景的生态型解决方案，这种系统具有感知、分析、优化、执行等功能。这是未来数字商业的基本逻辑。

数字商业的建设是为了让企业或个体能够挖掘更多机会，创造价值，提升人在场景中的生活体验。在数字化的商业环境中，首先要具备互联网思维，重塑组织环境使组织结构网络化、扁平化，使跨职能协作规范化、专业化。其次,需要构建便捷、可信的沟通协作环境,以鼓励企业/个体产生新想法。最后,需要以资源赋能、经济激励等方法支持新想法的落地和决策科学性、行为敏捷性。这也是分布式商业生态中组织或个人创造价值的基本思维。

数字化驱动资源运作方式、成果转化方式、价值创造方式等逐渐线上化、智能化,促使产业创新主体、机制、流程等迎来了新的变化,同时也带来了组织革新与模式重塑。跨地域、跨场景、共享资源、网络协同、群智群策等新特点的组织方式驱动场景服务创新和体验重塑。在技术创新、场景重塑、组织革新等驱动下,一种以场景为基础的供给协同化与供需碎片化逐渐成为未来数字商业生态发展的主流,由数字化带来的创新红利与增长红利逐渐显现。

1.3 企业的价值就是创造场景价值

随着万物互联 (Internet of Everything,IoE) 时代的到来,场景变成了互联的起点,场景内容变得更加丰富起来。消费者选择决策因素也主要是基于场景的即时即刻需求。此时,只有关注场景需求和场景变化才能设计出更好的产品或服务。同样,基于业务场景或服务场景的数字化连接也变成了企业数字化转型的起点。

从场景的网络连接价值来看,场景网络化与数字化程度的提升和节点用户数量的增加,促使网络价值呈指数级增长,而这种网络价值的节点多数源于场景,所连接的场景类型、场景业务、业务链条节点及其用户数越多,网络价值越牢固。所以当企业或个体生存在拥有更多用户、更多资源的网络系统中,就会拥有更大的生态价值、生态优势,以及更强的风险抵御力和环境适应力。根据梅特卡夫法则,网络的价值等于其节点数的平方。网络上参与生态建设的节点越多，整个网络价值就越大。区块链技术所塑造的分布式、多节点的可信价值系统，又为多节点、多主体协作，以及多场景的价值连接、价值创造和价值协同提供了条件。场景中各节点可基于分布式蜂窝网络自由通信和交互，每一个节点都可根据分布式数据和自身权限进行分布式管理、发现、处理信息或任务。

连接基础设施的完善，使得人们可以较容易地连接不同场景中的人、财、物，及其衍生的商品流、物流、信息流等，并以此洞察需求、重塑价值。这种连接和所创造的独特产品或服务，会形成体验、促成消费，甚至会给场景人群创造一种他们喜欢的生活方式，进而提高人们的生活体验，创造出人在场景中的生活意义。企业存在的作用往往也是创造这种场景价值，为场景人群提供基于场景需求的解决方案。

过去，企业的生产/服务定位多是以行业为切入点，看行业中还有哪些可切入的机会，创造价值主要来源于某些人群的显性需求。而在互联网时代，诸多群体的显性需求已基本被满足，很多产业机会也已经饱和，企业较难进入新的市场。但是当我们以场景为切入点时，或许会发现新的创新机会与商业机会，基于这种机会又能形成基于场景的解决方案。例如，小米是基于家庭生活场景的全链产品解决方案，共享单车是基于出行最后一千米的解决方案。

在互联网初级阶段，企业之间主要争夺的对象之一是流量，当时获取流量成本较低，现在企业获取流量成本急剧上升。怎么办？唯有更换逻辑，以场景为切入点，对某一特定场景的用户需求进行深度挖掘、深度服务，才更容易建立自有流量池。

在移动互联网时代，场景逐渐成为企业界定需求、创造需求、提供服务的基础，即场景服务主体对场景感知和洞察后，提供或创造相应的信息、产品、服务。换句话说，在移动互联网时代的场景争夺战中，基于场景而进行产品的设计、生产，以及内容的创造、传播、互动等成为现在企业生存的主要逻辑。毕竟，冲突之下有场景，场景之下才会产生贴心的数字化解决方案，未来竞争的核心是场景的争夺！谁能占据场景，就能赢得未来！

罗伯特·斯考伯（Robert Scoble）和谢尔·伊斯雷尔（Shel Israel）所著的《即将到来的场景时代》（*Age of Context*）一书指出了与场景时代相关的五个要素：大数据、移动设备、社交媒体、传感器、定位系统。他们把这五个要素称为"场景五力"，并认为："五种原力正在改变你作为消费者、患者、观众或者在线旅行者的体验。它们同样改变着大大小小的企业。"

在数字化时代，企业的价值创造往往需要通过大数据、移动设备、社交媒体、传感器、定位系统等工具获取场景数据，洞察需求，挖掘线下或线上场景的商业价值。然后借助移动互联网技术或平台创造或提供满足多场景需求的产品与服务，实现线上线下高效融合与多场景商业服务。

全场景商业布局是企业拓展商业渠道、获得商业竞争资源的关键策略。一般地，全场景商业服务的构建的方法主要是通过软硬件开发和平台服务两个层面，为开发者和消费者提供服务支持。在软硬件开发层面，企业主体通过软硬件产品开发和全场景生态布局可实现多类型用户触达、多场域服务触达，并通过场景产品和场景数据帮助开发者为用户提供更便捷、更全面的服务；平台服务层面，应用生态连接与布局可拓展企业服务的广度与深度，为用户提供基于场景的个性化、智能化、精准化服务等。

随着场景化商业时代的来临，企业的商业竞争将转向场景的竞争。未来，谁能占据更多的场景，谁就越容易在未来的商业中存留并取胜。

百度、阿里巴巴、腾讯等企业的商业生态布局，本质上就是对人们生活的多场景的布局，以及多场景之间的融合共生。因此，找准场景，深度挖掘，巧妙连接，打破边界，多方融合，协同共创，将成为未来企业生存的新机会。

物竞天择，适者生存。在技术多变、市场多变的商业环境中，企业生存与发展则需借助于技术手段挖掘场景价值及其人群潜在需求，为场景人群提供更多的连接与交互渠道，实现人与人、人与物、物与物的融合，进而促进产品或服务创新，提升场景体验。尤其是在区块链等信息技术出现后，"场景"一词更是被提到了新的高度，越来越多的行业从业者开始从场景角度寻求新的创新应用机会。

网络社会拓展了企业和个体的生存空间，但由于网络社会中存在虚假、不确定性等问题，使得网络生态资源的价值难以得到最大限度地发挥与体现。区块链等数字技术的出现，在一定程度上为网络生态环境中资源共享程度低、信任关系难建立等诸多问题提供了有效的解决方案，为企业可信网络生态环境的建设提供了技术支持。就企业而言，则需借助于数字化技术重新界定与设计数字化的连接与交互场景，让场景中的"人、事、物"实时在线，并基于网络化交互场景设定与连接各商业活动主体，以多方互联的可信价值网络和分布式组织体系为基础，构建数字化商业活动管理系统，以此驱动商业变革与企业管理的升级。笔者认为，这是产业组织实现数字化管理与经营的基础。

1.4 数字化的未来：构建全场景可信互联生态

数字商业源于智能终端和新兴技术的普及，使得人与人、人与物、物与物随时随地都可以连接。

场景本身就是一个连接域，数字商业建设的目的往往是服务全场景的供需主体。连接域可以留下各种迹象，对各种迹象的挖掘与分析有助于促进需求关系的价值供给改革。企业主体通过连接域造就新的场景关系、协作关系以及利益关系等，在新的关系连接基础上获得更深层次的场景体验。

例如，滴滴出行的出现不但通过需求与供给的高效匹配满足供需双方的需求，而且也使供需双方得到了社交体验、零售体验，以及全生态出行服务体验。这种体验的实现关键在于放大连接，这种连接可以穿越时空限制，塑造一种场景氛围，为消费者提供更佳的场景体验。在互联网时代，任何企业都可以以"价值、平等、开放、互联、体验"等核心思想重构新场景，将原本静态的物理空间和没有多大价值的场景重构为一种多元化、有调性、可以留住消费者/客户的价值场景。

场景时代，连接为本，体验为上。人生活在场景中，每天都使用各种产品或服务，时刻处于"场景体验"中，并以这种体验后的反馈升级某个产品或重塑某项业务。这也是以用户为中心的价值重塑的核心逻辑，是价值闭环形成的关键。

多场景之间的连接与融合往往是商业生态构建的过程。生态的构建多是基于互联网等信息技术，信息技术的场景化、产业化应用，让某一产品或者服务跨平台、跨场景发展成为可能，同时也让企业开辟新应用服务场景成为可能，在多场景融合下，较容易衍生出全场景智慧化服务。

就拿区块链技术来说，区块链作为一种由多方共同维护、分布式存储的记账技术，具有不可篡改、可溯源、安全可信等特点。通常，区块链基础架构可划分为数据层、网络层、共识层、激励层、合约层和应用层六个层次。数据层通过区块数据、链式结构以及区块上的随机数、时间戳、公私钥数据、非对称加密等加强各个节点数据的安全性；网络层的作用通常是基于 P2P 网络协议进行各节点之间的广播等通信手段实现信息或数据的交互与验证，网络中的各节点以分布式协同通信的方式为整个网络环境提供基本的信任支撑；激励层，通过设计合理的激励机制能够促进更多的节点参与到区块链系统中，增加网络节点的复杂度，从而增强网络系统的安全性和系统数据的流动性；合约层能够对不同的数据输入由算法自动验证并执行不同的操作，在某种程度上也提高了系统的可信度；应用层是区块链技术发挥可信链接与应用价值的上层表现。

区块链的各个基础层次所构成的可信系统能大幅降低契约建立和执行的成本，为经济和产业发展带来五大红利，即降低信用建立成本、降低信用传递成本、降低监管审计成本、降低协议联通成本、降低组织管理成本。区块链技术在实体经济中广泛落地将为我国经济结构改革和"数字化经济"提供新的发展机遇[1]。换言之，区块链技术在促进数据共享、优化业务流程、降低运营成本、提升协同效率、建设可信体系等方面起着重要作用。企业主体利用区块链技术探索数字经济模式创新，打造便捷高效、公平竞争、稳定透明的数字网络营商环境和可信互联生态，这是区块链的价值所在。从经济发展角度看，区块链也为推进供给侧结构性改革、实现各行业供需有效对接、加快新旧动能接续转换、推动经济高质量发展提供有效支撑。

以往，工业时代公司的经营是以资源为导向，互联网时代是以需求为导向，发展到区块链时代则是以价值为导向。根据对商业进化规律的研究，笔者认为，每一次重大的商业变革都以解决各行业存在的诸多痛点为基础，都是商业文明的一次进阶。这些数字化技术不仅连接了相互割裂的传统线下商业活动场景和业务场景，还连接了各商业活动主体，促进各主体之间的互动过程。就区块链而言，区块链技术的核心价值是在塑造一个高效、公平、对等、可信的商业新生态。这种商业生态可助推数字经济迈向高质量发展阶段。

人们的衣食住行、金融、文化等场景都可能被区块链重塑，重塑场景的过程就是进一步提升场景体验，塑造一个更加高效、绿色、公平、和谐的场景环境的过程。具体来说，区块链对商业各领域可产生如下变革（包括但不限于）。

服饰方面，区块链对服装的设计、采购、生产、销售、供应链等方面都可能产生重大变革。例如，企业主体搭建联盟链，将服装的采购数据、生产数据、销售数据等上链，在联盟链上，不仅可以溯源、追踪服装供应链中的任何一个环节的数据信息，解决供应链信息不透明、数据失真等问题，也可以在此基础上对接资金方提供更加安全便捷的金融服务。

餐饮方面，区块链技术依托其具有的数据不可篡改性、可追溯性以及基于时间戳的存在性证明机制，很好地解决食品供应链体系内各参与方的数据安全问题及数据被篡改时产生的纠纷，实现有效的追责和产品防伪，避免人为的弄虚作假，切实解决了每个人都关心的食品安全绿色问题。

住房方面，该领域大量的中介机构和虚假房源、租客和房东之间缺乏信任、行业交易率低下等问题一直存在。通过区块链网络，使用特殊加密算法共同维护同一账本，可以将若干记录区块连成一个个数据链条。相关企业主体通过该分布式价值网络，打破了信息存储壁垒，实现数据信息的共享。同时，区块链的核心优势之一就是不可篡改性和机器信任性，通过区块链记录的各种信息会完整、安全地存储在数据块中，在以区块链技术为支撑的交易平台上，交易的真实、公平、高效等都能得以实现。

出行方面，相关行业企业将区块链应用在出行领域的保险、租赁、共享等业务场景中亦能产出诸多业务创新。尤其是在共享方面，其通过利用区块链技术的分布式记账等功能特性，共享平台就无须通过传统的中心化机构来建立不同个体之间的信任关系，不同个体之间也无须再进行信任相关的验证就可以低成本、高效率地进行交易。这种方式可以改变传统中心化共享平台的较为烦琐的参与规则和运营模式，从而为出行服务的商业模式创新提供更多可能。

金融方面，金融行业存在大量交易数据且需要建立很多信任契约关系，最容易出现区块链的创新应用机会。例如，在保险行业，利用分布式智能身份认证系统，可以在确保客户身份信息真实可靠的基础上，防止信息泄露。客户在区块链上注册的用户名与个人其他有效身份信息相互验证并形成"共识"，助于实现个人信息数字化管理，同时个人信息丢失、被人为篡改的风险也将大大降低。

文创方面，文学作品版权混乱、艺术品鉴真、盗版音乐和视频盛行等问题，以及其确权难、盗版多、公开性差等一直是行业痛点。区块链作为一个分布式账本的数据库，每个数据库都与密码学方法相关联产生一个区块链账本，这个数据库是开放的，可以共享，任何人都可以通过公匙查询其中的数据，任何一个区块都可以向前追溯，查询与之相关联的全部交易，并且每个区块所记录的数据信息都无法篡改。区块链的这些特性为解决文创产业的资产确权、保真、流通等诸多环节提供了新的解决方案。

开放、共享、公平、真实、可信、高效皆是衡量一个行业良性、健康的重要标准。可以看出，很多行业因为有了区块链才使得该行业长期存在的问题得以解决，也更有助于各行各业塑造一个良好的数字商业新生态，助推其构建一个更具生命力的价值生态系统。例如，零售电商类企业可以通过区块链的技术优势，赋能零售企业实现数字化改造，将原材料供应、食品安全和质量检测、产品分装、储存保管、运输、产品流通等关键环节通过区块链建立更完善的质量控制、产业互联及分布式管理体系，进而实现供需优化。

区块链的意义在于可以构建一个更加安全、可信的价值互联网生态环境。基于区块链的分布式数据共享基础架构和可信网络有助于实现对不同区域、不同场景、不同人群、不同行为下数据的完整、可信记录与共享。生态参与者可根据需求随时查看、处理信息，解决了信息资源共享中的信息失真与信息不对称等问题，以及价值交换与转移中存在的欺诈、效率低下和不公平等现象。随着区块链技术的普及，数字商业将会更加真实可信、公平高效，经济社会由此变得更加公正和透明。

区块链技术与各产业融合正是当前机遇。基于分布式网络能有效在各个物理节点之间建立关联，各物理节点、产业主体通过区块链将产业内各个参与节点分布式互联、互通，不仅能有效改变产业内各链条节点数据采集、流通与应用方式，而且在区块链的"机器信任"模式下，能有效保障产业内数据、交易的可信性，提高产业组织协作的效率，以及每个节点的商业价值。产业区块链是实现产业价值深度重塑的重要工具，各产业主体可将区块链深入到企业生产、研发、销售等内外各个环节，并基于各环节数据要素充分挖掘其价值，发挥其价值创造、价值流通能力，进而提升产业价值。

因此，在这种情况下企业开展数字化价值活动往往需要通过区块链技术构建互联互通、数据透明、身份对等的可信价值生态。在可信数据共享下，不同节点、不同场景下的数据更容易被实时感知、分析与洞察。在数据互联、场景互通的商业业态下，更利于开展数字化运营，提供线上线下一体化（online to offline，O2O）、分布式金融等场景服务。以此改变生产关系，重塑业务流程，提高企业和个体的协作和交易效率，及

其应对不确定变化的能力（见图 1-1）。最终，以全域场景连接的方式，
将生活或工作的商业场景打通，并在数据全域获取与全要素资源的共享
的基础上，通过大数据的应用和人工智能的搜集、分析和判断，预测
各类场景人群的行为信息，反哺于商业认知和实践。在这种方式下，企
业洞察或感知需求与变化会更加灵敏，场景人群的服务也可以更加精细
化，各节点的共享与共创也可以极大地提高全要素资源的流通与转化
效率。

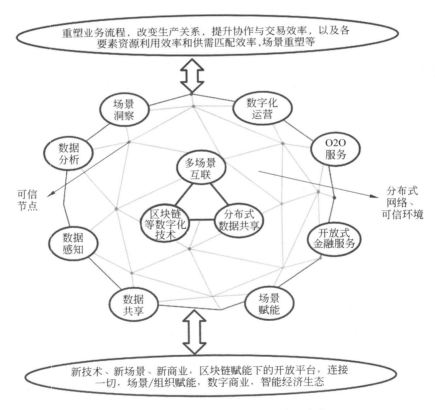

图 1-1　全场景互联的智能数字商业生态

总而言之，由区块链带来的价值互联网时代正在到来，面对区块链的这些新兴技术特性和商业思想上的变革，可做如下应对：在企业层面，回归到企业的原有各业务场景，审视其是否可以利用区块链思维更迭企业业务场景的经营逻辑，对于企业原先存在、并长期未能解决的问题，可以用区块链思想和技术重新审视一番，找到新的解决方案，以此驱动企业和行业生态质量的改良；在产业层面，基于区块链的技术特性，其可为产业各环节提供公平、透明、高效的内环境，为构建可信产业环境、提升产业组织协作效率，以及提升资源的流动效率等提供技术基础，同时区块链的深层商业应用也助力重塑人们在沟通协作、生产供应、融资交易、供需转化等业务场景的价值体验，从而推动全场景可信互联生态的构建、分布式商业生态环境形成及分布式商业生态的运行。

第2章

新商业环境下的分布式商业新形态

02

2.1 区块链革命下的商业模式变革

区块链所引起的商业变革是一场商业思想的盛宴，也是一场技术的狂欢。随着区块链产业的成熟，区块链技术将会在更多的业务场景和行业领域中得到更加多样化的应用与实践。区块链技术及其所衍生的思想能为多领域、多主体协作环境中的信任风险过高、交易成本高昂、协同效率低下等问题提供全新的解决思路。在区块链技术、区块链网络、区块链思维等影响下能极大地改变人们的交易方式、工作方式以及生产协作方式等。

区块链的意义在于构建可信互联网。区块链之所以能够引起全社会的关注，是因其能够在网络中建立点对点之间的可靠信任关系，使得价值传递过程中无中心化机构参与，也解决了价值传输的低效问题。区块链的分布式架构和其不可篡改、溯源机制，使得系统/网络在公开的同时，还能注重隐私的保护，这将有助于实现基于群体共识下的个人利益与群体利益的相对统一，有助于提高价值交互的效率和降低价值交互的成本。

自区块链诞生之初并逐步发展到现在，已经经历了从区块链 1.0 到区块链 3.0 的发展阶段。

区块链 1.0（2009—2014 年）是以比特币为代表的数字货币应用，其场景包括支付、流通等货币职能。区块链 2.0（2015—2017 年）是数字货币与智能合约相结合，使得金融领域的诸多场景和流程得以优化。这一时期，针对区块链技术的研究与应用开始出现，区块链的应用价值开始被认知和挖掘，区块链得到了相关机构的广泛关注，对于区块链的资源投入也在不断增长。区块链 3.0（2017 年以后）则超出金融领域，开始渗透到各行各业，为各种行业提供低成本、高效率的解决方案。

随着近几年互联网的快速发展，其衍生技术（如物联网、大数据、云计算等）给传统企业带来了重大的冲击。一波未平，一波又起，区块链出现后，互联网就变成了"古典互联网"，区块链被部分行业专家视为"互联网的下一个时代"，即"由区块链引发的价值互联网时代"。

区块链独特的可追溯性特性和由算法驱动的智能合约，在消费者隐私保护、商品消费、价值创造、价值传播、价值分享等方面都有着广泛的应用场景。例如，电商企业通过区块链技术的应用，生产流程和交易流程等智能公平化，甚至消费者股权化等都有机会成为现实。电商企业借助于其所沉淀的数据资产、品牌资产、产品资产、渠道资产而创造相应的可流通、可转化的通证资产，通过通证资产的流通性、交易性、增值性以及通证资产的权限属性，使得拥有通证资产的人有更多机会和权益参与到商品投资和兑换其他优质原始资产中来。此时通证成为了一种可流通、可增值、可变现的资产。在实体产业与互联网经济的融合下，各企业主体建立通证经济系统下的数字支付，便捷消费，让消费者在购物消费的同时，也可获得消费保值、增值的权益。

可以预料，除电商外，未来在其他领域的商业业态也将发生巨大变化。同时，区块链革命下的新商业模式也将大量出现。要想让区块链技术真正受益于行业或企业，需要从最基本的商业模式角度思考。只有产业内的每个组织通过商业模式重塑，把资源放在面向用户的价值创造上，思考如何解决行业痛点，通过什么激励机制和利润分配机制让每个利益角色都愿意贡献价值，才能让整个行业享受到区块链所带来的更合理好处。

一般来说，商业模式是企业在现有条件的支撑下，通过内部资源能力和外部合作生态，所形成的持续性的价值创造和收益获取的运作系统，以及系统背后反映的价值标准。从这个定义来看，商业模式包含四个重要因素：价值创造、收益获取、内部资源能力和外部合作生态。

互联网时代典型的商业模式就是垄断型商业模式，彼得·蒂尔（Peter Thiel）在《从 0 到 1》中提出，实现垄断才能创造更多的利润，然后反过来推动新技术和领域的发展。具体来说，目前部分互联网企业的发展路线是：初期亏损—扩大市场份额—实现垄断—实现巨大的利润。本质上是通过垄断，形成高度中心化的组织，建立超高的壁垒，并且借助互联网边际效应趋近于零的现象，实现超高的利润率 [2]。例如，互联网时代的很多平台化企业（如百度、阿里巴巴、腾讯、猪八戒网、海尔集团等），通过信息的撮合和交易的撮合，实现供需的匹配和平台的有效运转。而这背后，其实是由平台做了一个中心化的担保，用户基于对平台的信任，不用担心平台提供假信息，如此更能促进交易的达成。

正是因为对平台的信任，用户更乐于参与平台中的各项价值活动。平台规模越大，用户对其的信任就越强，而越多的用户被吸引到平台上交易又使得平台规模更大，从而形成了正向循环。如此，中心化（垄断）程度也就越来越高。但是在如今的市场环境中，垄断性平台的弊端愈加严重，2020 年 12 月，中央经济工作会议将"强化反垄断和防止资本无序扩张"作为重点任务之一。在此背景下，中心化平台型商业模式将不合时宜。区块链等数字技术的出现和数字化基础设施的成熟，为去中心化商业模式与组织的塑造奠定了技术基础。

万向区块链董事长兼总经理肖风曾指出，随着区块链的发展，一种全新的商业模式正在到来，新的组织结构也正在启航。笔者认为：这种模式就是分布式商业模式，这种组织就是分布式自治组织。

具体来说，区块链是按时间顺序将数据区块以顺序相连的方式组合成的一种链式数据结构，并以密码学技术保证的不可篡改伪造的分布式账本数据库。区块链是综合 P2P 分布式网络、数字加密密码学技术、默克尔树（Merkle tree）、工作量证明、节点共识机制等基础技术所形成的可信价值网络。区块链时代，是由"机器信任"代替中介信任。也就是说，区块链是自带信任属性（目前仅限于链上的交易，但是随着技术的发展，链下的物品上链和交易会越来越容易）。并且，这种信任会比互联网时代依托中心化的信任更加可靠、高效。

在这种特性下，去中心化的商业模式将迎来新的机遇。在可信价值网络上，人类的大规模群体协作有了可能，人人都可以根据自己的意愿创造价值、分享价值，真正实现共享、共创、共赢。大多数产业组织也可以基于区块链等数字化技术对产品、服务，甚至是商业模式等进行数字化改造，产业平台借助区块链的分布式可信数据系统，促进产业各环节的数据共享与生态融合，提升资源利用率和资金的高速循环等。此外，该商业模式有助于解决某一资产的融资（如不动产、知识产权、高科技产品等）、打通上下游生态链、绑定利益相关者、实现供需的高效转化等问题。

未来的商业模式愈将趋于去中心化、分布式。该商业模式的成功主要是区块链等数字技术使得数字网络空间呈现出全域化、可信化、分布式等特点。此时，原有组织生态在数字网络的赋能下突破了局域产品单一供给的约束，很多实体组织等也可以借助于分布式价值网络生态连接诸多异质性资源，通过组织、个体、资源等之间的实时互动与协同，有效满足消费终端日益多变、复杂、碎片的需求。

从企业内外部资源来看，企业的内部资源就是一个链，或是公有链，或是私有链，或是联盟链。内部的组织形态是由一个个社区构成，内部资源和外部资源通过通证来实现流动和转移。因为在区块链世界中，现实世界的各种权益证明（股权、债券、积分、票据等）都可以通证化，通证在价值互联网当中可以进行点对点、去中介、高效转移，具有较强的激励性和流动能力。

而此社区组织通常就是基于通证的分布式协作社区型组织，社区内部通过在点对点通信之上建立的一套"触点网络"和密码学账本体系，实现点对点的连接、互动与交易，即个体之间在全场景生态连接与多维数据获取的基础上，以"数据＋算法"构建起一个点对点做沟通、共识与决策系统，并通过去中心化、点对点的连接思维与场景造物思维进行蜂窝形式的价值创造。简言之，在社区组织中，价值创造是基于一套共识机制和分布式记账算法等，使每个人的价值行为都可以被赋予价格，大家共用一套算法机制达成共识，并顺利开展价值活动，实现以"数智"驱动的价值创造。

社区持有通证的用户越多，以及通证的应用场景越多，通证的价值就越大。分布式自治组织中，通过良好的激励机制来驱动每个角色自由开展价值活动，在通证激励机制的设计方面最好包含以下要点。

（1）具有股权或权益属性。

（2）有较多的应用场景。

（3）有远期升值潜力。

在此基础上才能够充分调动参与者积极性。通证激励机制打破了公司制组织的限制，在没有雇佣和股权关系的情况下，也可以让更多的社区开发者参与到价值活动中，并且保证做出贡献就会有回报。

从商业价值交换来看，价值转化和收益获取会更加智能化、全球化。在区块链等技术赋能下，价值链上的利益主体更会呈现出网络状、分布式形态。价值交易复杂度和摩擦度下降，借助智能合约，参与主体之间的单次交易、多次交易等都可以在低成本、短时间按照既定规则自动完成交易。

中国农业银行联合太平养老保险股份有限公司，基于趣链科技研发的国产自主可控区块链底层平台，建立起了北京与上海之间跨物理空间、跨数据机房、完全基于公网环境下的首条养老金领域的联盟链。两企业将企业年金各个流程信息、业务流程中产生的各类单据和各种指令信息经过签名加密后登记在区块链上，不仅保证了信息传递的安全性和可靠性，而且提升了业务处理效率和自动化水平。这一项目的应用落地，为养老金业务节约了大量成本，提高了业务处理效率，创造了可观的收益。

目前，中国人民银行持续推进数字货币和电子支付工具（digital currency electronic payment，DCEP）的研究与应用。数字货币是数字经济时代价值交换的重要媒介，DCEP 可以满足数字经济时代更低成本、更高效率、零摩擦、安全可靠的价值交换诉求。DCEP 将在数字世界中担负着承载定价、交易和价值转移的功能，DC/EP 的"碰一碰+"有利于网状关系的即时协作和交易。

商业生态良性发展的关键是合理的利益分配，平衡好各方的利益，生意才能做得大、做得久。区块链革命下的商业是在区块链分布式架构/网络、智能合约、通证激励、分布式金融（decentralized finance，DeFi）、分布式自治组织（社区）等创新要素下，有效连接企业内外部创新资源和生产要素，形成高度开放的商业生态体系。在技术、组织、金融等多方体系支撑下，实现价值的共创、利益的共享。其中，对于生态体系中价值创造后的收益分配，主要靠算法协议或算法机制来实现，公平公正，有劳有得，多劳多得。

2.2 区块链技术下的场景重塑

场景的本质是一个连接域，是时间、空间、人物、冲突、情愫、视觉、感觉等内容的一体化表达。我们生活在连续场景下，感受着由场景带给我们的情绪、体验，承担着由具体业务场景带来的责任和使命。

技术塑造场景，场景造就新连接，人在场景中触发需求，表现新特质。由区块链技术衍生出的诸多机制和特点可以对原场景需求的服务方案进行重塑，也可以对场景体验进行重塑。各企业主体基于场景定向连接新价值，通过场景造物与场景营销提供相关产品与服务满足消费者多元化的体验需求。

首先，区块链技术将引起各场景协作效率、交易效率等的变革。商业起源于交换，商品的交换量与交换速度决定了商业的繁荣程度。而解决双方或多方交易主体的信任问题和中介化问题是提高商品的交换量和交换速度的主要方式之一。

区块链技术的发展恰好催生了机器信任和去中介化的业态，各企业主体在场景服务平台或产品供应链体系建设中融入区块链技术，通过利用区块链技术，建立基于数字信任的协作体系，解决现有场景连接与场景协作中的信任问题，降低信用成本。进一步来说，基于分布式记账机制和可信网络，使得互联网生态环境下所沉淀的数据得到了更合理的应用，也使得交易主体之间的可信度增强，个体和个体之间的价值协作、传递和交易将更直接、高效。未来，基于算法构建的全新信用能力，将更加利于开展合作共享、互利共赢、共识共创等生态型活动，组织之间更加看重价值观趋同、理念趋同、目标一致、价值导向一致等。如此，在任何一个业务场景中，组织都可以基于价值共识、分布式自治、价值协同、通证激励、生态协作等开展价值活动，此时，组织的协作效率、交易效率等将会更加高效。

交易场景中，即使是陌生人也可以在区块系统中高效交易，因为在网络社会中，组织或个体之间的协作与交易是建立在信用与契约的基础上，通过共识达成契约，通过契约建立数据算法的智能合约。例如，对

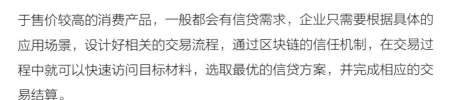

于售价较高的消费产品，一般都会有信贷需求，企业只需要根据具体的应用场景，设计好相关的交易流程，通过区块链的信任机制，在交易过程中就可以快速访问目标材料，选取最优的信贷方案，并完成相应的交易结算。

其次，区块链技术为各场景的精细化生产运营奠定基础。一般情况下，组织在各场景下的精细化生产运营主要取决于其界定需求角色、明确任务流程、资源要素精细化互通匹配、通证激励等能力，而这些能力的打造往往需要通过建立可信精细化数据系统推动组织与个体之间的高效联动实现。

区块链本质上是一个集约化的技术系统。该系统不仅可以传输所有权的协议，而且可以在现有互联网协议架构之上构建出新的基础协议层，在这个基础协议上可以进行各种分布式数据的共享、验证、确权与传输，驱动网络生态从信息互联网向可信价值互联网转变。从这个角度看，区块链（协议）会和传输控制协议 / 互联协议（transmission control protocol/internet protocol，TCP/IP）一样，可能会成为未来互联网的基础协议之一。

区块链技术为实物资产数字化、数字资产确权化、确权资产通证化提供了基础[①]，这可在一定程度上提高资源价值的互通与流动效率。在资源数字化、网络化、确权化、通证化支撑下，能极大提升各协作主体价值的创造、转化、使用与处理效率。如果在各项活动中融入通证激励体系，那么各生产要素和生产资料可以在网络中更容易实现共享与互通，各个要素界定、组合、匹配、协作等也在技术赋能下变得越来越准确与高效，极大地促进各场景的精细化生产与运营水平，人类的生产、储蓄、

---

① 关于"实物资产数字化、数字资产确权化、确权资产通证化"的具体逻辑笔者将在后面章节中解析。

交换、分配等各项经济活动也将变得更高效、更智能。

最后，区块链技术极大地提升了各场景的高效服务能力。场景的高效服务是以人的参与为前提，在可信网络、业务协同系统和通证激励等支撑下，使场景人群和组织的利益相关者更容易聚集于价值网络中，通过安全可靠的数据共享和访问控制，实时互动，传达所需。各方在精细化生产运营与高效协作中创造产品或服务，满足多重需求，最终达到基于分布式网络与组织的高效服务能力。

就某一共享场景服务来看，其核心包括五大系统：智能物联网数据服务系统、资产上链确权系统、信用系统、激励系统、业务协同系统等。

如图 2-1 所示，智能物联网数据服务系统和资产上链确权系统是生态资源的供给系统，为生态注入能量，为共享服务提供资源支持；业务协同系统是生态资源的消耗系统，通过业务协同支撑资源供需的有效匹配，实现协同消费。在共享经济中，协同消费被认为是共享经济发展的需求基础，它使用户的个性化的消费需求通过共享平台形成集聚效应，促进资源的有效转移和流通；信用系统和激励系统是生态的"无机"资源，共享经济稳定运行的一个潜在前提是信用机

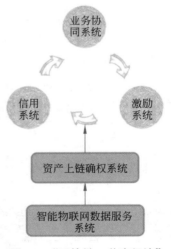

图 2-1 "区块链 + 共享经济"
生态模型

制和激励机制的建立。信任和激励使得生态内多方角色成本收益可持续，是供需匹配效率与场景服务效率提升的关键。

区块链作为一种推动构建价值互联网与可信环境的新兴技术，其与各行业相结合，进入"区块链 +"时代，很大程度上降低了各行业间的

信任成本，从而大幅降低交易成本、缩短交易流程、提升交易效率，最终提升整个行业的生产效率。

如果各行业主体将区块链真正应用到各个行业中，重塑商业基础设施，那将大幅提升各产业链中的可信连接、可信协作与可信交易效率，降低交易成本。区块链与先进技术的结合和场景利用，可以促使人们完成许多之前难以完成的工作或解决难以解决的问题。在区块链所塑造的价值网络中，通过共识机制、智能合约、通证激励等，企业的生产经营活动可以较容易地借助外部力量，并基于共识、共创、共享、共担等理念来解决具体业务问题，进而催生一个以价值互联网为基础的分布式商业新生态。

分布式商业的价值源点在分布式场景，分布式场景的解决方案的设计需要区块链技术与思维、分布式自治组织、产业资源共享平台等支撑。詹姆斯·麦肯锡（James O. Mckinsey）将区块链技术视为"继蒸汽机、电力、信息和互联网科技之后，目前最有潜力触发第五轮颠覆性革命浪潮的核心技术。"在区块链革命的背景下，以区块链为主的分布式价值网络将实现价值的有效传递、供需的有效匹配，以及不同个体之间的有效协作，使得许多变化正在发生并加速。发生在每个行业之中的区块链革命，将驱动数字经济进入高效、透明、对等协作的新时代。在此背景下，人类社会也随之出现人人为公、各尽其力、各得其所的新契约社会。区块链下的组织（即分布式自治组织）就是在这种契约社会下诞生的新型组织，这种新型组织为场景时代的商业价值重塑奠定了基础。

未来几年，基于区块链技术变革场景，基于场景变革商业，或将引领新一轮场景化革命趋势。就如前文所述，区块链对吃穿住行、金融、文创等领域内的场景变革大多表现在服务场景的效率、成本、安全、信任、公平等相关服务体验方面的要素。

2.3 分布式商业——未来数字商业演化新方向

"物竞天择,适者生存"长久以来被视为自然界中物种的生存法则。笔者认为,企业也可以被视为商业环境中的"物种",企业的发展迎合市场环境是其生存的不变之理。

农业时代,市场形态比较单一,市场中多数是手工作坊的形式,采用的是集中式交易管理,个体之间通过物物交换满足其基础物质需求。18世纪60年代,英国爆发了第一次工业革命,蒸汽机的广泛使用使人类进入了大机器工业时代。此时,市场形态变得多样,西方资本主义形态开始出现,商业经营一般以股东价值最大化为基础。19世纪70年代左右,西方爆发了第二次工业革命,人类开始进入电气时代,发电机开始广泛应用,人类的生活方式变得多姿多彩,个体(组织)的价值创造能力不断提升,企业开始有能力大规模生产标准化产品。该市场形态中,企业管理出现了职能化分工形态,少数精英群体对企业的发展起着关键性作用,进一步来说,精英团队的强价值创造能力和领导力促进企业向前发展。20世纪60年代,西方爆发了第三次工业革命,计算机技术的广泛应用使人类进入了信息时代,信息时代拉近了人与人之间的距离,加快了商品流通速度,人类接触信息较之前容易了。

当互联网出现后,很多企业通过互联网的连接属性将供需主体以社群或平台的形式连接,并通过用户思维、免费思维等集聚大量的供需方,实现供需的自由匹配。就如淘宝、饿了么、京东等互联网企业,当达到一定的规模后其服务遵循边际成本递减规律,其集聚的数据呈指数增长态势,这些企业利用中心化平台积累的庞大数据,布局更多品类的产品或服务,从而形成中心化商业资源的聚合和垄断。此时,平台因垄断而拥有"至高权力",该类平台型企业可以对平台资源自由地定价、配置，且平台用户及合作伙伴等的自我意愿及"主权自由"[1] 较难被满足。随着反垄断法的推进和人们对数据隐私的重视，以中心化服务模式为基础的互联网商业模式也面临着新的挑战。

商业的本质其实是一种自由竞争、自由配置资源的经济活动。目前大数据、区块链、数字孪生等技术，催生着一种新的商业形态的产生，使商业活动更趋于其本质。商业形态的改变影响着资源要素的利用效率、产业组织的协作效率以及人们的生产生活方式。

技术的进化是人类社会进化的主要影响因素，技术的产生也是以环境现状为依托，旨在更好地解决生活中的某一显性或隐性问题。技术引领商业的进化形态，对未来社会形态的探索往往需要从技术入手。

如今，互联网、云计算、大数据、区块链等信息技术加速发展，强化了网络的连接性、通用性、融合性、安全性、可信性等，加速了产业数字化和实体经济与虚拟经济的融合进程。同时，数字经济的发展，数字产业化、产业数字化进程也在加速，产业正向着融合共生、多主体交互、多产业融合的趋势发展。

在此背景下，产业组织中的生产运营趋于网络化、分布式，管理方式更趋数字化、精细化，一种以开放共享、价值连接、互利互赢、对等合作的商业生态或将逐渐成为主流。在这种商业生态中，个体、组织和生态之间相互赋能，彼此依存。个体在组织中获取资源、创造价值，组织与个体之间的雇佣关系明显弱化。个体／组织活力的增强带动生态的繁荣，生态的繁荣又能反哺于组织／个体。

未来，个体在组织中的地位将越来越重要，个体在组织或生态中贡

---

① 主权自由是指：平台用户对个人资源、资产等有形或无形产权自主、灵活的配置能力。

献的价值将可衡量、可评价、有收益。利益相关者之间可以在网端连接、云端沉淀、链端协作①，并借助网、云、链端基础设施和可信网络及组织，信息流、资金流、物流、人流等之间按需自由组合和流通，组织与个体在有效资源系统与组织系统等的支撑下，共同完成某一价值目标，各参与主体各取所需。

在以区块链技术为核心的多方技术赋能下，或将催生数据可信、资产可信、身份对等、多方协作的数字商业形态，各生产要素可以较快进行连接与组合，在该商业生态中，个体或机构参与者能极大地提高数字化生产力、数字化反应力与数字化生存力。个体或机构可以在一个多方参与的可信平台型组织中，根据预先设定的规则和达成的共识在区块链网络中开展创新、创造等价值活动，共创生态。个体或组织将以专业化的价值连接能力或资源协同能力创造价值，分享价值，获取收益。这种以"专业分工""资源共享""价值连接""可信协作"等为基础，通过预先设定透明的价值交换或合作规则而进行的网络化、数字化、分布式商业活动，称为"分布式商业"。

分布式商业是一种多角色参与、平台支撑、资源共享、多方协作、协同共生的新型商业形态，也是一种由多个具有明确职能分工的商业利益共同体所建立的新型生产关系。各利益相关体基于某一共同的目标，共享资源与能力，协同解决某一具体场景中的问题或创造某一场景增量。在这个商业群中，组织形式多表现为蜂窝状组织（或分布式自治组织），人才类别多表现为U盘化人才。U盘化人才自由协作，他们因共同的目标、使命以及互补型技能而相互连接。因此，分布式商业具备多方共识、智能协同、跨越边界、利益共享等特征。产业组织或个体通过分布式商

---

① 这里的"网端"指"互联网终端"，"云端"指"云平台终端"，"链端"指"区块链平台终端"。

业模式或平台，可以跨区域、跨部门、跨场景、跨业务等实现不同生产要素等资源的网络化共享和分布式协作，为组织方式创新与产业链各环节或企业内外部的跨界共生、共享与共赢，以及供给服务创新、商业模式变革等提供了新的路径。

数字时代的经济价值增量主要来源于各个经济主体相互连接而开展的价值共创行为。分布式商业模式为各经济主体提供了价值连接、价值共创、价值协同、价值共享等逻辑。分布式商业突破了传统商业内部资源的局限性，以及金字塔组织结构下参与主体的计划性、层级性。它通过打造数据、劳动、技术、资本、市场等全要素资源的分布式全面联通、共享与利用方式，有效打破了价值主体之间的信息壁垒、连接壁垒、沟通壁垒、协作壁垒等，构建起了网络化、分布式的生产、供应、协作关系，弥补了企业能力不足与资源短缺等短板，并极大地推动行业／产业向数字化、平台化、智能化、分布式方向发展。

在分布式商业形态下，产业内的多方参与主体之间的资源、信息、人才等可以快速共享、连接、交互、化反，此时产业网络中各生产要素将进一步被激活，生产运营和资源配置效率也将进一步被提升，并从根本上提升劳动生产率，推动产业资源高效利用、产业价值深度重塑和产业经济良性增长。

目前，社群经济、社交电商、私域流量等以"关系链接与增值"为核心的商业模式逐渐成熟。就社群经济而言，社群经济极大地提高了社群成员的创造力、传播力、消费力等。过去几年，罗辑思维、黑马社群、吴晓波频道等以社群为基础的新商业模式竞相发展。这些商业模式以用户为基础，让不同场所、不同特征的用户和员工参与到企业价值链中的相关环节，参与产品的设计、运营、传播或营销，并让他们获得收益，真正做到了关系的深度连接和增值。社群是分布式商业的基础形态，社群是"关系发生增值"的场所,具有提升企业生产力和价值增值的能力。社群经济和区块链等新兴技术的普及和发展,为分布式商业的应用奠定了基础。

社会经济的发展应该尽可能多地运用自发的社会力量来解决社会问题,分布式商业就是一种充分利用社会分散力量来解决多变且复杂的社会经济问题的一种商业业态。未来,随着数字商业的成熟和分布式商业需求的旺盛,分布式技术(如 P2P 网络通信、分布式存储、共识机制等)也将逐渐成熟。一方面,以分布式架构为基础的云计算技术和区块链技术逐渐成熟并得到广泛应用,为海量用户提供具备云端化、移动化、场景化等特点的产品与服务;另一方面,个体价值崛起,场景化时代到来,市场需求逐渐多变、分散且复杂,企业需要借助外部力量,通过价值网络连接更多的"物种",与生态"物种"协同应对市场变化。而分散、复杂且多变的需求被满足就需要有响应该特征需求的底层系统和组织形态,这种系统称为分布式(灵敏)系统,这种组织称为分布式自治组织。

例如,微众银行的区块链底层技术开源平台(be credible, open & secure, BCOC)通过开源方式,造就了一个接入门槛低、易于使用、可规模化商用的企业级区块链开源底层平台系统。这种系统多是由分布式架构与分布式存储、块链式数据结构、点对点网络、共识算法、密码学算法、智能合约等多种信息技术共同组成的整体解决方案,以便满足各行业应对分布式商业涌现的需求。

分布式商业符合哈耶克所主张的"自由市场的竞争优于强制性的规划""自生自发秩序"等理念,对于企业来说,其通过践行分布式商业理念可以有效地将原本分散的资源和分散的信息得以有效利用。对于社会经济来说,分布式商业能很好地解决自由市场经济中存在的"不信任""不公平""不高效"等问题。随着分布式商业的全面成熟和落地,"自由竞争、自由组合、自由匹配"等自由市场逻辑或将得到进一步深化。

综合来说，分布式商业是以价值互联为基础、以生产经营活动为关键、以提升生产经营效率和优化配置为核心的新型商业形态，是数字经济发展的产物，也是实现产业质量变革、生产关系转型和生产运营效率升级的有效手段。

国务院编制的《中华人民共和国国民经济和社会发展第十四个五年规划和 2035 年远景目标纲要（草案）》提出，要把实施扩大内需战略同深化供给侧结构性改革有机结合起来，以创新驱动、高质量供给引领和创造新需求。破除制约要素合理流动的堵点，贯通生产、分配、流通、消费各环节，形成国民经济良性循环。笔者认为，分布式商业形态和模式更利于生产、分配、流通、消费各环节全面融合，提高内需转化服务流程效率和服务体系的深度与广度，并实现各要素资源的全面共享和利用，更大范围、更深层次实现供给侧结构性改革。未来，分布式商业的这种形态、特点、功能、模式或将极大提高社会经济运行效率，改善市场结构与经济分配结构。

2.4 分布式商业新形态与新价值

2.4.1 分布式商业形成的软性基础

数字化技术的成熟带来了万物互联的社会新格局，随着信息基础设施[①]、融合基础设施[②]、创新基础设施[③]等的成熟，商业业态逐渐从大连接

---

① 主要指以 5G、物联网、工业互联网、卫星互联网为代表的通信网络基础设施，以人工智能、云计算、区块链等为代表的新技术基础设施，以数据中心、智能计算中心为代表的算力基础设施等。
② 主要指深度应用互联网、大数据、人工智能等技术，支撑传统基础设施转型升级，进而形成的融合基础设施等。
③ 主要指支撑科学研究、技术开发、产品研制的具有公益属性的基础设施，例如，重大科技基础设施、科教基础设施、产业技术创新基础设施等。

走向大赋能的新阶段。

如今，社会正在加速进入"智能＋"新时代，企业的生产主体、生产对象、生产资料、生产工具和生产方式等都发生了改变和重塑。"生产主体分布式、多角色，生产对象场景化、数据化，生产资料云端化、确权化，生产工具科技化、智能化，生产方式数字化、协同化"成为未来数字商业的基本逻辑。

具体来说，企业的生产主体不仅是内部员工，很多外部合作伙伴、消费者等利益相关者都可以以分布式协作方式参与价值创造与生产；企业的生产对象都是以某一业务场景的需求为原点，基于场景互联数据，通过创造智能互联产品／服务满足场景需求；在生产资料方面，区块链以分布式验证、存储、共享模式为生产资料可信确权、实时云端共享和高效协同来促进全产业、全供应链生产资料的高效应用和流通；在生产工具方面，一般以智能化技术或科技化设施对线上线下的信息进行采集、传输、处理等操作来辅助业务流程的顺利进行；在生产方式方面，一般以既定的规则和约定通过数据驱动、网络化协同等方式跨部门、跨企业、跨区域进行智慧型合作生产；在整个生产关系方面呈现出互利、共生、共赢、共担的商业关系。

每个商业时代都有基于该时代的管理思想和管理理念，以及基于思想理念的组织形态和人才特征。工业时代诞生了弗雷德里克·泰勒的"科学管理"并成为那个时期最适用的典型管理思想。德国人马克斯·韦伯（Max Weber）在这个基础上提出科层制组织形态，也就是今天我们所用的金字塔式的层级组织结构。

互联网时代，管理界一直在探索新的管理思想，例如，基于互联网思维的扁平化管理、云管理，以及基于互联网思维的网状组织、平台型组织等。平台型商业模式的出现，促进了个体之间社会化协作的高效运

行，单个个体既是直接生产者，也可能是直接消费者，生产者与消费者
联系比较紧密，个体与个体之间较容易发生社会化协作生产服务关系，
一种互利共赢、合作共生的组织形态也将愈加流行。

随着互联网商业的发展，共享经济、零工经济、社群经济大量
崛起，个体可以借助于互联网的连接属性，通过在线平台、社区获取
或提供共享商品和服务使用权，或者共享个人的技能和时间，通过网
络交互与分布式协作为需求方贡献专有价值。例如，在交通领域，滴
滴出行、Uber 等网络约车服务让很多个体都能在空闲的时间内贡献
自己的资源和技能服务于社会，并获取相应的收益。在知识技能领
域，猪八戒网、知乎网、分答网、百度文库、维基百科等平台可以让
个体充分贡献自己的技能、知识或服务，或独立，或协作而开展创造
活动。

区块链技术通过分布式网络、共识机制、智能合约、加密协议、密
码学等塑造了一种可信、安全的分布式价值网络或信用网络，帮助商业
社会组织优化治理模式、信用模式等，降低商业摩擦。区块链的深层商
业化应用在于建立适应商业平台和组织发展的全新分布式商业模式。

随着区块链网络与大数据、5G、AI、元宇宙等新兴技术的融合，逐
渐催生出价值互联网时代。笔者认为：这种价值网络也被称为 Web 3.0。
一般而言，Web 1.0 是指通过网络浏览器浏览网页获取内容 / 信息的模
式；Web 2.0 是在 Web 1.0 的基础上增强了网络的互动性，人人都可以
参与信息或产品的创造、传播和分享；Web 3.0 是在 Web 2.0 的基础上
增强了网络的体验性，根据百度百科介绍，Web 3.0 可以为使用者提供
更为有效的信息资源，实现数字通信与信息处理、即时信息、交友娱乐、
传播与管理的有序有效的结合，在 Web 3.0 时代，人们对于其上的内容
或数据具有读取、写入、拥有、控制和管理的权利。Web 3.0 的实现需

要区块链、大数据、5G、AI、隐私保护计算等技术的支撑。笔者认为，Web 1.0 更关注于链接，Web 2.0 更关注于交互，Web 3.0 更关注于体验。在此背景下，各机构、组织或个体之间开启了以区块链和 Web 3.0 为基础，以价值生产与转移为特征的价值互联网时代。此时，商业世界的组织模式和商业模式或将迎来一次重大变局。

在上述背景下，我提出了分布式商业下的两种商业新思维——"区块链思维"和"场景思维"，并且基于该思维又提出"分布式商业生态战略设计要素与运行内核""蜂窝状组织""U 盘化人才"。场景思维、区块链思维、生态战略、蜂窝状组织以及 U 盘化人才为分布式商业的大规模普及和发展，以及人类大规模合作提供了软性条件。场景思维瞄准场景需求和痛点，旨在为场景创造价值增量，提升场景的生活体验；分布式商业亦瞄准多变的场景，以区块链思维中的社区共识、分布式自治、价值协同、通证激励、生态等思维灵活地应对多变的市场环境；蜂窝状组织（或分布式自治组织）和 U 盘化人才又为这种形态的商业大规模发展提供了组织支撑和人才支撑（见图 2-2）。

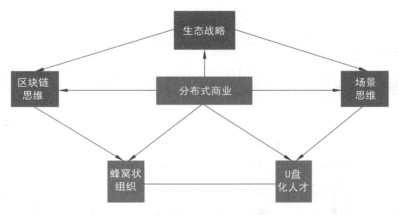

图 2-2　分布式商业架构

2.4.2　分布式商业形成的硬性基础

分布式商业的形成是在互联网、大数据、云计算、区块链、5G 等信息技术和信息基础设施、融合基础设施、创新基础设施相对成熟的情况下诞生的新型商业形态。陈菜根在《分布式商业的春天已来》一文中提到，分布式商业的基础设施包括 7 个组件：场景、经济系统、区块链即服务（blockchain as a service，BaaS）、物联网硬件系统、分布式算力、去中心化应用（decentralized application，DApp）和 DAO。我认为，比较系统的基础设施应该包括底层平台、中层运营管理和上层场景应用支撑（见图 2-3）。

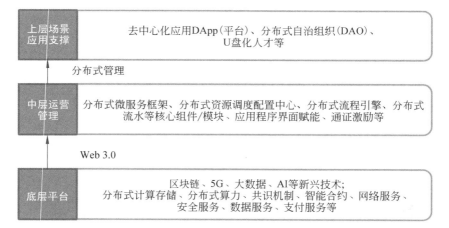

图 2-3　分布式商业的基础设施

底层平台方面，分布式网络、计算、存储、通信、共识、加密是区块链的基础技术，也是分布式商业运行的基础。各企业主体通过利用该基础技术，可把不同地域、不同场景、不同业务、不同主体的应用和数据更好地聚合、融通与共享。共识机制和智能合约等技术保证了不同主体传输信息时的一致性问题，智能合约根据算法公平，高效地执行通过

共识机制达成预先约定的规则与条款等，在此基础上更利于建设可实现
对账、确权、追溯、审计、信任、共享等基础功能的网络服务。此外，
区块链网络服务、数据服务、运维服务、安全服务、支付服务等也为价
值互联、价值共创、价值评价、价值分享等奠定了基础。底层服务平台
为分布式商业生态建设和数字经济的发展提供了底层支持。

例如，由国家信息中心主导推出的区块链服务网络（blockchain-
based service network，BSN），其通过建立一套区块链运行环境协议将
所有数据中心连接，形成跨云服务、跨门户、跨底层框架的全球性公共
基础设施网络。以 BSN 底层技术框架为基础，面向不同行业和应用搭
建一套包括底层区块链基础设施网络、配套管理平台、运维平台和应用
门户等功能完整的专业区块链服务网络，能有效促进数据共享、优化业
务流程、降低运营成本、提升协同效率、建设可信体系等 [3]。

分布式商业对分布式网络运行、数据存储、多方计算、通信等有较
高的要求。区块链基于网络协议技术（TCP、RTP 等）实现节点间的通信。
使得链上节点以分布式网络的形式实现实时通信，高效协作；链上数据
以分布式存储的形式实现可信访问与共享；链上节点以共识机制、智能
合约的手段实现节点之间的互信与协同。同时，随着 5G 技术快速发展，
基于软件定义网络（software defined network，SDN）和网络功能虚拟
化（network functions virtualization，NFV）的新型网络架构取得较大突
破，不但能满足数据分布式存储的低成本、安全高效的要求，也能极大
提高网络访问速度和信息处理效率。在此技术背景下，网络基础设施得
到进一步升级，更利于灵活、高效地支持多样业务，实现网络即服务的
运行效果，满足基于云服务、数字化管理等未来主流数字化业务的智能
化运营需求。5G 技术结合区块链技术可以给分布式商业组织提供大量
流量与底层网络运行支撑，加速分布式商业的大规模应用。

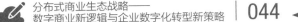

中层运营管理方面，在分布式系统中一般以通证作为经济激励载体，经济激励是提高组织协作效率的重要手段。各企业主体或平台建设者借助通证这一分布式商业生态中的价值载体，将生态系统中的价值通过通证的方式在各个利益相关方之间进行流转。此外，通过融入分布式微服务框架、分布式资源调度中心、分布式配置中心、分布式存储、分布式流程引擎、分布式数据访问层、分布式流水等软件开发组件或模块、接口调用（应用程序接口）等方式，平台可快速地开发和接入各种业务应用，便于企业多种类型的业务流程"云上""链上"管理，便于生态资源高效率赋能场景需求方。而后各产业组织或个体可以凭借分布式网络，以去中心化方式协同多方力量，在区块链思维、场景思维等理念下开展价值活动，完成分布式商业闭环。

在上层应用场景方面，分布式应用（去中心化应用平台）和分布式商业社区（去中心化自治组织）、U盘化人才可以直接面向用户。由于区块链特有的数据确权、价值可信传递、信息可溯源等功能，可以较大地改变行业生产关系和生产效率。例如，你原先购买某一产品时，可能会担心产品质量差、交易定价不平等等问题，但在分布式应用内，产品可溯源、质量可保证、价值可高效流转。而且制造业企业也可利用区块链的多方验证和分布式记账机制，推动产品价格由多方共同确定，一旦上链，便无法更改。再如，京东云旗下京东万象数据服务商城曾运用区块链技术，将服务数据上链，成功实现了数据溯源和确权。而且该企业还将数据变成受保护的虚拟资产，使得每笔交易和数据都有确权证书，既激发了用户数据交易的积极性，又有效解决了数据流通和交易瓶颈的问题，为未来的数据市场规模飞速发展奠定了基础。

如图2-4所示，随着以区块链为基础的数字化基础设施建设的逐渐完善和碎片化、场景化需求的日益增多，人们迫切需要一种跨越时空，且符合价值驱动、自由协作、分工协同等特点的分布式价值网络和平台，以便在大规模陌生人群之间迅速达成动态合作所需的共识，并在这种共识下可以快速地开展基于分布式价值网络和场景的分析、诊断、预测、决策、协作、创造、营销等价值活动。

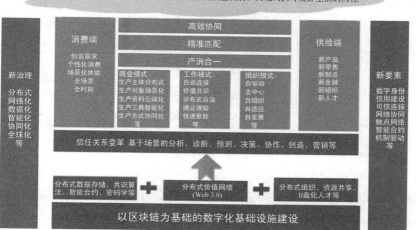

图 2-4　"区块链 +"定义新商业与新经济

区块链技术是驱动实现商业重塑、产业革新的关键之一。该技术为商业发展及经济发展提供了可信链接、网络协同、数字身份、通证激励等发展要素。人们借助于区块链网络、区块链技术和区块链思维为组织／经济治理提供了分布式、协同化、智能化等治理手段。一种以"生产主体分布式、生产对象场景化、生产资源云端化、生产工具智能化、生产方式协同化"为特征的新型商业模式，以"自由连接、价值共识、分布式自治、通证激励、快速聚散"为特征的工作模式，和以"去中心、自组织、自适应、自发展"为特征的组织模式正在诞生。这为产业组织的高效协同、资源的高效配置、供需的精准匹配、产销的深度融合等奠定了基础。分布式商业也在上述背景下逐渐成熟。

从网络能力角度来看，随着 Web 3.0 的逐渐成熟，可以让更多设备产生的数据连上网络，并赋能于业务，驱动业务自动化、智能化发展，因为 5G 网络的运载能力，为数据接入、数据传输，以及基于数据的远程协作提供了基本保障。区块链中的分布式数据验证与存储、点对点传输、共识机制、密码算法、智能合约与安全协议等技术能有效促进大规模分布式协作平台的形成。分布式数据验证与存储机制让网络数据更真实可靠，点对点传输机制与密码算法是各主体间实现分布式高效协作与安全交互的基础，共识机制是协作各主体间达成一致行动的基础，智能合约让分布式协作各主体间协作条款执行得更公平与高效。由于其内在的信任引擎特征，区块链技术的发展和应用将有助于激活数据存量价值，开启以价值生产与转移为特征的价值互联网时代。

从市场经济角度来看，分布式商业以多主体协同，分布式资源共享、共创与利用的方式驱动市场经济的高效运转和市场资源的有效配置。在分布式网络结构中，各产业节点凭借分布式网络与数据共享生态系统，不仅能及时有效获取所需数据信息，提高其数据获取与监控能力，还能基于所获取的数据信息进行分析与决策，有效增强要素应急配置能力，优化组织对各生产要素的紧急调拨、采购等的决策，提高应急状态下的要素高效协同配置能力。生产资料的最大化共享与利用，促进生产要素的市场化配置，一种以价值共识、分布式自治、共创共享、共赢共担为导向，以分布式商业为基本形态的自由市场经济或将普遍流行。

从供给侧角度来说，分布式商业也是连接各类资源要素，并提高各类要素的高效配置，满足多元市场供需，实现国内国际双循环等的有效途径。从需求侧角度说，分布式商业主张以场景为基础，通过场景要素的数字化连接、数据资源的场景化共享、场景需求的数据化挖掘等，进一步激活消费需求，扩大内需，并以需求带动供给，以需求调配资源，价值供给自由协同，进而提高组织和个体的活力，激发数字化市场经济的巨大潜力。

未来，随着产业数字化程度的加深，在以价值互联网为基础的分布式商业模式下，劳动力、知识、资本、技术、数据等生产要素将得到更加有效的自由流动与市场化配置。在任何陌生场景下，没有信任关系的不同个体也可以通过区块链网络来相互协作完成某一任务或建立某种合作。在分布式商业体系中，我们可在全球范围内自由对接各网络节点间的需求、供应、生产、销售等。虚拟网络上的商业协作与交易将与现实空间上的协作与交易将形成更紧密、更深层次的互补与融合，区块链也将成为产业变革和经济高质量发展浪潮中的重要"引擎"。分布式商业的这种体系也将为虚拟与现实融合的新空间（元宇宙）提供新的商业发展思路与模式。在分布式商业的全面成熟背景下，全社会创造活力和市场活力等将被进一步激发，分布式商业或将助力实现人们对美好生活的向往。

2.5 分布式商业形成的人性逻辑

每个时代都有其标志性的技术，每个技术的产生或极大地解放了个体的劳动力，提高了个体与组织之间的协作效率，或极大地促进了生产效率或使用体验，或将极大地优化了资源配置和供需匹配效率，从而提高人们的生活水平。从青铜时代的手工器件到工业时代的动力机器，再到信息时代的互联网技术，都在不断地提高生产资料配置效率，更高效满足人们的多元需求。

每个技术产生后都会持续较长时间，一方面，要接受市场的检验；

另一方面，技术从萌芽状态到成熟状态亦需要一段时间，而且使技术广泛应用于工作生活的诸多场景中也需要不断探索。在这个阶段，人类的生活形态和商业形态都受到该技术的影响。技术的产生和发展总是迎合人性，符合人心正念诉求，这是因为市场的本质其实是供需的匹配，而市场环境和群体需求又是影响社会供需的主要因素之一。

在信息技术的催动下现实世界与网络世界逐渐融合，现实规则与网络规则的相互映射与融合也是数字经济背景下组织与生态良性发展的基础。在数字社会，以数据、算法、算力等为基础的数字经济活动大量出现。社会生活中，人们大多都是在信任关系上而开展诸多活动，数字经济活动中也会衍生出大量涉及场景信任的问题。当人们可以用理性的算法协议或技术制约等解决人性在陌生场景中的不信任问题，就意味着可以通过技术优势形成社会信任关系，促使人们的生产协作效率大幅提升，使整个社会运行成本大幅下降，使资源配置效率和供需匹配效率大幅提高。

尤其是在区块链技术赋能下，能极大增强网络信任关系。不管强关系主体之间，还是弱关系主体之间，都可以在可信网络上高效地开展价值活动。这是因为，追求自由、公平、高效、对等都是人的本性。区块链不仅能解决网络社会生态中的陌生场景中的信任、安全、效率等问题，还能为构建自由、可信、高效、对等的网络关系链与价值活动提供新的可能性。具体来说，其主要表现在以下方面。

第一，陌生场景的合作欺诈是人性使然。在陌生场景中，合作欺诈是较为普遍的问题，区块链思维中的共识机制、工作机制、抵押机制、安全机制、奖惩机制等算法机制有效保障了不同个体在陌生场景中的高效合作问题。智能合约保障了不同个体在协作流程中的价值创造和价值交付问题。算法的运行自动、公平且边际投入成本不变，每个主体的行为和回报挂钩，工作量越多，回报越高。甚至其工作奖励也是由一套算

法定义。算法的运行机制公开且透明，这能较好地解决陌生场景中合作
与交易的欺诈问题。

第二，陌生场景中的协作低效是人性常态。在陌生场景中，缺乏协
作动力往往使协作主体间协作效率低下。如果在数字化协作项目中融入
通证经济体系，通过通证机制与激励体系的设计，能在一定程度上提高
协作者之间的参与动力。基于该假设我们试着对公司管理机制进行升级，
以解决市场交易成本问题。例如，在数字化组织中以某一价值媒介（如
Token，通证）建立一套以去中心化方式实现财富证明、财富流动、资
源配置与分工协作的价值激励系统，以具有良好激励机制和远期升值潜
力的价值通证驱动各个角色在生态场景中自由流转。如此，在一定程度
上充分调动了参与者的积极性，提高了参与者的协作效率，使得每个参
与者都愿意持续地贡献自己的力量。

第三，分布式商业的形成符合人性规律。区块链具有一种自信任机
制，能塑造可信的商业环境。就个体而言，当组织内外部之间的价值活
动都在自信任系统基础上，个体的价值创造能力和自由协作动力也能有
所提高。因为在区块链社会中，所有的行为数据都记录上链，且难以更改，
无形中受到链上其他节点的监督，这时心存恶念者就会被约束；通过智
能合约和通证激励后所有的价值行为都会得到应有的奖励与回报，这时
心存善念者就会被鼓励。就组织而言，一方面，与金字塔组织结构不同，
如下文所述，分布式自治组织采取分布式治理模式，组织之间没有单一
领导，各成员之间身份对等，互不隶属，符合人心对平等的诉求；另一
方面，可信系统更利于组织建立扁平化、网络状、分布式管理模式，在
可信共享系统下，组织更容易及时获取跨部门、跨区域、多角色、多业
务、多流程的分布式数据信息，各组织／个体可基于这些分布式数据信
息更快速对变化做出反应，利于打造敏捷组织。在此基础上，更利于组

织管理者统筹内外部生态资源，开展分布式商业活动，实现组织的高效率、低成本的价值创造。以上既符合人性规律，也符合组织发展规律。

技术本身是中立的，将技术应用到具体的场景中才会有善有恶。如果一个新技术没有发挥人性中的善，那么它很难得到广泛的应用与普及。

之前，首次币发行（initial coin offering，ICO）模式，在短时间内吸引了诸多网民参与其中，出现了很多一夜暴富、日赚斗金的神话，于是一传十、十传百，大量网民争相进入。这样很容易激发人们去赌博、炒作、投机乃至诈骗的欲望。让很多不了解区块链技术的不成熟投资者参加进来，引发诸多泡沫。

但是，如果区块链技术应用与模式设计能够充分与实体经济融合，促进人们将线下、线上行为与组织繁荣或生态繁荣相结合，从而激励人们更有效率地进行实体制造、劳动和生产，那么该技术就发挥了"善"之性。所以，区块链应用实践者还需要通过制度和监管等措施来遏制人性中的"恶"，让区块链的有效价值得以最大化发挥。

让技术服务人心，让算法接管人性。在技术与算法的赋能下，自由不再是为所欲为，无序不再是毫无章法。算法是分布式商业中的规则，混序是分布式商业的运行状态。分布式商业的合理运转需要让个体或组织在相对有序的状态下，依据预先设定的算法规则和机制，创造出符合社会发展所需求的价值。

就机制设计而言，人性中的"善恶"都是在特定场景中表现出来的，最好的机制可以激发人心、稳定人心，用人要激发人心，留人要稳定人心。很多时候员工在执行上的懈怠，多数是因为员工的心没有被激发，员工离开企业多数是企业没有稳定人心的机制。激发潜能就是激发人心，激发员工自动自发的努力工作，从而减少监督与管理成本。即人心若被激发，再怎么困难的事员工都会想办法解决。而这种机制的设定也要基于具体的实践场景、活动场景、业务场景、应用场景等，通过机制激发场景人群活力与场景产品的动销力。

在这种商业形态和管理模式下，不仅可以有效激发数字资产要素活力，提高人、财、物等之间的自由匹配效率，而且可以使个人从日常束缚其个人发展及意志表达的羁绊中解放出来，实现个人的自由发展。

在分布式商业世界中，每个有多元化能力的个体将从固定的工作模式逐渐发展到一种自由连接体，其基于分布式商业平台，借助平台中的动态组网、数据系统进行智能化连接、匹配与通信，从而实现节点与节点之间的数据互通、价值共享与相互协作。组织形态从传统的公司制逐步发展到基于分布式自治组织的"自由经营体"，个人主权全面崛起，人类实现了全球数亿人跨时空的精准高效协作。此时，数据等资源要素价值将更全面被利用，依托分布式商业平台及模式形成对全球要素资源的全面共享和自由利用，更利于促进国内国际双循环。因此，可以认为分布式商业也能促进形成一种以个人自发的和不受特别拘束的努力所产生出的一种经济活动的复杂经济秩序[4]。这也是经济活动自由发展的结果，符合弗里德里希·哈耶克（Friedrich Hayek）所主张的"经济自由"理念和人性发展规律。

第3章

数字商业背景下的管理重塑

03

3.1 亟待升级的传统管理

管理就是对场景中人和事的有效协调与应用。那么，怎么能将人和事进行很好的管理？笔者认为，人与人、人与事及事与事之间的不平衡主要源于场景环境中的矛盾激发，要想更好地解决矛盾就得回归场景，以人为核心，还原场景，找到导火线，通过场景洞察找到关键矛盾，运用场景思维逻辑解决相关问题。

如果我们从场景切入，转换管理逻辑和解决问题思路，或许就能解决许多新环境中的新矛盾/问题，而这些矛盾/问题用传统管理中的工具或方法又较难解决。

回顾一下工业时代的那些重要的企业管理理论和经济学理论，1911年弗雷德里克·泰勒出版的《科学管理原理》（*The Principles of Scientific Management*）奠定了工业时代的管理学基础。德国管理大师马克斯·韦伯在这个基础上提出科层制组织形态。随后，法国的亨利·法约尔提出一般管理理论，主要有计划、组织、指挥、协调和控制五大管理职能。管理学以细化分工和明确职责的规模化管理为基础，极大提高了工业时代的劳动生产效率。

随着社会的进步、生产力的发展，以及企业组织规模的变大，科学管理理论也暴露出了新的问题。从横向来看，组织之间的"部门墙"现象愈加严重，每个部门只做其职责之内的事情，对于职责之外的业务，因为没有和绩效挂钩，很多时候他们认为做了也没有奖励，做不好还可能会受到指责。于是，每个部门或部门内的成员就会出现"不敢越雷池半步"之象。这样就导致部门和部门之间缺少沟通和协作，对于职能以外的事儿很少有人会主动去承担，因此很多重要的交叉业务就难以被解决，组织的"办事能力""创新能力""组织成员的积极性"也因此降低很多。从纵向来看，组织之间的层级越来越多，导致上下级之间沟通不顺畅，信息也传递不及时，于是完成任务的效率自然低下。其实这也是组织发展必然会遇到的问题，上级迷恋权力，不愿放权，组织层级多了下级难免会被冷落，情感需求得不到满足，于是其工作积极性也就低下了，用户的需求变化也难以得到及时反馈。

很多管理者应该深有感触：在会上员工总是提出很多问题，但是真正出解决方案的员工是少之又少，不愿主动承担责任，动手解决问题。而且有领导也会经常叹气：很多时候即使给员工很多资源，但是依然少有员工可以做出成绩，导致资源的极度浪费（其实本质上是因为：其一，员工确实没有能力做；其二，资源分配不合理，导致员工不知如何对其进行合理利用）。

随着两百年来的社会、经济的发展，三大管理假设的前提条件基本彻底改变。例如，弗雷德里克·泰勒的科学管理的前提是大规模制造，但现在更多的是大规模定制，没有灵魂和个性的规模经济已经失去吸引力。马克斯·韦伯的科层制也在区块链的去中心化浪潮中变得不合时宜。亨利·法约尔的五大管理职能的假设，将企业引向一个封闭而庞大的组织，企业与外界的接触能力及其应变环境的能力都有所低下。

任何事物，如果长期固定不变，必然不会长久存在。在数字化时代，工业时代的管理理论和经济理论正在新的市场环境中逐渐失效。新技术、新工具以及新的消费环境和需求，使得以往的市场规则和商业模式都在不断被挑战和颠覆。例如，企业组织形态由科层制变为网络化、扁平化、生态化；消费市场由商家/企业主导转变为由消费者主导；生产上由大规模生产转变为个性化定制的精益柔性化管理；管理思想也由以往的零和博弈变为互利共赢的非零和博弈等。

人们基于当时大规模的工业经济，提出的各类管理原理和管理思想，现在依然有很多企业都在遵循。这些企业试图用之前的理论去解决新环境中遇到的问题，或驱动企业的发展。

正如管理大师彼得·德鲁克在《21世纪的管理挑战》（*Management challenges in the 21st century*）中所说：我们生活在一个意义深远的转型期，变革空前而彻底。现在的管理学思想仍在沿用20世纪的那些基本假设，很少有人去注意它们是不是"事实"。

当下，大数据、云计算、物联网、人工智能、区块链等技术几乎同时出现，导致商业环境复杂且多变，在这种情况下基于传统的经营假设明显不适于现在的经营背景。在传统的科层制的组织结构中企业和市场之间有着一层厚厚的"保温层"或"隔热层"，接触一线的市场人员获得的信息无法第一时间传递到高级管理层手中，而一线人员又无法根据其信息及时决策，导致大量的机会流失。在这种情况下管理层的决策与市场需求的匹配度也就有所降低。

因此，笔者认为传统的科层制就面临两个挑战：一是科层制内部的运行机制在多变的互联网环境下显得不完善，甚至存在致命的缺陷；二是科层制在面对变化时显得尤为迟钝，其管理者对某一事的决策流程太多（尤其是当企业规模比较大时），上传下达，中间时间太长，在下达的过程中也有可能会有"误传"或"假传"的情况，导致信息失真，成本太高，在这种情况下，员工执行的效率便会低下，原来基于提高经营效率而提出的科学管理和科层制结构在企业发展壮大或环境变换迅速的情况下已经不适用了。

随着大数据、云计算、人工智能、区块链技术的发展，信息化时代加速到来，万物可以被互联，资源可以被迅速整合。组织中最缺乏的不是资金和现代化设备，而是高素质的人才。唯有人才能应对多变的商业环境，人才在组织中的作用愈加重要。

这就需要企业发展重视人的主观因素，以人为中心，重新定义组织的意义。在管理理念上企业应以人为中心，把激发人的潜能、处理人际关系、满足人的需求、调动人的主动性和创造性、顺应人性和人心等核心管理理念放在首位。在管理方式上，企业也需要升级和变革。创新管理思想，重视、尊重个人的潜在价值和能力。通过聚拢人才、激励人、鼓励人、培育人，实现人的价值的最大化，以感情要素（右脑）和理性要素（左脑）调动人的积极性、主动性和创造性，充分调动组织成员的工作积极性，以实现人力资源的优化及合理配置。

所以，在互联网及区块链背景下的企业需要探索出适合其发展的新的管理体系，以使企业可以生存。

现代化管理讲究人的全面发展和组织的系统化、灵敏性，强调不断创新。要求组织既重视效率，也重视效果；既注重人的主观意愿、个性和潜能，也要注重人的激励和协调等要素；真正做到以人为本，旨在通过较高的领导层素质和员工素质，以及合理的人力资源配搭，使企业形成良好的组织氛围和自律自激机制，进而促进实现企业经营管理目标。

商业环境的不断变化，组织结构也应该趋于灵活而富有弹性，以求组织内外部之间信息畅通、数据流通，组织及个体反应灵敏，行动敏捷，使组织或个体能够具有较强的环境适应能力。例如，采取缩小组织单元、减少组织层次、赋予小组织更大的自主权、实行经营权和管理权下放等措施。这既有利于发挥企业内部各个成员的专长和能动性，又有利于领导者把主要精力集中在高层战略决策问题上。

那么，怎么能达到该效果？

仔细想想，当用户变成了企业价值创造的参与者，当企业的边界消失、竞争升级，当流量与数据变成了商业运营的核心，当体力劳动者变成脑力劳动者，当数字化管理及运营成为企业生存的基础……企业的战略管理、商业模式、营销逻辑、人力资源管理等都会发生很大变化。基于此背景，笔者在本书中以适应动态的场景变化为基础，以全面激活生产要素为前提，提出分布式商业生态战略，以及数字化时代和区块链变革下的分布式商业逻辑、管理思维。

分布式商业的形成是为了激活资源、组织与人才，以网络化、数字化、分布式的商业形态和管理手段，广泛地聚集资源，更灵敏地收集情报，更有目的地设定目标，做出行动决策，更快速地组建团队、展开协作，创造价值。就如笔者在《商业归根》一书中讲："在如今快速变化的商业时代，企业最核心的战略应该是'知行合一'，当今时代企业最重要的能力其实就是感知变化能力、快速应变能力和进化能力。"书中反复提到："百态有变而本质不变，进化逻辑即生存逻辑。"在企业发展的过程中，随时根据情报信息判定下一步的工作计划和目标，通过约束条件和关键节点的设定实现企业的阶段性目标。灵敏的感应系统、持续的情报收集、应对变化的敏捷组织是企业的进化逻辑。当然我们也可以认为这种战略就是自适应战略。那么，如何做到自适应？

场景一直在变化，以敏捷的组织抓住变化，并去适应变化是企业基于场景的生存逻辑。

3.2 基于场景的数字化管理探索

在大数据、云计算、物联网、人工智能、区块链等信息技术逐渐成熟的情况下，一个新的时代已经悄悄到来，这个时代是一个万物互联、数字变革、网络共生、智能协同的时代……这些特点融合起来而共同铸就了一个数字商业时代，此时，企业所面对的商业环境发生了巨大的变

化，很多工业时代的管理思想和管理理论早已不适应，我们需要根据目前商业现状和未来商业趋势探索出一条普遍适合的管理路径，为新环境下旧物种的转型和新物种的生存做指引。

管理的本质其实是为了更好地解决场景问题，并提升解决问题的效率和效果。

首先，从管理效果来说，绩效考核是影响组织或个人处理问题效果的主要因素之一，在目前的绩效管理和薪酬管理系统中存在很多问题。例如，在绩效管理中，绩效评估时间不及时，会出现周期较长的情况。这样，员工的劳动成果不能得到及时反馈，在某种程度上也影响员工的工作积极性。在绩效评估过程中，很多时候可能会由于个人偏见、领导意愿等影响绩效评估的公平性。具体来说，在薪酬管理中，主要存在：

其一，薪酬缺乏科学的岗位价值评价，员工不能够自己判断付出与收获是否成正比，更对公司其他岗位及薪酬水平一无所知。而现实情况是，大多数员工都对自身岗位的价值评估高于他人，如果没有一把客观公正的尺子，很难调节其内心的不平衡。

其二，薪酬体系缺乏透明而失去公正性。很多企业员工不了解自己工资收入的计算过程，不清楚职级、岗位大体的薪酬范围，这使得其经常会产生猜忌等心理。如果员工也知道对公司贡献价值的大小与薪酬是成正比，有助于增强薪酬体系的公平、权威性，更有助于留人。

这些都是在工作场景中经常会遇到的较为棘手的问题，如何应对和解决？首先，对于不公平、不透明、效率低下、中心化程度较高等工作场景遇到的问题都可以通过区块链技术和思维去解决。例如，公司可以用智能合约来解决绩效管理和薪酬管理出现的不公平、效率低下问题，将各个部门、职位的工作内容、工作流程上链，通过一套算法来及时核定工作效果，并按照预先共识来分配奖励，贡献和薪酬成正比，且可以达到有劳即得的效果。而且由于区块链（特指公有链）本身具有公开、透明的属性，任何链上的成员只要凭借公匙即可查看自己及他人的工作内容和工作奖励，这样目前的很多绩效管理和薪酬管理中遇到的问题便得以解决。

其次，从管理的效率来说，现在用户 / 客户需求多变且复杂，而我们的工作大多依然是在金字塔式的组织结构和亨利·法约尔提出的五大管理职能之下进行的，随着科学管理的演变和发展及企业规模的壮大，组织越来越大，随之到来的是，在这种组织下个人处理问题的效率降低了很多。

此时，企业就需要转换组织结构和人才管理方式，避免出现下级发现问题，但是没有权限对之做出处理，上级收到问题，但因为不清楚具体情况而导致决策失误等问题。所以需要管理者下放决策权力，赋能管理，让在一线工作的人员在用户提出某些需求后，或感知到用户需求变化后，再或者遇到某些突如其来的问题时，可以有权利根据现场环境及时地做出决策，并调配相关资源，对问题或需求及时地做出反馈或及时地提供解决方案，从而让企业能灵活地应对市场环境的变化，提高企业经营的效率。

就如在第 8 章和第 9 章所指出的蜂窝状组织结构和 U 盘化人才。在蜂窝状组织中，"蜜蜂"的价值来源于其在一线市场中的价值创造，其以价值为导向，灵活地组建小团队，到一线市场获取信息，了解市场需求，创造相应的产品和服务。当目标任务完成后，小团队即解散。在 U 盘化人才中，U 盘的价值在于其本身存储多少信息、能为系统传输多少能量、可以在多少个系统中传输能量等。当有了区块链网络和分布式自治组织支撑，企业就可以集结组织内外部 U 盘化人才分布式协作完成项目，项目结束后获取约定的报酬后即解散，U 盘化人才也可以去找另一个可以贡献能量的系统，输出价值，获得回报。

例如，华为公司任正非提出的"让听得见炮声的人来决策"，以及阿米巴经营模式中的打破原有的部门界限，并将集中化攻城略地的兵团方式转向具有自治能力的小单元战斗方式，使小单元像神经末梢一样深入到市场肌体的每个角落，让更多的信息来源于市场，来源于客户，让员工直接面对顾客、面对市场，对市场内部的任何变化都能及时、准确地做出反馈。

因此，在多变且复杂的商业环境下，企业需要借助于数字化技术提升其数字化管理能力，重塑组织，改变人才管理方式，以组织的灵敏性和人才的价值性，适应多变场景的多变需求。

为了让员工有权利、有能力、有资源去应对这种变化，就需要将企业变为一个数字化、平台化企业，将企业的资源与人才进行在线化管理。企业变为一个服务型平台，组织变为一个智能化、敏捷型组织，员工变为一专多能的创客型员工，企业平台化和员工创客化的主要目标就是满足用户个性化的需求，即海尔集团提出的"企业平台化、员工创客化、用户个性化"的数字化管理逻辑。

深入来说，数字化时代，大多数企业都需要构建数字化商业活动平台，创新业务模式、组织模式以及协作模式，在此基础上才能更有效围绕顾客需求组织并完成相应的商业活动。此时，企业管理的重心不仅限于内部，已经逐步从内部发展到外部，如何通过新的管理方式实现内外部资源与力量的集结，并以此应对场景变化、解决场景问题逐渐成为未来企业生存的新逻辑。

在此背景下，就需通过数字化管理手段解决数字化生存与发展问题。笔者认为：数字化管理的本质就是通过数字化技术将企业的内外部资源平台化、数字化、在线化，利用数字化平台资源的整合与输出实现各生产要素、各业务数据分布式互联互通和智能协同，推进全场景、全链路的数字化升级。各业务单元通过基于场景的数字化管理手段（如场景系统、工具等），实现场景定义、场景描述、场景洞察、场景造物、场景营销，在场景数据基础上敏捷应对各种变化的业务需求。例如，阿里巴巴本地生活服务公司发布了"新服务"战略，宣布将整合口碑、饿了么、到店和到家的各项能力，建立包括选址、供应链、预订、点单、配送、支付、评价在内的全场景、全链路数字化经营管理体系，实现"人"与"物"供给效率的最大化和最优化。再如，钉钉瞄准在线分布式办公场景，通过大数据、云计算等技术和软件即服务（software as a service，SaaS）产品服务模式提供协同工具及服务，帮助企业通过数字化管理模式，提高"人、财、物、事"的管理水平。

数字化管理不仅需要企业有数字化管理手段，还需要有数字化管理工具和系统，以便企业能够实现内外部资源与角色的可视化、可量化、可协同的协作管理，这时，产业上下游企业间的联系将更紧密，同时，与传统的内部化层级管理及市场化的契约管理相比，数字化管理也会更加高效。

随着数字商业基础设施的完善，企业通过数字化技术可以较容易地把原有孤立的、分散的业务系统按照场景化逻辑进行数字化重构，如借助于云计算及业务化平台体系，包括数据中台、业务中台、物联网中台等，各种各样 SaaS 化的应用软件，以场景供需的高效匹配为基础，形成面向角色、面向场景、响应需求的数字化解决方案。

因此，笔者认为：场景的数字化管理（简称场景管理）是以提供场景方案和场景创新为目标，通过科技手段构建场景平台，聚集场景供需资源，以场景的人财物数字化方式（即资源数字化方式），提升资源、组织与人才的活力，赋能生态，实现场景服务或产业服务的数字化、智能化、平台化的开放管理效果。平台上汇聚解决具体业务场景的资源和价值相关方，共同解决某一特定的场景需求。该种管理方式不仅可以驱

动生产和利于管理效率提升，也能促进产品供给体系的创新，实现全要
素资源的自由匹配与产业的高质量发展。

百信银行建设了一站式自助接入平台，利用自身技术优势，打造基
于分布式微服务架构、开放 API、大数据、人工智能等创新技术的开放
银行平台，实现从能力发布到服务订阅全流程线上化，快速实现系统对
接，让各参与方在最短的时间完成系统对接，高效解决具体业务场景的
金融服务需求。

整体来看，场景的数字化管理是在数字化商业背景下，借助于某一
平台资源、组织、人才的数字化资源，开放场景创新服务能力，赋能场
景服务方，让企业"人人成为经营者"，都能在前方作战，平台根据需
求匹配人才，他们按需形成组织协同"作战"，且组织的一切价值活动
都是基于平台资源、信息、数据等而开展，在数字化技术（如大数据、
区块链、数字孪生等）与新兴网络（如 Web 3.0）下，他们按照预先规
则和约定实现劳有所得，公平高效。在数字化服务的同时，通过网络化
协作，自主经营，独立核算，经营权下放，实现全员经营，自由发展。
让每一位员工成为主角，打造激情四射的集体，依靠全体智慧和努力应
对多变复杂的场景变化，并完成企业经营目标，实现企业/组织的飞速
发展，这也是分布式商业模式形成的基础。

3.3　分布式商业中场景管理的本质内涵

分布式商业是一种网络化、分布式、多主体、强协作、高协同的商
业共生关系，这种关系的形成和成熟多源于区块链等数字技术的赋能，
这种商业形态的形成主要目的是以组织的柔性、高效、灵活解决具体场
景的变化和问题。

分布式商业之下的柔性组织多为分布式自治组织，这种组织多以业务场景需求自由组织并开展价值活动。那么，场景为何能成为组织建设、价值创造，以及商业重塑的核心？

吴声曾言：场景成为传统企业转型为数不多的机会。既然将场景晋升为转型机会，那就要有场景的企业转型逻辑和企业转型方法论。笔者在前文表明"场景"自古有之，互联网时代只是使场景有了线上线下的双重连接，让场景更丰富，使场景可感知、可识别、可挖掘、可塑造。一个既定的场景中，有你、有我、也有我们一直向往的"物"，甚至在场景空间想要什么就可以即时订购或者创造，合乎心意，愉悦生活。于是，家庭中的客厅场景被小米科技激活、出行场景被滴滴出行激活、最后一千米场景被美团激活等。

场景是人在社会中生活状态的一体化表达，这种表达是需求的表达，是行为的表达，是体验的表达。在场景的连接域中连接场景的不同群体和不同个体，以及基于该群体/个体的不同产品或服务，最后创造出独特的价值，形成合乎人心的沉浸式体验。

分布式商业往往需要借助于数字化管理平台和价值网络上多节点之间的生产互助关系，来解决某一业务场景痛点，应对多变的场景需求，或实现场景的体验升级。那么，节点之间该如何高效连接，组织之间如何根据目标快速的展开协作，创造价值，分享价值？这些都是基于场景的数字化管理需要解决的问题。

笔者认为场景的数字化管理（简称场景管理）的简单意义就是在平台化网络中，各组织基于触点网络对场景现状及需求快速了解，并匹配相应的产品或服务。深层意义是根据界定的场景，深挖场景价值，定义场景价值主张，并借助于数字化网络/技术和场景化平台连接场景角色，整合供需资源。平台型组织根据触点网络洞察市场环境，了解业务需求，并能敏捷地依托于平台供需资源对场景需求做出反应、决策与行动，创造场景增量，实现场景体验升级。最后达到场景价值最大化和人在场景中体验价值的最大化。这也是分布式商业环境中的管理新思维。

滴滴出行就是典型的场景管理实例。在出行场景中，相应的场景应用一键发出需求，通过定位技术、传感技术、大数据等技术与附近的出租车司机快速匹配，实现人与人的精准匹配或人的需求与对应的服务相匹配。基于该打车场景，滴滴出行推出了专车、快车、顺风车、代驾、巴士、试驾等业务，满足同一场景人群下的不同服务需求，形成了出行场景的服务生态。

业务融合的本质其实也是在多场景的连续服务基础上实现的跨界融合。目前，很多企业也试图去跨界经营，获取更多的流量，但大多数企业找不到进行融合的突破口，无果而终。其实如果从人们的连续动态场景去考虑，则较容易发现融合机会，例如滴滴出行基于打车场景还可以提供面向企业的专车服务、接送小孩放学回家服务、出行意外保险等服务。

如果企业管理无方法、管理效果不佳，不妨从场景的角度重新思考一番。企业通过对场景进行诊断，找到全新的方法，构建实用的以场景为基础的生存逻辑。笔者认为，企业发展是对单（多）场景的一体化经营管理的过程。数字化时代，企业的一体化经营是以场景为始、以场景为终的经营管理过程。如图 3-1 所示，场景界定是确定企业的经营范围（包括区域范围、人群范围）和显性需求的过程；场景挖掘 / 洞察是发现场景人群隐性需求、寻找创意的过程；场景造物是设计产品、生产产品或提供服务的过程；场景匹配（包括人力匹配、营销匹配等）是构建连接，引爆场景、让产品 / 服务面向对应人群，以及多场景融合、多场景协同的过程；场景塑造（包括场景文化、场景格调等）是让用户或消费者长时间体验场景服务的过程。

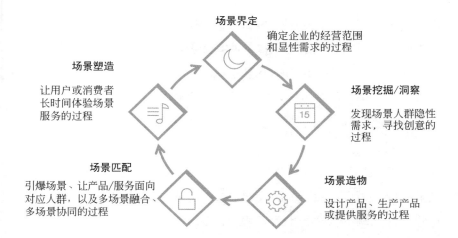

（界定: define; 挖掘: excavation; 造物: created; 匹配: match; 塑造: model）

图 3-1　场景思维 DECMM 的一体化逻辑

如图 3-2 所示，在这个场景商业生态价值系统中，平台为场景构建连接基础和数据基础，场景为业务方向和业务布局指明逻辑方向，蜂窝状组织和 U 盘化人才为场景重塑和价值创造提供场景战略下的组织和人才支撑，除此之外，场景的数字化管理也往往需要借助于分布式价值网

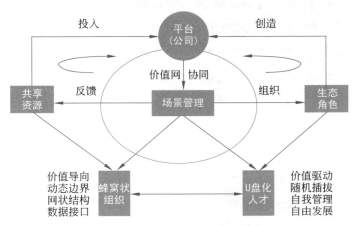

图 3-2　场景商业生态价值系统

络连接更多的生态参与角色，吸收更多的共享资源，在此基础上系统以赋能的方式驱动组织与人才更高效地解决场景问题，创造场景价值。

场景商业生态价值系统在区块链赋能下，表现为分布式数据、分布式资源、分布式组织、分布式人才等，产业主体通过这种分布式形态的管理方式促进具体场景需求的高效解决，实现管理效率与管理效果的最佳化。这种分布式结构对于应对多变环境的多变需求显得更加重要。

例如，在某一突发事件中，组织不仅需要以敏捷的反应能力应对复杂多变的突发状况，而且面对层级多、人员杂的事件防控局面，更需要充分调动个体的主观能动性和积极性，使每个人在关键岗位、关键环节发挥出其专业价值和作用。雷神山、火神山医院的建设就是充分借助信息化技术构建平台，充分调动社会多方力量，利用分布式储能、分布式发电、需求侧响应等手段，合理调度控制资源，科学有效地赋予一线危机处置机构决策权、资源调配权，发挥一线组织与上下游供应商、服务力量的沟通合作渠道优势，形成联合作战协同能力，以最高的效率和最低的成本保障能源系统快速恢复常态运行[5]。再例如，针对金融票务场景，央行曾推出"基于区块链技术的数字票据交易平台"，央行、数字票据交易所、商业银行以及其他参与机构以联盟链节点的形式经许可后接入数字票据网络。不同的节点在接入时可以根据角色定位和业务需求授予不同的链上操作权限，分布式开展数据票据业务工作[6]。

3.4 物联网、大数据、区块链、5G 等技术助推场景管理

商业的本质是价值交换，那么交换的地点在哪里？交换的对象是谁？如何能促进交换，提高交换频率和交换量？如果基于场景重新考量这些

问题，我们发现场景即交换地点，场景人群即企业的交换对象，场景的塑造的核心目的就是促进交换，物联网、大数据、移动设备、社交媒体、区块链等信息技术和工具的出现极大提高了商品的交换频率和交换量。

近几年，阿里巴巴集团在"天猫双十一"当天的交易规模极其庞大。阿里巴巴集团能创造这么大的交易额的主要原因是充分利用了分布式数据库处理、大数据智能分析和匹配、人工智能的智能算法及活动设计、社交媒体的广泛宣传、多移动终端的多入口等。

在旅游业，随着物联网技术、智能设施的发展，电子导览、语音讲解、多维展示、人流量检测等场景科技，都为场景数字化管理的科学性、实时性等提供了基础，景区可以根据场景人群的需要做好体验管理。我们知道旅游产品的设计大多围绕观光、休闲、体验、度假等展开，并在吃、住、行、游、购、娱等方面进行布局。那么在智慧旅游时代，景区内部的所有设施都会连接在一起，产生数据优化服务，最终服务于游客，所有这些技术的应用会让旅游体验越来越方便，最终使游客的参与感提升了，体验升级了，管理方便了，互动感加强了。

再例如，物联网智能锁技术让近千万辆美团单车，变成了庞大的出行网络，系统可以跟踪哪些区域的出行需求量大，实现精准投放车辆，并且运维人员也可以在最短时间内找出故障车，进行维修，大幅提高用户的出行效率。未来美团单车可以通过物联网技术连接一切可以连接的资源，打造一个以人工智能为基础的多场景分布式运营网络，在分布式节点的连接与场景布局下，将构建越来越真实、完整的出行场景人群的用户画像图谱，积累庞大的多元数据资源，赋能与场景关联的相关产品，形成以物联网为载体的完整生态闭环。这也为基于场景的产品开发、产业布局、生态建设提供了新的思路。

长期以来，管理一直在追求卓有成效，卓有成效的管理者就需重视其效率和效果。数字化背景下，笔者认为：管理效率的提升主要源于区块链网络中去中心化数据共享和以可信数据为基础的机器信任机制；管理效果的提升主要源于个人的 U 盘化能力和以共识机制和智能合约为基础的工作流态。

管理还要重视体验。那么，怎么满足管理的多重效果？场景数字化管理的核心目的就是实现人与人、人与物、物与物之间的高效匹配，以匹配的精准性实现更高的工作效率和更好的工作结果以及多方利益主体更佳的价值体验，形成全新的管理逻辑。

一般而言，人们在不同的场景都会遇到不同的问题，进而会产生不同的需求，满足需求的过程就是解决问题、创造体验的过程。那么，如何面向不同的场景采用不同的管理方式让管理更卓有成效？

如图 3-3 所示，管理的目的是更好、更快地执行任务，卓有成效的管理就是既注重效率又注重效果的管理。

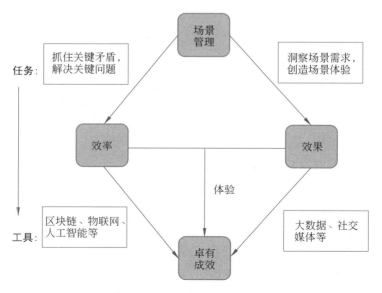

图 3-3 卓有成效的场景管理

一般地，如果在解决问题时能够抓住关键矛盾和关键问题，并有针对性地执行任务，那么，解决问题的效率便会提升很多。进一步来说，矛盾和问题大多源于某一场景，还原场景，找到关键矛盾和问题（这也是场景洞察的主要方向），提供处理冲突、解决问题的极简方案和流程，如此效率自然会变高。有问题或矛盾就会有需求，根据需求有针对性的设计方案和流程，满足由相关场景洞察而发现的显性或隐性需求，并创造出多维场景体验，如此效果自然会变好。

物联网、移动设施、大数据、云计算、区块链、5G 等信息技术的出现使多方利益相关者的联系更为紧密。用户／客户变成了商业价值活动的中心、虚拟化商业场景逐渐增多，交易价值链条也被缩短、组织扁平化而使得小组织形态大量出现等。在这种情况下，为了提升效率可以利用物联网技术，连接场景的多方价值相关者，积累相关数据，洞察核心问题，设计以场景需求为核心的客户价值体验流程，而后借助人工智能、区块链、5G 等技术提高解决需求的效率。

京东物流一度以"快"的体验加深消费者对京东的品牌印象。京东物流将大数据、云计算、人工智能等技术应用于智慧供应链创新中，主要体现在智能决策、智能采销、智能运营等方面，极大提高了商品的配送效率，实现了高效、绿色、环保、智能，为用户创造优质的双十一消费体验。

具体来说，京东物流为保障消费者和商家体验，积累了商家、消费者、供应商等价值伙伴的数据，以数据驱动货物前置，优化了物流仓储链条模式。借助大数据、人工智能和京东强大的资源整合能力，主要在智能决策、智能采销、智能运营方面，促进实现全渠道记录、全渠道一体化的智慧零售管理，缩短了交易链条，用人工智能设备和智慧供应链提升配送效率。京东以购物场景、支付场景、物流配送场景等场景为基础，采取多样化服务计划（如迅雷计划、零点行动、四色标签、通途计划等），展示精细化运营能力，以场景化的精细管理实现灵活高效生产，确保极速送货体验。对于生鲜产品，消费者可以实时查看在京东上所购自营生鲜商品在仓储、运输、配送等各场景的实时温度反馈和实时位置，大大提升用户体验[7-8]。

数字化时代，需要企业能够快速地根据用户或合作伙伴的需求做出解决方案，让他们满意，或使业绩提高，或使体验升级，或使需求满足，总之就是通过内外部资源整合能力或技术创新方法达到需求方想要的效果。那么，怎么能提升其效果？

好的解决方案是既能解决问题、满足需求，又能升级体验。所以既需要访谈了解"表面"需求，也需要利用社交媒体、大数据分析相关问题出现的根源和与需求矛盾相关的利益关系。善用工具/机制解决相关问题，提出最佳的解决方案，让多方利益相关方满足。如此管理效果自然好！

如今，数据成为企业经营的基础。企业借助于区块链技术只要是上链的数据，均难以被篡改。如此，在价值交易方面便可保证交易的真实性，形成了交易中机器信任的机制。区块链以全新高效的方式证明了数据的可靠性，在某种程度上也提高了交易的效率。区块链与现有的企业资源计划（enterprise resource planning，ERP）系统集成在一起，使企业能够更加有效利用现有的数据，并以一种安全的、可信的方式共享，即通过"主权数据"的共享机制建立起数字信用体系，明晰数据所有权归属，使每个经济活动主体的数据都可查、可用、可交换。这样个人与个人之间、组织与组织之间就可以实现安全、可靠的数据共享。企业的每个价值环节都可以根据共享的数据信息做出实时反应，或基于数据进行方案的设计，或基于数据进行分析洞察，有利于企业创造出更符合市场需求的产品。例如，各零售主体可以通过供应链上下游真实有效的数据信息，以决策采购类型和采购量。

以区块链网络为基础的分布式数据共享与通信机制在产业组织中的应用改变了原有企业和个人之间的隶属关系和层级架构，取而代之的是通过共识算法和智能合约建立共同目标，并形成内部参与者与生态利益的绑定。智能合约使得各交易流程、交易审核、交易支付等环节都可以在预先确定参数满足时自动执行。在产品的采购、设计、生产、交易等过程中的每个数据都被输入到产品的生命周期记录中，由所有参与者共同交互验证数据的真实性，并共同维护该账本。任何有访问权限的人都可以立即访问账本，这就营造了一种公平、高效的工作氛围，提高了价值交付的效率，也提高了员工的工作满意度和顾客对产品的满意度。

此外，5G 技术加速了远程协作场景的落地。技术愈发展，虚拟与现实愈接近，商业行为愈可以用"数字"的形式衡量（包括需求的获取、需求的满足，以及需求与供应的连接与转化等）。5G 拥有高速率、低功耗、海量连接等优势，加速了实体商业和虚拟商业的融合。"5G+ 区块链"的融合更促进价值高效传输和分布式协作等特性的新型商业模式的形成，在这些新技术构建起来的商业体系内会形成一个高效协同的生态体系。所有参与者在价值发现、创造、传输、评价，以及兑现交易等中的商业行为会高度透明与协同，使得供需之间可以无缝连接。

第 2 篇

思维篇：分布式商业背景下的新商业逻辑与战略思维

"网络化将会真正彻底地改变几乎所有的商业行为……企业所面临的挑战可以简要地概括为：向外扩展企业的内部网络，使其包含市场上所有与公司打交道的实体或个人，从而编织起一张巨大的网，把雇员、供应商、监管人员和消费者都囊括进来……我们可以想象一下未来的公司形态：它们将不断地演化，直到彻底的网络化。一个纯粹网络化的公司，应该具有以下几个特点：分布式、去中心化、协作以及可适应性。"

——《失控》

信息技术造就了连接万物的网络社会新格局，现实世界与网络世界慢慢相生相融。数字商业是网络社会的商业化表达，分布式商业是数字商业背景下组织和个人进行网络化、数字化、分布式价值活动所催生出的商业新形态。依托于大数据、人工智能、区块链等信息技术的创新和聚变，现实与虚拟逐渐实现统一，全球产业/企业数字化转型已成共识。在数字商业环境下正在催生生产主体、消费主体，以及生产工具、消费场所等的全面重构，以数字化技术和去中心化思维为基础的商业变革正在到来。如今，数字化生存已逐渐成为企业和个人的新常态。而分布式商业就是数字商业发展中的新范式，分布式商业的发展突破了物理商业协作中资源、空间的限制，在这种情况下也急需找到与数字商业发展相匹配的新的发展观、方法论、商业逻辑等。该部分所述的区块链思维、场景思维为数字商业（及元宇宙）环境下的价值创造/场景造物、分布式组织建设、商业模式设计、数字化协作生产以及生态系统构建等提供参考。

第4章

区块链思维：构建分布式商业新逻辑，提高企业新势能

分布式商业的价值在于可以更高效率地连接供需主体，并借助于业务中台、数据中台、资源化平台等生态资源，用低成本实现价值创造、价值评价、价值分享等。

那么，在分布式商业系统内，产业组织如何以低成本、高效率的方式有效连接供需主体和利益相关方，共创价值，并让系统有序运转？笔者试图通过区块链技术和思维获取答案。

区块链技术所具有的"分布式架构""智能合约""不可篡改""机器信任"等功能和特性能极大地降低企业在市场中的交易费用和运行成本。这是因为人们可以在不需要了解对方基本信息的情况下进行交易，实现了"不需要信任的信任"的点对点价值互动和传输。产业组织围绕区块链体系，在共识算法机制、智能合约以及通证激励下，利用区块链思维，组织及个体可以在机器信任的情况下，跨地域、跨场景、跨部门进行大规模的分布式协作，以此以更低成本和更高效率创造出丰富的产品和服务，从而提升经济社会的运行效率，为经济社会的生态化发展和治理提供新思路。

与场景思维的"场景界定—场景挖掘—场景造物—场景匹配—场景塑造"的全闭环思维方式一样，区块链思维中的价值共识思维主要是解决某一场景需求或痛点的一致性方案问题；分布式自治思维是解决如何干、如何决策、如何解决争议等的问题；价值协同思维是解决如何借助于合适的资源与人才更高效率地创造价值的问题；通证激励思维是解决如何聚集资源与人才，并让组织与人才愿意干得更快、更好的问题；生态思维则是解决如何更好、更快地干的问题。

4.1 价值共识：以全新信任机制推进高效协作

共识与合作是人类文明、万物协同共生的基础，缺乏共识与信任，必然导致合作效率和生产力水平低下。万物的生长进化速度是由自然界物质循环与能量流动的效率决定的。从农业时代到工业时代，再到信息时代，时代的每一次进化都是科学技术与共识效率提升后的结果。

区块链的核心价值在于其通过分布式架构、智能合约、一致性共识算法等技术手段建立了更高层次的共识系统，解决了生态内各分布式节点间去中心化互相信任的问题，以此提高共识效率和协作效率。一般来说，共识机制要解决的核心问题是基于分布式网络中各无中心主体，在一定的议事规则或决策规则下平衡各利益主体的利益诉求，并实现最优决策。目前，解决一致性算法的协议有工作量证明（proof of work，PoW）、权益证明（proof of stake，PoS）、延时工作量证明（delayed proof-of-work，DPoW）、授权股份证明机制（deposit-based proof of stake，DPoS）、拜占庭容错共识机制（Byzantine fault tolerance，BFT）、有向无环图（directed acyclic graph，DAG）等算法协议，用算法协议解决各节点的一致性问题是数字生态中各方通力协作的基础。

就 DPoS 来说，其是在可信网络中，提供事务处理和去中心化的共识协议的一种方法，目的是减少基于 PoW 共识机制中的算力与资源的浪费。DPoS 共识机制和董事会投票表决有些类似。在一个去中心化系统中，系统将决策权分发给不同网络节点和不同角色、不同职能的股东，当股东投票超过 51% 时，则认为该决定被通过，并且该决定不可逆。为了保证投票的真实有效性，通过生成区块的代表节点支付一定的保障金来保证代表及其行为的可信性。用户拥有选举代表的权利。每个用户可以投票选举一个值得信任的代表，在全网中获票最多的前 n 个代表有生产区块的权利，这 n 个代表持有的票数相当于该节点持有的股数，并按时间表轮流生产区块。生成的区块通过的股票数超过 51% 则认为区块生成有效，代表每生成一个区块将从区块交易的手续费中获得其在线

参与的奖励收益 [9]。

所以，通常来说，为了保证共识的公平性、有效性，提升共识效率，减少节点作恶等，往往需要利用"分权制衡"的原理来设计共识机制。组织在赋予某一方权力的同时，也需在另一方赋予相应有效约束的权力，使各权力之间形成相互制约、价值对等的态势，以此避免某一方因权力过大而发生不公平、作恶等现象。未来，随着区块链共识机制的丰富与成熟，越来越多的协议生成和合作共识的达成都将从线下转移到线上，在此基础上，基于网络的数字化、分布式协作也会愈加流行。

协同创造价值的基础是群体在特定情况下的共识。共识是区块链系统正常运行的基础，也是分布式自治组织正常运行的基础。一般来说，在分布式自治组织中各节点达成一致性需解决：各节点通过什么机制达成共识，各节点达成一致的结果在哪个时间段内完成，各节点之间的协作目标、协作内容、协作方式、协作流程、协作回报是什么，各节点最终完成的结果是否符合共识要求等。诸如此类问题都需要由一个去中心化的机制来达成共识。一般一个公链是否足够安全高效，共识机制的设计是关键。

共识机制的设计目的如下。

（1）能够保证网络安全和记账安全，免于遭受恶意攻击。

（2）能够让社区更高效自运转，特别是在如何激励方面，有良好的机制设计是自治组织良性循环的关键。

分布式自治组织的网络形态一般是社区，分布式自治组织的运转与社区运转一样，都需要通过建立共识系统解决分布式各节点之间的一致性问题。当我们建立共识系统时，一般需要解决社区进入有什么门槛，需要什么类型的人，各扮演什么角色，该角色具有什么职责，有些什么权益，以及社区有什么规则、社区有什么文化、社区执行某件事的规则等共识问题。社区的正常运转，需要形成凝聚共识、践行共识的有知有行机制。具体来说，由于社区成员之间的利益诉求、权益诉求、价值观念以及认知水平等均不一致，如果不能解决此类不一致的问题，在后续执行过程中社区成员之间很容易产生分歧，出现类似比特币分叉之类的经济体分裂问题。

社区内各方参与主体的活跃度也是社区共识程度高低的表现形态之一。社区成员对某一共识问题解决方案（该解决方案包括对于问题的执行思想理念、执行内容、执行进度、执行效果以及执行后的回报等）的认可度影响着社区成员目标是否会一致、行动是否会快速、结果是否会满意等，也影响着社区内各参与主体是否会积极、自驱性地参与经济体内各类生态内容的建设。例如，社区成员是否会积极生产新内容、开发新产品、传播新知识、分享新观点等。

总而言之，意识与精神层面的共识是社会个体之间进行协作与共创的基础，在共识的导向下，网络生态环境各参与角色可以以更加深入的专业化分工和更加细化的协同来创造价值。共识机制的设计既要解决外在协同，也要关注内在激励，在此基础上，更利于形成去中心化的网络连接和组织的"自治"能力。

4.2　分布式自治：多主体之间开展价值活动的基础

无限的自由和有限的自律更能激发出无限的生命活力。分布式自治是在无限的自由和有限的自律中通过算法、机制等手段寻求一个平衡点来激活组织和个人的创造力，提高组织协作效率、组织治理水平及组织的数字化生存力。

深入地说，多元角色之间的分布式自治与共治是数字经济时代对组

织治理的要求。区块链革命下的分布式自治组织是一种响应多变且复杂
的商业环境、迎合人心和人性的、没有单一领导者的新型组织。例如，
在某一分布式协作场景中，对于各个分布式主体来说，他们是以社区的
共识内容为基准而开展价值活动，共识内容就是社区运行的规章制度，
所有成员完全按照共识进行活动，这就是"自由人组成的自治社区"。
个体与组织脱离了各种中心化机构的约束，他们可以自由地基于算法共
识而进行深度连接，并实现生态利益或组织利益的绑定，开展价值活动。
分布式自治结构、自治规则和机制，以及分布式自治平台和人才是分布
式自治的核心要素。

自治的核心是自律，社区主张自治，个人主张自律。分布式自治的
核心是在共识下自治，在互信下合作，在平台下活动，在生态系统中获
取信息资源、创造价值，传递价值，分享价值，每个自治型组织都是按
照既定的共识机制，自由运行。自由人在自治社区中根据个人的意愿、
能力、喜好、价值观等随机融入某一社区，并在共同利益的驱动下参与
价值活动。

而这个自由人组成的自治社区是在点对点通信之上建立的一套密
码学的账本体系，以此维护社区的通信、共识与协作，因为社区是在
Web 3.0 网络（该网络具有分布式点对点传输、可信安全、节点互等等
特点）基础上构建而成，每个节点都可以接收到共享的信息，身份对等，
信息共享，组织内部不需要董事会和管理层，每个人可以点对点基于共
识内容与共享信息做决策，践行共识。

分布式协作中的组织治理需要解决的问题是：如何衡量参与者的工
作量与贡献并分配利益、保证投资者的投资回报、如何平衡组织内各角
色之间的利益和冲突关系等。分布式自治组织往往也体现在以算法或代
码编码的组织规则，并自动化执行组织规则。当我们将所有的治理规则、

协作规则等通过共识机制、智能合约、算法等工具进行形式化描述、自动化并强制执行时，组织环境的透明度、组织内部的运行效率、组织成员的工作意愿等亦将有所提升。在分布式商业环境下，社区治理取代公司治理模式，社区共识机制是分布式自治组织达成一致行动的基础。分布式自治组织的高效运作也是建立在社区共识机制的网络基础上。

区块链所塑造的分布式价值网络为多元主体协作提供了自治与共治空间，分布式价值网络中每个节点都有机会成为价值创造及分享的"记账人和核账人"，每个节点、每个时间段都可以确保账本数据的实时共享。所有的数据都是可溯源，且难以篡改，具有较高的安全性与可靠性，且网络中任何一个人都可以随时加入和退出，且不会影响账本的完整性。

区块链共享账本与共识机制的支撑，促进了各节点之间的协同性和交易的安全性。区块链中各个网络节点可以根据某一需求点对点建立联系，也可以自由组成某一组织，依托现代网络技术，各个网络节点之间可以充分互动，并形成共识。这对分布式商业的形成提供了诸多技术支撑，更促进了多方主体之间的互信参与、资源的有效共享，以及智能协同、模式透明、共创共担等新商业形态的逐渐形成。企业可以根据区块链所具有的上述特点进行业务模式或组织结构的转型升级，以京东为例：在业务模式创新方面，京东根据区块链革命下的新商业特点，在供应链领域通过区块链技术实现去中心化或多中心化的精准追溯和充分信任，用于供应链管理；在商品防伪溯源方面，借助区块链技术，实现品牌商、渠道商、零售商、消费者、监管部门、第三方检测机构之间的信任共享，全面提升品牌、效率、体验、监管和供应链整体收益；京东还在政务及公共领域、大数据安全、贸易融资、保险欺诈等业务场景方面进行业务模式重塑[10]。

在组织创新方面，根据分布式商业的互信参与、数据共享、共创共担等特点，任何一个商业组织都可以以场景价值为触点，基于区块链的分布式网络连接不同类别的专业人才和专业资源，不受时间、地点等的限制，只需通过预先达成的价值交换原则或合作规则等共识，组成自治社区，并基于算法形成的合约和机制，实现流程的自动识别和执行。例如，你需要组装一辆汽车，那你完全可以借助区块链系统从辽宁采购钢铁，从马来西亚采购橡胶，从洛阳采购玻璃等。需要什么零件就从该零件的专业生产基地获取，而且还可以基于 DApps，为每一种商品的采购设定去中心化的解决方案。零件的价格、质量、交货日期等信息完全可以根据已设定好的智能合约来执行。另外，为了确保零件的质量，你也可以在区块链系统中溯源每个零件详尽的、可搜索的记录，包括以前的交易信息、零件的评分状况等。

在组织机制方面，主要是以社区、平台型组织和生态系统作为运行架构，各个参与主体依靠某一共识而开展价值活动（而不是指令），基于共识的互信连接往往是一种较高效的价值连接。互联网时代的连接，杂糅的信息太多，每天浪费大量的注意力和时间。如果多数活动目标是高度明确的，连接是点对点的，信息是真实有效的，工作氛围又是公平的、可信的，相互之间又是自觉遵守某种契约的，那么，在这种机制氛围下的组织效率与个人价值自然也会极大提升。同时，组织的运行机制、各个组织成员的权利与义务均可由智能合约自动编码，一旦系统开始运行，原则上就不需要人工管理。

分布式技术可以把各参与方联系在一起，企业主体通过网络分发信息处理等技术，允许各交易参与主体直接进行价值交易，无须依赖制度和第三方机构等确保交易的真实性和安全性。各相关参与方处于点对点对等关系，互不隶属，完全扁平化，极大地简化了业务流程，节省了交易成本，提高了交易效率，减少了交易摩擦，打破了传统业务流程中繁杂的规则和冗长的程序，催生出了一种由多主体对等合作与共同发展所形成的新型商业模式。

区块链是一种提倡多中心、去中介的思维模式与技术架构。与基于某一信用背书的传统信任机制不同的是，区块链的信任机制是多个参与方对透明和可信规则的共同信任，使多方主体之间、产业链上下游之间的可信合作成为可能。

未来，随着区块链技术的成熟与产业数字化程度的加深，基于区块链所形成的分布式自治模式或将成为数字化时代组织治理新趋势，并在组织变革与产业协作等方面将为业务流程的优化、可信体系的建设、协作与交易效率的提高提供新的支持。

4.3 价值协同：以市场化价值连接促进组织内外部协作

分布式组织的形成基础是不同参与主体的互信连接，而连接后组织之间或个体之间的共创共享才是一个分布式组织存在的真正价值。分布式组织形态使得各参与主体之间没有了严格的界限约束，每个个体可以通过一系列公开公正的既定规则，在无人干预和管理的情况下自主运行，其供需的连接成本和市场交易费用都再次降低。

市场交易结构中的交易成本的降低，往往需要有清晰严格的产权信息界定、充分有效的信息支持和高效可信的交易环境，在此基础上开展价值的有效创造和传递，这将极大地提升组织的协作与共创效率。

任何协同系统都包含三个基本要素：协同意愿、共同目标和信息沟通[11]。密码学、智能合约、分布式计算、存储和共享等技术的结合为协同系统或组织中的协同意愿与目标的达成、信息的实时沟通，以及价值交易双方提供了一种可信的共享与交易环境。企业主体可通过分布式通信系统实现信息的实时沟通，通过共识机制与通证激励实现协同意愿与协同目标的达成，通过算法合约设置清晰的交易规则、交易流程和交易方式，通过资产数据上链清晰界定产权信息，通过密码学保证共享信息的安全性，实现机器信任的效果，利于塑造可信的市场协作与交易环境。在这样的环境下，才能有效实现大规模的社会化协同，以相对去中心化的方式和分布式协作模式，提供更好的产品和服务，满足消费者在不同场景下的多变需求。

具体来说，首先，区块链系统下的价值协同基础是分布式数据的可信共享。借助分布式可信数据共享系统，平台中的每个个体或组织（如供应商、用户、合作伙伴等利益相关方）都可以利用共享数据来协同实时处理业务或进行价值挖掘与价值匹配，实现各产业组织或个体之间的价值协同，促进产业各环节的数据共享与生态融合，以此提升资源利用率和资金的高速循环等。

其次，区块链系统下的价值协同主要表现在各参与主体基于共识机制和智能合约而进行的价值共创和协作。共识机制保证了不同个体对某一问题达成一致性意见的过程，其目的是减少不同个体之间协作的信任问题，实现不同个体之间的价值协同；智能合约则是通过规则的设定、流程的设定等方式来实现过程协同；前者关注的是思想意识层面，后者关注的是具体的执行层面。

在具体的价值创造环节和交易环节都可以通过既定算法或智能合约进行约定，每个参与主体都是由个人的能力和意愿自主做市场化选择，参与价值活动，通过市场化的机制（具体表现形式是共识机制和智能合约）来产生协同和利益交换，独立核算投入产出。最终，用户价值、共同目标，以及利益机制和各种市场化的需求连接起一个自组织经济体，从而实现经济制度的民主化和经济运作的自由化。在这个经济体里，每个参与者是以预订的规则从事市场化活动，并基于通证的市场化交易进行价值流转，从而达到一种资源自由分配的状态和效果。

例如，在某一分布式协作中，参与者可以按照算法规则和合约约定去付出相应的劳动，并获取相应的回报，即流程合约化，每个环节该做什么任务，需要达到什么效果，达到效果后有什么奖励等都以代码的形式表现在合约中，公开透明。在这种条件下，每个人都可按照合约规则界定自己的角色和任务，并定向创造专有价值。这种价值创造机制体现为数字化规则下的零边际成本，不会因为交易结构的复杂、交易人数的增多而增加成本。

价值协同方面，其较大的应用场景是供应链金融。金融企业通过区块链的数据链上、链下分级加密存储，可在数据安全和隐私的前提下，保证数据的准确性和不可篡改，实现数据在不同应用间更高效的自主流转，同时由于产业上下游各组织／机构的数据及数据分析模型下的信用能够传递，传统流程中由于信任危机而增加的烦琐核查程序可以被大幅削减，金融机构惜贷、拒贷的现象也能够有所改善。

例如，趣链科技依托区块链技术的共享机制、智能合约引擎、可视化监控平台、多级加密机制、数据管理以及业务隔离等技术，围绕核心企业及上下游多级供应链企业，并借助银行、保兑机构等服务商共同打造供应链金融产业生态闭环，从数字资产、产融平台、商业信用等多方面打造全新供应链金融生态协同体系。为资金方提供全流程可追溯、穿透式资产确权和验真渠道，促进多方企业协同共创与互利共生，促进整个生态良性发展。目前，趣链科技助力浙商银行共同推出了国内首个基于区块链的应收款链平台，截至 2019 年年初，平台应收账款签发金额近 2000 亿元，入驻企业客户 7000 多户（见图 4-1）。

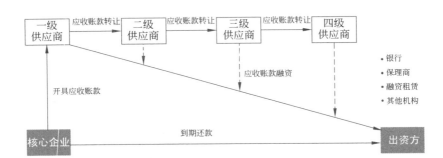

图 4-1　趣链科技供应链金融解决方案业务逻辑

　　总之，价值协同是分布式商业生态中的一种特性，也是实现生产运营效率提升的关键。一般价值协同具体包含数据资源协同、流程 / 业务协同、应用系统协同、组织协同、事务协同、产业协同、生态协同等。这种分布式协同模式往往需要基于共识机制和合约算法等所塑造的开放式市场环境，在这个环境中，组织共识下的共享共创是未来组织的主要表现形态，在各个价值创造和流转过程中，可实现信息的全流程监控。智能合约记录信息，处理信息，数据不可篡改，可极大提高数字资产流动性。通过资产上链，提高流动性，实现价值的有效传输，是真正的价值生态。

4.4　通证激励：以 NFT 激活组织活力、提升资源流转效率 [12]

　　在传统的工业时代和互联网时代，组织内外部的大规模可信协作一直是一个较难解决的问题，当参与协作的个体数量较多后，除了在认知上、观点上、价值理念上、对问题解决方案的态度上等内在和外在共识方面容易产生冲突外，更难以解决的是不同个体之间的协同创造、价值分享和核算机制、个体激励等问题。

央视纪录片《公司的力量》中提到：公司作为至今为止最有效的经济组织形式，被称作是"人类的成就"。在公司制度下，"雇佣关系"思想是公司治理的常态，个体成为为股东创造价值的"工具"，其自由往往会被束缚，意愿往往较难有效得到表达，劳动者生产力的最大化一直是组织探索的方向。

公司是一个以"追求利润最大化"的营利性组织，经常会以牺牲合作伙伴利益为代价。为了使有才能的个体可以创造更多的价值，公司经常采用股权激励的方式，给符合条件的对象给予激励，使之享受部分股东权益，并与企业结成利益共同体，从而使其投入时间、经验和精力共同实现企业的长期目标。

但是，股权与期权虽然能让一定数量的个体短期内捆绑在某一公司贡献力量，创造价值，但也较难让个体多样性的能力得到良好的发挥。股权虽有激励属性，但是在互联网时代个体需求变得多样，当他们在一个组织内满足了某一需求后，就想脱离组织的束缚，去另一个平台贡献他的能力，满足他的其他类别的需求。这就需要组织具有"进则可以灵活地、有激情地贡献价值，出则可以举杯相庆"的机制体系，提高组织的灵活性。而且，在目前的管理体系中，企业内部的管理成本在不断增加。例如，人员的招聘、培训、解聘，部门之间和内部的分工、协调等。随着企业的壮大，这些成本也越来越高。

笔者在《商业归根：阳明心学的商业智慧》一书中强调：就个体而言，管理的本质是激发人、引导人。在传统的管理中，管理者或许可以通过机制或制度来激发人和引导人。但是，当个体加入企业后，则需要遵守企业的各种规章制度，也就意味着放弃一部分自由，包括意志的自由、创新的自由等。

笔者发现，由区块链塑造的管理体系，恰好可以很大程度上解决该类问题。产业组织通过通证激励，使得每个参与价值创造的角色都能够协同创造价值，公平分享价值。区块链技术降低了信任成本和相互协作时的摩擦系数，提高了参与动力，进而实现更高效的群体协作。并且不论你是否在组织内部，只要你有意愿、能力和时间为组织做出贡献，都可以根据预先设定好的组织规则和制度得到通证奖励。

基于通证激励的分布式群体协作，可以有效地激活个体潜能和自由意志，每个个体、每个单元都可以根据自己的生产力发行或获得"价值通证"。这个"价值通证"就是区块链生态中的能量，可以在各个单元和角色之间流动、循环，也能够吸引和调动更多资源来支持区块链生态的良性发展。在这种良性生态中各类参与者都可以基于通证实现组织的自治、自生。

具体来说，通证（token）是一种加密可流通的数字化权益，主要包括同质化通证（fungible token，FT）、NFT、同质化权利（fungible rights，FR）、非同质化权利(non-fungible rights，NFR)，是数字商业及元宇宙中的价值传播载体，类似宇宙上的基本粒子。区块链与通证结合，使得数字商业（元宇宙）中的价值确权、功能实现、价值流通与转化成为可能。人们借助于 NFT 可以创造各种各样非同质化（特色）产品或服务，并在平台或生态中实现特色产品或服务的高效流转与转化。产业组织通过对区块链技术及通证的应用，使大多数资产被数字化、确权化和通证化。具体包括：个人所有权、物权等资产的确权，所确定的权利包括支配权、流通权、定价权、交易权等，并以通证权属证明你在某个平台拥有某种权益。所定义通证的功能、权利、价值等都可以用 FT、NFT、NFR 等来表示。在分布式商业中，NFT 的核心价值是利用每个人所创造的 NFT，满足每个人的非同质化需求。

在区块链系统中所有的确权资产都可以智能合约化流通，即通过预先设定的合约规则实现资产的自动流通，进而形成以"机器信任"为基础的自动化流通机制。流动性是判断资产价值最重要的一个考量尺度。相关产业主体通过实体或虚拟资产的通证化，将资产上链，实现资产的液化，液化的资产能直接通过智能合约网络来跨国界、短时差、低成本进行交易与转移 [13]。通证作为一种可流通的加密数字权益证明，意味着现实世界的各种权益证明（股权、债券、积分、票据等）都可以通证化，并使之流通于某生态系统中。作为价值交换或价值投资媒介，此时用户也可以成为投资者、受益人，以及推动生态发展的协作者、公司股权 / 期权的拥有者等，从而驱动价值互联网的形成。

例如，京东集团基于自己的商业理解和技术积累，推出"哈希庄园"平台。该平台基于区块链技术开发，用于连接所参与的用户和企业行为价值，是实用性的去中心化价值互信平台之一。它以所参与用户的"行为价值"连接京东生态，利用经济模型和技术手段，激励用户在购物、浏览、娱乐、生活服务等场景下的正向行为，实现用户与京东生态共创共建、互信共赢 [10]。

未来，NFT 将是数字商业中价值表达与价值流转的主要媒介。任何实物资产（如手机、计算机、房产、自行车、汽车、书籍等）都可以以 NFT 的方式进行表达。同时，在数字商业中所产生的无形资产（如知识、思想、音乐、诗词等）亦可以转化为 NFT。笔者认为，由区块链所塑造的 NFT 生态和通证经济体系是推动分布式商业、数字经济、元宇宙发展的核心。在通证经济体系中，通证的总量、总流通速度、激励的效率、价值成果分配的公平性等将成为通证经济是否健康发展的重要衡量指标。当我们每个人、每个组织的各种通证都在交易公平、飞速流转时，我们的生产生活水平将进一步提高。

那么，如何进行通证经济体系设计？需要考虑以下问题。

1. 通证的供给侧

通证的供给侧主要解决：为谁创造价值？谁来买单？

通证的供给要充分市场化，要对通证的需求场景与供应场景深度挖掘，确定生产者和消费者各是谁，通证给目标人群带来了哪些价值等。在可信区块链系统中，任何人、任何组织、任何机构都可以通过权益通证的流通来促进各角色之间的协作，提高产业链协同效率。

2. 通证的流通性

通证的流通性主要考虑：如何通过激励机制提高通证的流通性。

区块链降低了各参与者之间协作的信任成本。通证激励机制的设计，要以提高参与者的参与动力或协作动力为基础。相关企业主体通过建立一套以去中心化的方式实现财富证明、财富流动、资源配置与分工协作的价值激励系统，利于组织中各主体之间的大规模协作。

3. 通证的生态设计

通证的生态设计主要考虑：目标场景中参与生态治理的角色有哪些，以及流通边界及生态稳定运行机制等。

角色界定：主要指在通证体系设计时找到生产者、消费者、投资者、传播者等生态参与者各是哪些群体，并考虑能为各角色解决什么问题，带来什么利益，各角色拥有什么权利，然后定义协作规则，说明各角色之间如何展开协作，传播者的传播机制是什么等。

流通边界：一般通证的使用、转让、兑换等都是有边界的，我们所设计的通证流通的边界在哪里？该通证可以应用在哪些具体的场景中？是否需要跨边界流通？如果需要，那么跨边界的流通有什么作用或能解决什么问题？

生态运行：用技术手段把利益分散到体系内每个生态贡献者身上，

使系统整体协作的交易摩擦不断下降，从而使通证内在价值不断上升。如果通证机制设置不合理，就较难调动参与者的积极性，如果参与者没有被调动起来，生态也很难正常运转。

那么，对于通证经济体系具体该怎么设计？笔者根据对上述要点的思考，总结了基于区块链技术搭建通证体系的标准流程。

第一步，界定场景和目标对象，挖掘目标人群的痛点，确定你要解决什么问题，例如，要通过区块链技术解决版权登记及保护问题。

第二步，确定区块链技术是否可以重塑该需求的原有解决方案，进一步解决行业长期存在的难以解决的问题。

第三步，参与者的角色界定，找到该经济体系设计的利益相关方，即通证经济生态的角色界定问题。

第四步，设计通证经济体系的共识机制和激励机制。首先，通证经济体系设计要考虑利益相关方的现有的利益关系。现在很多资产的流通受到某些规章制度的限制，如果要通证化，有可能会牵制到利益相关方的利益。因此，应该与合作伙伴、政府以及监管机构沟通，达成共识，才能推行。其次，设计者也要通过多层级的激励机制和回报机制的设计调动各个角色的积极性，实现生态的良性运转。最后，通过多层次激励机制，实现不同角色的不同需求。例如，有些人看中金钱，有些人看中成长，有些人看中名望，不同的层次的激励和回报可以通过不同属性的通证去满足。

第五步，如果需要跨链流转，那么还需要进行流通边界的设计、生态利益关系的处理和稳定运转机制的重新设定。

第六步，选择技术实现路径。基于各业务场景对技术性能的要求进行技术实现路径的选择。

第七步，进行法律和监管的推演，也就是判断通证能不能映射到既有的法律体系中，以及如何处理所面对的监管风险等。

4.5　生态思维：推动组织可持续生存与发展

区块链从诞生之日起，就拥有"去中心化""开放性""自治性"等特点，天然具备生态属性，是一种去中心化的生态经济体系。由区块链所塑造的分布式商业亦是基于生态思维所提出的。分布式商业的本质就是根据某一价值主张，以区块链等数字化技术工具，连接利益相关方，通过共识共创、共担共享、互利共生、去中心化自治等生态思维和数据共享、网络协同、分布式治理等手段，实现生态价值创新和生态利益共享。

笔者在《商业生态：新环境下的企业生存法则》一书中强调，商业生态系统是以客户、生产商、供应商、经销商、竞争对手、投资商、政府等具有一定利益关系的组织或群体之间相互竞争或合作为基础的动态经济联合体。组织或群体在生态系统中担当着不同角色，发挥着不同功能，各司其职，但又形成互依互赖、互信共赢、共生共担、互相制衡的商业生态系统。生态系统中的各个角色都扮演着各自的角色，角色之间的利益又能达到平衡。

通常在一个完整的生态系统中，一般都要有生产者、分解者、消费者，以及市场单元和能量单元等，即生态系统中须有能量的生产者、能量的消费者、能量的流动单元等，形成一个自循环系统。例如，在某一内容链上，主要的角色有用户受众、内容创作者、内容审核者、内容传播者、企业广告主等，他们都可以在平台上自主发布信息、查看信息等。该平台采取去中心化的运作模式，使生态内各角色可以自由组合，自由创造价值，然后通过通证激励机制激活内容创造者和分享者，将个人的主观能动性和创新性提高。该平台在建立时要着重考虑如何借助区块链引入优质 IP 内容，如何将内容收益与用户分成，如何将注意力经济与用户分享绑定，如何整合上下游，并让上下游联系更加紧密，参与到生态经济的建设中来等。

生态之所以是生态，主要是生态企业发展健康、可持续、可进化、自运转、自更迭，能够灵活地应对市场的变化。开放、共识、共创、共赢、共担是生态系统的主要特点，在开放生态系统中，各个生态角色能自由进出。生态内规则透明和生态角色的通证激励设计，更利于生态内外的能量自由流动。

数字经济时代，"平台 + 分布式"的生态化商业模式逐渐成为主流。这种商业模式是在共识、共创、共赢、共担等生态理念的基础上进行的。共同的价值认知是协同做事的基础。在区块链系统中，这种共同的价值认知可以通过某种共识机制实现。然后，平台通过某一开放的规则引入多方参与角色，在价值共识的基础上，以分布式自治思维、价值协同思维，以及通证激励思维等，整合资源，分布式协作，共创价值，共享收益，协同进化。

换言之，区块链促成的新商业规则允许商业机构创造一个可信环境和高效执行的规则体系，而后利用某种共识机制和分布式组织，让更多的业务（或资源）有效连接与融合，相互依存，彼此协同，开放交互，共同创造某一价值。此时，人在组织中不再依赖于岗位，也不是简单的人岗配置，而是通过角色的扮演，通过人与任务结合，完成特定角色的特点任务。任务即需求，过去先有组织再有人才，现在是先有任务，再来匹配人才，市场需求与任务结合，个人 / 组织价值与生态价值融合，依据任务组织人才，依据价值共建生态，以此来适应市场环境的变化。

互联网时代的游戏规则是：要么建立生态，要么融入生态。在产业互联网时代，打造平台生态级的公司，将成为产业领先者和产业巨头的重要战略。平台生态以其丰富的资源，赋能生态内的企业"茁壮成长"。平台生态可以给企业养料，给个人能量，使得企业和个人都可以按需索取资源，满足企业和个人的发展需求，使其在平台生态的土壤和环境中顺利进化。例如，阿里巴巴孵化的盒马鲜生就是充分利用阿里巴巴的数据，通过开放的 API 赋能，在我国 20 多座城市中开了 100 多家店，为 1000 多万人提供可溯源的生鲜食品，使得人、场、货等资源匹配能力得到进一步提升。

此外，生态讲究自适应和自循环，这种自适应和自循环很大程度上是由共享数据系统和机制赋予的。在共享数据系统上，要保证数据的真实有效和实时更新与共享，让数据赋能组织建设、流程建设、业务设计、价值连接等。在机制的制定上需要有对人性的洞悉力，让机制能激励奋斗者、奖励贡献者、善待劳动者、淘汰惰怠者，激活生态组织活力，共创生态价值，最终以组织的活力和人才的激情，全面提升企业创新创造势能。

随着区块链技术的发展，促使万物可信连接与价值融合更加方便。产业组织通过区块链等信息化技术更有助于实现人、财、物等不同生产要素的有效连接与匹配，从而降低协作与交易成本，提升资源的利用率，组织与人有机会在价值生态网络连接中获取更多的生态资源，创造更多的价值。

第5章

场景思维：瞄准分布式商业价值源点，洞察企业新战略

场景不仅是分布式商业的价值源点，还是企业数字化转型的逻辑起点。如今，"场景"已成为数字经济时代企业数字化转型与数字化经营的着眼点。场景思维为组织在数字商业中确定新商业模式（包括客户细分、价值定位、价值主张、价值创造、价值传播等），以及为价值链构建、数字生态系统构建等提供了新方向与新思维。同时，场景思维也能为元宇宙生态中的场景构建、场景价值定位、场景造物、场景价值传播、场景生态构建等提供参考。

5.1　需求重构：重新定义场景需求，升级场景体验

分布式商业源于人们在分布式场景中的各种多变且复杂的需求，场景需求的重塑是实现商业价值重塑和人在场景体验升级的基础。这就需要对场景需求和场景价值进行深度挖掘。其实，在商品供过于求的时代，显在的需求早已被满足，潜在的需求通过大数据正在快速、深入地被挖掘。这种情况下，我们就需要重构需求，扩大内需，赋予场景更深层次的价值和定义，激发或创造场景人群新的需求，并通过这种需求的重构来提升消费者的生活体验。

对于需求而言，重构需求是升级场景体验的基础。所以，脱离了具体使用场景，需求的重构也没有什么意义。例如，就人们购买苹果手机而言：一方面，苹果手机不仅设计了更简约的功能，满足人们对高性能手机体验的需求；另一方面，苹果手机还在极力塑造一种简约而不简单的生活态度和不断进取、永不妥协的独特气质，以及追求美好生活的积极进取、敢于突破的价值态度。这是从精神层次对需求的重塑。如果我们可以定义出该场景的这种生活态度，那对于消费者而言将是另一番体验。

当然，同一个人在不同的使用场景中，需求也不同。就如笔者在第 1 篇第 1 章所讲：生活是人在多场景生活中的连续体验的过程，在某种程度上生活的意义也是体验场景的意义。例如，某白领上了一天班晚上回到家，觉得太累不想做饭，为了解决饱腹的问题，他（她）当时的主要需求是不做饭也能有东西吃，讲究的是方便、便捷。这时他（她）是选择外卖，还是泡面？

近几年，外卖市场份额增长较快[①]，而方便面市场增长缓慢[②]。

如何看待该现象，主要是消费升级后人们的生活追求提升了，开始追求更绿色、更健康的生活方式。一般来说，人们认为方便面是油炸食品，低营养，低品质，与现在的主流的、高质量的生活方式不匹配。因此，如何提升方便面的销量？笔者认为除了提升其营养品质之外，更多的是找到方便面的消费场景，重塑需求，提升消费者在该场景中的价值体验。

"找场景、定格调，重塑需求，升级体验"是场景时代重构需求的一种逻辑。例如，丈夫晚上下班回家后发现今天是妻子的结婚纪念日，为了庆祝纪念日，当时的主要需求可能是要找一个环境适宜、味道不错的就餐场所，和妻子一起共享美食纪念一下。如果基于该场景重塑需求，夫妻二人不仅仅是为了找个环境适宜的场所简单吃顿饭，而是为了借此表达一下相互之间的爱意、感恩及其他具有情调的浪漫活动，以留下更美好的生活回忆。消费服务商在品牌宣传的过程中需重新定义场景需求，着重强调基于该场景需求所倡导的核心价值主张。

再如，面对"价格高昂的刚需产品，而自己又支付不起"的这一消

---

① 据《工人日报》发布的相关报道显示，截至 2020 年年底，全国外卖总体订单量达到 171.2 亿单，同比增长 7.5%，全国外卖市场交易规模将达到 8352 亿元，同比增长 14.8%。
② 根据尼尔森数据显示，2019 年上半年中国方便面市场整体销量同比增长仅为 1.4%，2020 年市场增速仍比较低。

费现象时，有什么解决方案？一般是通过各种分期付款来解决。所以，这其中的关键还是在于如何重构需求、定义需求。笔者基于交互设计原理，对需求的重构方法做了如下思考总结。

场景要素是交互设计中的重中之重。因此，需要构建人物模型并将其放在具体的场景中，来讲述和预设可能发生的事，然后从故事中提出新需求，从故事中或场景中确定需求主体的行为逻辑和主要的影响行为的要素，并以此塑造场景，细化设计。故事即场景，它能描述整个宏观现状和用户目标的真实状况，是原生场景的真实反映。这里有故事发生的场合、有角色、有各种利益关系、有冲突。所以，场景在设计或重塑中要联系生活实际和人性特点，既能鼓舞人心，又能感化人心，且在无形中还能激发需求。而这种需求的激发需要我们在真实场景中体验才能获得较准确的认知。

类似于编剧导的各种电影、戏剧，在建立好人物关系模型的基础上，塑造舞台氛围，并将人物放入具体的场景中，感受发生的一系列动作，以及其行为目标，切实感受用户想要什么，想做什么，关注什么，期盼什么等。为了重塑需求，需要提前体验场景，观察并找出主要矛盾，挖掘场景价值，升级需求，创新产品，为用户提供基于场景的解决方案。

1. 找到矛盾、创建问题和愿景描述

生活中很多基本需求其实早已有多种解决方案，例如，对于时间紧、没时间做饭或没时间去餐馆吃饭的问题。

以前的解决方案是"来包泡面"。

现在的解决方案是"订份外卖"。

以前的主要矛盾是：人们繁忙的生活节奏和健康饮食、健康生活之间的矛盾。于是，要创建的问题就是：如何提出一种新的解决方案，让消费者在繁忙时也可以便捷、快速的吃到绿色、健康、高档的食品。基于此问题，服务商可提出如下愿景："生活不容易，饮食不亏待""请上×××，马上就到家！"例如，外卖平台"饿了么"的愿景是：用创新科技打造全球领先的本地生活平台，而不再仅仅是往日人们熟悉的"饿了么"网上订餐平台。

2. 情境探索和问题反馈

情境探索就是基于找到的矛盾和创建的问题进行情境感受，根据情境探索的结果对矛盾和问题进行确认。问题反馈就是通过众智、众感提出更切实际、更能驱动生活改善的问题，并基于此提出更能激发人心、感染用户／消费者的愿景，而这种愿景的实现往往是以提升生活品质和场景体验为目标。

3. 确定人物模型和期望

就像不同的故事会有不同的矛盾和人物关系一样，不同的场景也会有不同的矛盾和人物关系。找到场景中的人物关系和各人物角色的期望才能设计出更好的资源匹配方案和以需求为驱动的产品设计及服务设计，解决场景问题。

4. 明确需求

对场景中的矛盾、问题及人物关系梳理清楚后，通过场景的构建和演练来确定需求。

此外，在需求重构的过程中，也可充分借助场景的数据信息系统。如今，数据已成为新的生产要素。数字化时代，行为之下有数据，基于数据能让人的决策更趋于理性。目前，越来越多的企业选择数据驱动的决策替代经验决策。换言之，借助于"数据＋算力＋算法"模型更利于人们对物理世界进行行为描述、原因分析、需求洞察、结果预测和科学决策。未来，场景格调下的感性需求洞察和数据系统下的理性需求洞察将是数字化时代把握客户需求的主流模式。

5.2 价值定位：挖掘场景价值，确定造物方向

场景是分布式商业的新入口。在万物互联时代，社会正迎来颠覆式的变化，流量风口已经过去，现在获取流量的成本越来越高。但是在互联网时代，流量还是核心，人们需要通过新的商业逻辑和商业思维去获取流量，场景逻辑就是一个获取流量，提供价值，获取收益的新逻辑。

那么，如何借助于场景获取流量？

一个场景其实就是一个舞台。场景有多大，舞台就有多大；舞台有多大吸引力，舞台的流量就有多大！深入地说，找到场景就能找到流量入口，找到场景就能搭建舞台，舞台搭建好了就可以连接消费者。分布式商业是在动态的碎片化场景中连接场景人群，挖掘需求，整合相关资源，创造场景价值，完成交易过程。

小米科技搭建的智能家居舞台，连接了无数个家庭。家庭成员在小米搭建的舞台中尽情享受着舞台带来的便捷和乐趣。滴滴出行搭建了出行舞台，连接了无数出行者，乘客在滴滴出行搭建的舞台中享受着出行、社交等带来的舒适和愉悦。口碑智慧餐厅聚焦餐饮细分领域，搭建了网上餐厅舞台，根据不同场景给出了十余套智慧餐厅解决方案，覆盖了快餐、烘焙、茶饮、火锅等多个细分领域……

那么，你要搭建什么样的舞台？设计什么样的剧本？表演什么样的歌剧、话剧、小品、相声……扮演什么样的角色？带给观众什么样的感受？这些都是定位要解决的问题。

笔者认为任何一个企业都有它所要服务的场景。大企业服务的是全场景，布局的是全生态，中小企业则针对场景中的某一个点设计价值闭环。

当场景成为入口时，企业都在争夺场景，打开新入口。今天谁拥有场景，谁会玩转场景，谁就有机会引领商业潮流，创造新价值，为企业带来新增长。目前的商业生态环境中，随着手机、可穿戴设备、定位技术等的普及，人们随时随地就能构建起一种碎片化空间，让场景一下子变得脑洞大开，即时就可发挥出其场景价值。因此，今天商业设计的首要驱动因素是定义场景，让所定义的场景发挥出它无尽的价值。

5.2.1 场景价值分析

以前的商业模式是在定义用户、产品、渠道、品牌、营销等，今天人们发现以往的定义方法渐失成效，不妨从场景角度出发，重新对企业的价值进行分析。而今天商业设计的要素，核心在于发现场景价值、定义场景。

一般某一产品或服务的价值有多大，关键看它在具体场景中的应用价值有多大，即在同一场景、同一阶段有多少人在持续使用某一产品或服务。一般情况下，高频场景的刚需价值性产品或服务的使用价值就比较大。例如，吃穿住行都是一个较高频的场景，当高频场景下的产品或服务能给用户带来较高价值体验时，往往该场景的黏性就会很好。

如图 5-1 所示，我们可以从空间维度、时间维度、内容维度去衡量某一场景的价值。空间维度也是物理场景，衡量的是某一场景的范围，即用户折射范围或场景的连接域；内容维度也是营销场景，相关主体以营销思维填充场景内容（包括认知层面的知识填充、影响层面的文化内容填充、使用层面的产品或服务填充等），以此传播场景中产品或服务的价值，内容维度的场景营销衡量的是某一场景中供需价值的匹配度，即产品或服务与场景人群需求的精准匹配能力；消费场景就是时间维度的价值转换，衡量的是用户在场景中的黏性，这种黏性是用户通过消费而产生的体验后的再消费，毕竟从本质上来说，用户在场景中获得的是场景价值的全方位体验，这就需要企业通过消费和体验的闭环而集聚用户，形成基于场景的用户池，以及通过用户的全生命周期管理为其带来的沉浸式体验等。

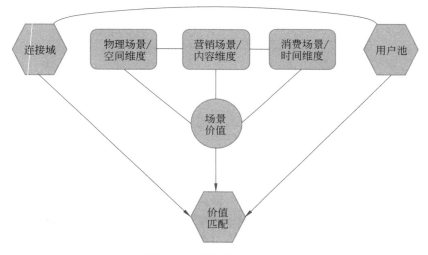

图 5-1　场景价值分析模型

腾讯公司就是一个基于全场景的价值连接体。不仅有空间维度基于全球范围的人与人之间的连接，占据的是社交场景的即时交流；也有内容维度的公众号、朋友圈、购物、游戏等知识、娱乐层面的内容；还有时间维度的促进消费转换或价值转化的支付服务。具有连接范围广、内容丰富、价值转换后集聚的用户池庞大等特点，其突显的场景价值也随着每个维度的递增而呈现指数级的增长。

偏重于空间维度的打车场景（如滴滴出行、易到用车、神州专车）、外卖团购场景（如美团、饿了么）等的出现使网络环境和生活空间不断融合，形成了新的数字化生活场景，为消费者提供了网络时代全新的消费体验。这种根据体验升级的空间场景的延续实则是一种生活方式的升级, 场景的全新定义就是塑造全新体验的基础。

易到用车属于高黏性与高频次应用的产品。其锁定"最后一千米"的空间场景, 使商务、旅行中每个节点都无缝连接, 并及时提供个性化、温馨化的服务。加上遍布全国的专车、司机, 构成了强大的场景服务链条。

罗振宇以每天一条 60 秒的语音信息, 聚集了大量的粉丝, 吸引了数以百万的付费用户, 成了国内最大的互联网知识社群。今日头条是基于数据挖掘的推荐引擎产品, 它为用户推荐有价值的、个性化的信息, 提供连接人与信息的新型服务, 是国内移动互联网领域成长较快的信息平台, 成为媒体界的新物种。 这是偏重于内容维度的认知场景的体验重塑。

市场一直存在, 只是进入角度和方法没有选对。从场景角度对企业的价值进行分析, 从场景角度重新发现市场机会, 挖掘场景价值, 开拓以场景为基础的市场, 提升企业价值。

从某种角度来说, 场景就是市场, 市场有多大, 关键看所选定场景的价值特性。一般场景的价值特性有场景的连续性、场景的连接性、场景的流行性、场景的广泛性。场景的价值特性主要取决于某一场景能服务多大的人群、某一场景能否服务好场景人群。场景的价值特性越全面, 场景的价值越大。

1. 场景的连接性

场景的连接性是让产品或服务在场景中体现或展现其价值的基础, 既包括场景陈列的线上线下连接, 也包括场景陈列与场景人群的连接。有的网上场景天然具有连接互动属性, 如微信、QQ 等社交产品。大多数场景的连接需要借助于智能设备、物联网等。

百度是人与信息的连接、腾讯是人与人的连接、淘宝是人与物的连接、罗辑思维是人与知识的连接、河狸家是人与手艺人的连接，这些都是广义的连接，毕竟互联网时代，连接是开展商业活动的基础。互联网只是增加了连接的范围，场景只是让连接有目的性、使连接更加精确，至于连接后可以发生什么，关键看我们需要满足什么样的需求，达到什么样的效果等。

2. 场景的连续性

时间是连续的，空间是连续的，企业的服务场景在空间与时间上同样是连续的。就本书第 1 章所描述的设计师小文的生活场景来说，如果企业在时间或空间维度上连续服务小文的多个生活场景，企业的价值则越大。

3. 场景的流行性

吴声曾提出"流行即流量"这一观点。场景流行后，自然会有吸引力和活力，那么，怎么能让场景具有流行性？

英国作家马尔科姆·格拉德威尔（Malcolm Gladwell）的书籍《引爆点》（The Tipping Point）中用流行病类比流行，提出了这样一个观点：引爆一种流行病不止一种途径，流行病爆发需要三个条件，人们传播传染物的行为、传染物本身和传染物发挥作用所需的环境。这三个变化条件他又称之为个别人物法则（the law of the few）、附着力因素 (the stickiness factor) 和环境威力（power of context）法则。

同样，这三个法则也可以是判别或塑造流行场景的基础法则。笔者认为：如果去创造一个流行场景，那是个偶然事件，既要符合人性，又要激发出人心底的某些需求。一般流行的场景要么借助于某个网红人物（如娱乐圈的王宝强、商界的褚时健等）、某个节日（如电商节、春节、圣诞节、情人节等）、某个爆款影视（如《速度与激情》《权力的游戏》《战狼》等）等符合个别人物法则的条件；要么通过设计让场景具有某些流行、时尚的元素，使场景格调能激发起场景人群视觉、感观上的美好体验，让场景具有一定的吸引力或附着力。而要使场景能产生一定的环境威力则需文化、设计等相辅于场景。

基于此，不难发现在场景思维下的产品引爆，更多的是让产品在流行场景中借势引爆，产品融入流行场景，提高产品的传播势能。

4. 场景的广泛性

场景的广泛性主要是源于需求的频率。如每天的吃饭场景、上下班骑共享单车的场景等都属于高频场景，并且这些场景不分区域、不分文化差异、不分性别差异等，具有相对广泛性。

5.2.2　场景价值定位

当对场景价值进行分析后，就需要根据场景价值的分析结果对场景进行价值定位。那么，如何根据市场，锁定一个新场景，并对其进行定位和定义，形成一种新的消费方式，或是通过场景拓展形成一种新的生活方式。

一般来说，人们所认知的价值定位要素主要包括价值主张、客户选择和价值内容（见表5-1）[①]。

表 5-1　价值定位三要素

价值定位三要素	描　　述
价值主张	为客户提供一种能让他们满意的、可有质变服务能力的、可快速响应客户需求的个性化解决方案
客户选择	企业的产品或服务的针对对象，它要解决的是为谁创造价值的问题。客户选择的精准性主要取决于：①顾客对所提供的服务给予高度的重视；②这些服务是可营利的
价值内容	指企业将通过何种产品和服务为顾客创造价值，要解决的问题是：企业准备向目标顾客传递何种形式的价值。价值内容可分解为功能价值、体验价值、信息价值和文化价值等

---

① 　参考资料：MBA 智库·百科。

价值定位过程则包括目标客户的确定、竞争对手的确定、与竞争品牌之间相似性与差异性的确定（见表5-2）[①]。

表5-2　价值定位过程

价值定位过程	描　　述
目标客户的确定	确定细分市场、找准目标客户的过程
竞争对手的确定	针对目标市场，以企业的资源与能力为基础，找到服务同一目标客户的企业
与竞争品牌之间相似性与差异性的确定	相似点是指那些对于目标市场中所有竞争者而言都具有的特点，差异点则是指那些目标品牌与竞争品牌相比的不同之处。差异点为目标品牌确定其定位提供了基本的元素集合

在互联网时代，从场景角度对价值定位三要素和价值定位过程进行重新梳理，可以将其本质内涵诠释得更深刻，并能让场景的现实价值更有效地发挥出来。

场景时代，企业在对场景价值进行评估并圈定了某一场景后，就需要确定场景的价值主张，即要解决场景中的哪些痛点，要为场景人群提供什么样的价值体验。客户满意的核心是其在某一场景中的需求被精准解决，并能提供与核心需求相关的附属需求，让客户有意外之喜。例如，当客户在某一场景中有饮食需求时，企业不仅可以解决客户的饮食需求，还可以让客户在这个场景内体验到社交、玩游戏、分享观点等有趣、好玩的场景乐趣。很多时候客户并不是为场景主需求（饮食）买单，而是为场景提供的附加价值买单，客户更愿意享受场景带来的综合体验。

而当场景圈定好后，其实为谁创造价值或为谁提供服务的问题已经确定了，剩下的就是如何服务好场景人群。

场景的线上线下连接、"场景五力"（大数据、移动设备、社交媒体、传感器、定位系统）和云技术等的逐渐成熟使企业有能力提供质变的服

---

① 参考资料：MBA智库·百科。

务和个性化的解决方案。

场景是价值创造的源点，至于创造什么产品或服务，其功能、包装、体验如何设计等，只要能基于场景圈定人群，从场景角度重新洞察消费者，定义消费新需求，就可以创造与场景人群相符的产品和与产品相关的内容。

圈定场景后，企业的竞争对手也就确定了：谁来抢占场景，谁就是竞争对手。例如，短视频作为诸多人群的夜间娱乐场景，百度、阿里巴巴、腾讯等公司都有（或投资）各自的视频播放器，对影音娱乐领域进行战略布局，抢占入口，百度、阿里巴巴、腾讯之间在该领域就形成了竞争牵制之势。

对于价值定位的第三个过程：与竞争品牌之间相似性与差异性的确定。这其实可以从服务于场景人群的价值主张与定位中找到竞争品牌之间的相似性和差异性。例如，京东和天猫都是为消费者提供全品类、针对全用户的综合网上购物商城。

天猫：非淘宝自营，淘宝不负责商品的采购、仓储、销售、快递和售后。

京东：主要是京东自营，有入驻商家，就京东自营的商品其完全负责商品的采购、仓储、销售、快递和售后。

现实生活中不难发现，当一个场景兴起后，很多企业都会对其展开争夺。例如，针对"最后一千米"场景的共享单车，当摩拜单车涌出市场后，后期出现了一系列的共享单车（如小黄单车、小蓝单车、小鸣单车）。笔者认为瞄准一个市场，与其争夺一个高频场景，不如在场景的价值定位上下功夫。例如，江小白瞄准酒类市场和年轻一代的群体后，开始将其内容定位于场景的情感化内容建设上，以此定向吸引了诸多年轻群体关注，并基于"小聚、小饮、小时刻、小心情"等生活场景的情感倾注，打动消费者，驱动消费，成为酒类市场的一个新物种。

综上所述，场景价值定位就是对场景价值进行多维度分析后，根据企业内外部资源能力选择相应的场景，并对其价值创造方向进行选择的过程。

5.3 场景造物： 造物主张下的价值创造逻辑

场景造物已是新商业时代创造价值的一种主要方式，是分布式商业中实现大规模自组织协作创造价值并满足多变复杂市场需求的核心逻辑，造物主张是实现人们对美好生活向往的前提。社区共识的核心之一是关于造物主张的一致性问题，场景的新生活方式由服务主体为场景设定的造物效果来决定。例如，滴滴出行的"让出行更美好"就是其为出行场景设定的造物主张和造物效果。

场景中的各个角色都有其在场景中的价值诉求，造物主张主要是根据各角色的价值诉求而提出的。例如，滴滴出行的乘客希望获得更舒适、更快速、更安全、更便捷的出行服务体验，而滴滴出行的司机则希望在其空闲时间都能接到单，赚取更多的钱。所以，平台的一系列价值活动和机制措施都是围绕场景各个角色的目标期望及整个场景的塑造主张而开展造物活动。换言之，创造产品和提供服务的基础是满足目标角色的场景期望和需求。

通常情况下，人们在场景中是通过角色压力来指导其行为，通过场景活动来追求人们的场景目标，实现人们的场景需求。如果场景中的每个角色都在场景所在的平台中满足了自己的需求，或实现了自身的价值，则此平台就一般具有较强的生命力。所以，企业在设计造物主张时要充分把握场景中各个人群的核心诉求和期望，并以此重塑人在场景中的生活体验和生活方式。这种价值主张可以是提供一种人们在该场景未曾被满足过的全新需求，也可以是改善原有产品或服务的创造模式，提高需求服务效率和品质，也可以是一种帮助客户降低服务成本和风险的升级模式。

场景中的每个角色都有不同的立场和态度，场景的核心价值主张就是根据需求、态度和立场而提出的。这也是引导场景供需主体参与价值创造的影响因素。例如，良品铺子为了促进消费者在网生购物场景的消费提出"以商品为中心"的价值主张，基于此又提出"比消费者自身更了解他们的需求和习惯"的场景价值塑造目标，致力于为消费者提供多样化的、个性化的零食解决方案。目前，良品铺子实现了在各个生活场景都能和消费者进行沟通，如办公室场景、休闲场景、出游场景等。

良品铺子通过对消费者在具体场景的消费价值进行再认知后，提出新的价值主张，借助线上虚拟现实和其他社交媒体年与消费者沟通品牌策略，传导人与人之间的情感与价值主张，吸引更多的消费者进入良品铺子的消费场景。例如，良品铺子试图还原人们小时候过年的场景元素，消费者进入线上虚拟现实年俗街后，输入自己的姓氏，就会呈现一条以自己姓氏命名的专属年俗街。同时，单击年俗街内场景元素，还可以一边逛街一边与品牌进行互动[14]，以此提升场景的品牌互动传播能力，增加用户在场景中的消费体验。

再例如，爱彼迎（Airbed and Breakfast，Airbnb）的价值主张是：欢迎回家。那么，其场景造物主张就是：将居住环境打造出具有家的样子，并塑造出舒适、温馨的家庭环境。Airbnb 平台的供应商可以将其闲置资源充分利用，并通过闲置房屋的有效利用获得收益。供应方可以将闲置的房屋精心装饰成干净且舒适、温馨且有格调的样子，需求方在旅行的过程中可以租到干净安全、性价比高的民宿，也可以找到适合家庭出游的公寓别墅。于是旅游住宿场景的深层价值就被挖掘出来了，旅客在旅途中的住宿体验也有所提升了。

因此可以说，造物主张管理也是塑造场景、提升场景体验的前提。场景要塑造成什么样（即组织目标）？场景中人群的心理期盼是什么（即个人目标）？他们的关注点在哪里？什么可以驱动人们完成由场景赋予自己的角色使命？要给场景人群留下什么印象？等等这些都是造物主张要解决的问题。换言之，造物主张就是基于场景的矛盾和问题，定义场景服务者的角色使命和工作任务，通过角色任务的完成和流程协作使场景造物目标快速实现，并以此驱动矛盾和问题的解决，进而实现场景需求者的心里期盼。

那么，如何实现场景的造物主张？

人是需求的主体，也是场景的主体；场景逐渐成了价值创造的主要依据之一，也逐渐成了商业的集散地。而场景之所以能成为商业的集散地，主要源于线上线下融合、社群经济、共享经济、O2O模式等的成功。而这也为分布式商业时代的到来奠定了基础。

分布式商业的核心理念是"自由的生产创造与供应模式"，而这种自由的生产创造的着力点还是场景。

场景是价值创造逻辑的起点，场景需求的满足靠的是个体或组织的价值创造能力。就Airbnb来看，它之所以没有一家酒店，却成为全球最大的酒店管理集团，核心在于其用创新的价值创造逻辑满足了旅行者在旅行体验中的诉求，随时随地按需搜索，按喜好浏览、选择，在陌生的场景里面获得不同寻常的生动感受。

因此可以发现，共享经济背后的核心在于：当企业定义了一个新场景时，这个场景就包含了消费者的价值需求、价值愿景，当企业以共享思维、整合思维、平台思维、生态思维去解决场景问题时，无意中可能就创造了新的品类。当消费者愿意为独特体验而付费买单时，就表明其已经认可了企业为新场景提供的价值。

场景是人和商业连接的一个空间，当分析场景的价值并对其进行定位后就需要基于所定位的场景进行价值创造。

产品是场景的解决方案，这个方案源于对场景需求的深刻挖掘与准确界定。消费升级下的新零售，正驱动各类商业服务或产品的价值创造由简单的功能性产品走向具有温度感的体验化产品。在数字化时代企业的价值逻辑发生了变化，如何在消费升级、供给侧结构性改革大势下，让产品销得好？笔者认为关键是改变企业的价值创造逻辑，遵循场景界定、场景挖掘、场景造物的新逻辑，让产品在未开发时就有高流量和高势能（见图5-2）。

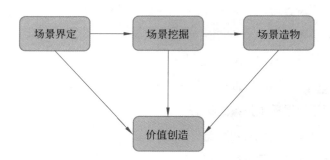

图 5-2　场景的价值创造逻辑

数字化技术为企业场景再造提供了新的路径，以场景的初始界定为原点，以数字化技术或工具连接场景，积淀数据，以实现用户价值或服务创新为基础，借助用户社群、数字芯片、软件等工具实时与用户在线交互，连接用户需求，定义用户价值，然后通过商业模式创新与组织创新实现基于用户价值的产品创造与传播。这是数字化时代企业生存的基本逻辑。

5.3.1　场景界定

场景界定是解决企业在什么区域，要为哪类人群解决问题的过程，即确定企业经营范围的过程。

按照传统的逻辑，通常认为：有什么资源做什么事儿。企业的区域选择或产品制造都是以资源为导向，但是到数字化时代，企业在什么区域、为什么人群解决问题通常是以机会为导向，场景界定的过程其实是发现机会的过程。创业机会一般都源于创始人在某一场景中的所观、所感。

机会往往来源于人在场景中的一丝灵动。一般情况下，有场景就可以有与之对应的服务产品。数字化时代企业的普遍问题是：如何更好地满足场景痛点，提升服务体验。设计产品的核心是找到痛点，有痛点就会有机会。设计产品要从一个更大的视角出发，站在应用场景看产品，站在体验视角，把每个细节设计好。

猎豹移动 CEO 傅盛说，创业真正的机会来自颠覆与重构，不仅要 think different，还要 think big，改良、小众、功能叠加都不是颠覆式创新，最好的超越，是把领先者的优势，变成他们的劣势和包袱。

简单理解就是用升维思维，降维打击。以前创业一般是找点、找机会，现在创业找场景、界定场景。尤其是在互联网时代的共享经济，物流的最后一千米场景、出行的最后一千米场景、洗衣场景、饮食场景、办公场景、新技术应用落地场景等，以新思维、新技术、新模式、新路径，提升产品或服务体验，让界定的场景发挥出其价值。

5.3.2　场景挖掘

随着大数据、云计算、人工智能、区块链、5G 等信息技术的蓬勃发展，大部分企业的商业模式、业务流程、价值创造方式等持续迎来新的挑战和机遇，企业既需要根据原有的业务场景、消费场景等梳理和挖掘真实的需求和痛点，也需要不断创新以应对不断变化的市场环境。

在"分层化、小众化、个性化"的消费市场环境下，商品丰富，消费者购买某一商品的动机，已不仅仅源于购买商品的便捷性，更关注商品的品质、实用性及其附加价值。例如，根据场景属性不同（场景人群是高端，还是低端？）消费者对生活的追求可能不仅停留在基本生理需求阶段，他们期望通过商品满足其对更高生活品质的追求。

商品、品牌的极大丰富，使消费者对没有新意的品牌、新品不感兴趣。场景的创新力、设计力、感染力等能促使企业在经营活动中提高其市场占有率。因为消费者的潜在需求更加丰富（潜在需求是消费者在基本需求得到充分满足基础上表现出来的对产品的更高品质、服务的更多细节等的重视）。潜在需求不会像基本需求一样表现直接，潜在需求需要通过数字化工具、需求洞察技巧等方式去挖掘。

总地来说，场景挖掘是对场景价值的深度挖掘，包括需求（显性和隐性）、场景内容、场景情愫等的挖掘。那么，场景挖掘的方式有哪些呢（见图 5-3）？

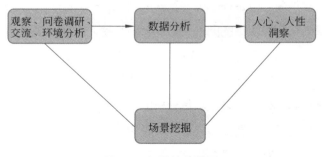

图 5-3 场景挖掘简图

1. 采用观察、问卷调研、交流、环境分析等方式知悉实况场景

问卷调研和交流反馈是了解场景人群显性需求最简单的方式，相关人员可深入实地场景观察，了解当地的人文环境和场景人群的行为习惯、思维习惯以及消费习惯等。

交流是获取信息的有效方式，了解人在某一场景下的需求偏向、愿景及场景感受的最直接方式就是交流。在交流过程中，最好是给场景人群提供一个轻松的交流环境，让场景人群自己讲述其在该场景中的故事。

往往一个人在不同的场景环境中会出现不同的需求和体悟。这就需要用到环境心理学相关知识，分析个体在某一环境中的心理特征，然后才能更有效地对场景人群进行挖掘和塑造。

注：环境心理学相关理论主要包括认知心理学倾向的应激理论、唤起构建理论、环境超负荷理论，以及生态心理学倾向的环境决定论、生态心理观、维度理论等，读者可根据环境心理学相关假设理论观察场景环境、评判该场景能唤醒或影响场景人群的哪些心理和行为，并对环境的应激物和应激模式进行判别等，挖掘场景，分析场景人群的心理、生理、行为等，为后阶段的场景造物做准备。

2. 数据分析

企业更加关心的是在哪里找到客户，怎样方便了解客户的潜在需求，如何了解影响客户决策的因素，推动客户交易。而数据是驱动场景运作的一大要素，将业务场景和物联网数据系统中产生的数据有效地沉淀和挖掘利用，使其在业务场景中发挥智能决策、智能引导和业务优化的作用，提升业务的价值，才是数据分析的真正价值所在。具体来说，通过物联网、移动设备、社交网络等工具积累数据，通过大数据分析洞察更多的商业机会以及创造更多的商业价值，即用数据分析潜在用户、定位潜在用户、用数据洞察用户需求和行为。例如，当客户在百度、淘宝、

京东等平台每次搜索后的产品推荐就是平台通过对用户行为分析而做的智能推荐。平台主体通过精准的客户推荐为企业找到客户，通过可视化的客户画像让企业更好地洞察客户，有利于客户关系管理、产品开发、产业布局等。

3. 通过人心和人性洞察场景

一个流行场景的兴起必有其合理性，不仅仅是因为该场景服务解决了人群的需求，很多时候也是因为流行场景的闭环体验设计符合人性，如 O2O 的快速崛起、在线视频的兴起、打车场景的兴起、低价打折场景的百试百灵等，这些都因为顺应人性而流行。这些场景闭环设计更多的是解决场景人群的甜点、痒点、兴奋点、尖叫点等，因此产品在场景中才能引爆。

无论是支付宝的十年回忆，还是益达的"饭后嚼一嚼"等，都是从人性出发，洞察场景后将产品与人性连接，基于人性中的弱点或善点使场景富有感染力，因为人在场景中很容易被场景同化。

场景时代，人人都能在场景中创造价值，获取价值，得到满足，场景的挖掘或洞察从人心和人性入手才能抓住流行元素，对产品或服务进行精心的设计和传播。例如在网上社交场景中，微信为什么可以在 QQ 火爆于市场时还能绝地逢生，并最后战胜 QQ，成为社交市场中的巨无霸？苹果手机也一样，在诺基亚手机火爆于手机市场时还能成为一枝独秀，最终战胜诺基亚，成为新一代年轻男女的流行产品？核心还是在于微信和苹果手机可以在原有的市场链中重归人心和人性，微信在原有 QQ 的基础上将熟人之间的社交和陌生人之间的社交区分开，在朋友圈只有相互认识的人之间可以互动，增强了朋友之间的互动关系，我们看微信好友的动态不会像 QQ 一样留下痕迹，满足了人们的偷窥欲和悄无声息的关注欲。微信通过摇一摇实现了人们与陌生人之间的连接互动，

较 QQ 来说，更符合成年人的心理诉求。而乔布斯的苹果手机在设计上
更注重简约之美，在使用上也是秉持极简主义，懂人心、懂用户，这样
的产品体现着一种人生哲学，懂人性，因而更容易走进用户的心中。

5.3.3 场景造物

场景是一个连接域，经过场景挖掘或洞察后，创造与相关数据分析
结果相匹配的产品或服务就是场景造物，核心在于满足场景人群的需求，
提升场景人群体验。

场景造物已经成为创造新商业入口和重构新商业模式的一种能力。
产品的创意设计、研发、制造等过程都要以用户为核心。移动互联时代，
基于用户全生命周期经营所形成的一种连接能力和价值创造是这个时代
的核心能力。笔者认为，移动互联网时代企业开展价值创造的基础是提
升与用户和价值伙伴的连接及交互能力。

1. 连接：重构用户与企业的关系

只有了解用户多元化需求才能更好地为用户创造更好的体验。那么，
怎么了解？笔者认为，核心还是在于连接客户，以便更方便地跟客户产
生互动，了解他们的所思所想。例如，小米科技就是用户驱动型的企业，
硬件商通过高性价比的手机、电视等获得客户，然后通过各种收费和免
费或低价应用，将客户转化为用户，进而构建产品型粉丝社群，让用户
参与到产品或服务的设计与传播中，重构了用户与企业之间的关系。

在移动互联网、大数据、物联网等信息技术的催化下，人与人，物
与物，人与物的即时连接变得越来越简单，连接后的用户沉淀催生着海
量数据，在人工智能和云计算引擎驱动下，正转化为实时的行为界定和
需求洞察。

按照传统模式，企业与消费者之间是割裂的，互动性较差。在传统

的渠道和多级分销的业务模式下，企业与消费者之间的联系只是建立在商品买卖和售后服务的过程中。但是今天，通过移动互联网的社交工具和二维码等工具的支撑，企业与消费者之间可以随时连接，随时交互。

连接以场景为基点，在用户生活的不同场景中，企业通过设计或提供更多、更有黏度的服务或活动，让用户参与场景的一系列活动，使其产生场景的参与感和温度感，满足用户不同层级的需求。例如，海底捞通过提供有温度的服务，并以高频的、有感染力的服务链对用户进行精细服务，形成高价值黏性，实现对用户时间和心智的争夺，如此，便有机会为企业带来巨大的商业利益。

2. 社群 / 社区：造就有温度的价值创造环境

为了更好地经营用户，企业需要熟悉用户的活动场景和与用户发生关系的业务场景，根据活动或业务巧妙设计社群的连接方式，打造有效的用户社群，连接用户，通过社群沟通、了解用户的真实需求，让用户自由表达他们的真实想法和真实诉求，并参与到价值创造环节中。

社群可以满足用户的三种刚性精神需求——存在感、参与感、幸福感，这些精神需求的实现最好是在企业的文化和价值活动的具体细节中体现。例如，按照社群思维连接价值相关者，重构企业与用户的关系，通过故事文化传播、情境渲染等方式，造就有温度的价值创造环境，用"从群众中来到群众中去"的方式创造产品，为客户创造价值，并设定相关机制，让员工和用户愿意奉献力量，从中找到成长感、自豪感、参与感等。

综合来说，场景造物是在所界定场景的范围内，在场景挖掘或洞察后，利用连接思维和社群思维，通过先进技术手段进行场景的价值创造过程。基于场景的商业逻辑正在重新定义现在的商业范式。

场景背后是时代主流的消费现状，场景的价值主张是时代人群主流的消费精神，场景的价值创造是满足消费者在场景中的即时需求，这种形式更利于消费体验的升级，这是这个时代赋予企业的商业新想象和新机遇，代表时代创业的巨大蓝海或机遇。滴滴出行、新世相、探路者、Airbnb 等新兴互联网企业都是按照这种新商业逻辑所造就的新物种。

人是场景的核心，连接顾客价值成为这个时代企业生存的核心能力，当移动互联网、物联网、大数据、区块链等技术的进一步发展使人人生活在网络中，创造新节点或融入新场景，就有新的连接机会。于是，人在商业表达层是社群形式，在商业影响层是 IP 形式，在商业行为层是数据形式。从表达层到行为层就是新商业时代的新价值。互联网时代，需求的表达、产品的创造与传播等都可以借助于网络（社群），其是表达价值、传递价值、获取价值的重要工具，流量产品与流量人物更易于在网络（社群）中形成具有独特价值的 IP，也更易于在网络（社群）中获取多维数据，反哺产品的创造与传播。

作为一般个体或企业而言，融入网络才有新机会，走向云端才能更智能、更便捷，进入社群才能更容易找到"组织"，获得组织带来的荣誉和温度，这是连接和聚合获得的新满足。

场景时代，选择代表认同，行为代表态度。场景下的社群互动与营销是这个时代驱动用户消费的新趋势。当人们选择某一高端产品或服务时，就代表了其对高品质生活的一种期待；当人们穿着简约服饰、漫步在"798 艺术区"时，代表了对文艺生活的一种热爱。于是，按照这种场景精神内容，就较容易洞察出产品的价值创造方向。

每个场景都有其主流的一种消费态度和消费习惯，产业组织或个体可以顺应，也可以根据其资源能力和文化态度塑造一种新的消费态度和消费习惯，而后通过高频的场景接触点影响消费者。这是场景时代下企业的价值创造新逻辑。

5.4 价值传播： 借助场景营销，传递场景价值

传播碎片化、场景化已是互联网时代产品／品牌传播的基本特征。
分布式商业的魅力之一是，人们可以在分布式商业平台中即时即刻进行
价值传播，并获得收益。

传统的传播逻辑是广告。互联网时代传播的方式和逻辑发生了改变，
传播变得随时随地。哪里有信息哪里就有传播，哪里有认同哪里就有分
享，哪里有情绪哪里就有互动，分享互动即传播；此时的传播具有随时、
随地、全天候的特点。

如图 5-4 所示，营销的本质是传播。国内知名营销专家叶茂中曾提
出"营销 = 传播"的观点，其具体观念是：所有的接触点都有传播机会，
用传播思维来理解营销，4P 中的产品、价格、渠道、促销这些要素都
是和顾客发生关系的接触点，也是传播的关键要素。因为互联网思维可

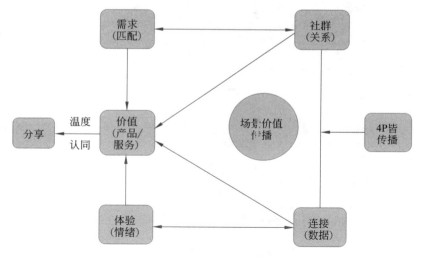

图 5-4　场景的价值传播逻辑

促使 4P 成为信息流，所有的信息均可传播，因此 4P 中的每个要素必须要和媒介结合起来，让 4P 中的每个要素都具有传播价值。

近些年，以营销界的刘春雄老师为代表，根据互联网时代下的营销特点，再次提出"4P 皆传播"等观念，认为产品是 IP，也是传播势能发源地。例如，毛肚就是火锅场景的标配或 IP，可乐是美式快餐的 IP；渠道是触点集散地，是传播势能的流转处；促销是传播的引爆点，价格是 IP 价值的表现，并以消时乐的渠道传播和江小白的产品传播作为案例，说明此理。

就拿江小白来说，江小白创始人陶石泉指出：产品出来了，剧本就出来了，剧本出来了，IP 就来了。这句话就道出了"产品就是 IP"的逻辑。场景时代，产品的创作和传播需从场景中来，再到场景中去，IP 十分有趣、有料、有感、有染、有温度，能让消费者在场景中由景生情，产生自主传播行为。如江小白的文案：

1

我们一直在找寻，

世界上的另一个我。

2

所谓孤独就是，

有的人无话可说，

有的话无人可说。

3

重要的不是什么都拥有，

而是想要的恰好在身边。

......

这样的剧本有较强的传播势能，哪怕不花钱，也有人在互联网上替你传播，因为有较强的温度感，比较容易引发情感共鸣。

可以说，江小白在产品设计的包装文案方面有着较强的 IP 和文案优势，可以激发人心，让消费者产生传播情绪。江小白的产品在刚面向市场后就能在短期内引爆，主要是其做到了：在场景中只要找到和客户或消费者可接触的点，就有机会在接触点进行传播，定向引爆。4P 都是面向消费者的接触点，因此都有机会进行传播。

同时，产品的质量其实也是传播的关键。在互联网时代，影响传播的关键要素是：需求的准确满足与需求满足后获得的良好体验。对于好的产品消费者会自动帮企业做传播。

当消费者在某一场景中出现某一需求时，如果企业可以准确地为消费者推荐相关产品，该需求就能快速地被满足，并且有机会让消费者从中获得惊喜、意外，消费者分享的自愿性就会增强。当然，如果在产品的制作过程或使用过程中消费者也能获得参与感、荣誉感、惊喜感、身份感等心理或情愫上的满足，产品的传播势能自然会较高。

所以，在产品的价值创造过程中，企业需要利用社群思维和连接思维创造出更具有温度的产品。场景人群 = 社群，社群是移动互联网时代人们创新创业的一种新的生存方式和生存载体，自愿加入，自愿退出，可以汇聚具有同频、同趣、相同价值观念的一群人，针对这一人群的需求和提出的一些问题，企业可以创造相关产品，并根据这一人群的反馈意见对产品进行迭代。而且在频繁的交流互动过程中还可以与该客户群体强化关系。

社群思维本质上是人与人之间的连接问题，连接产生机会，连接铸就可能。一般来说，人与人之间有以下两种连接关系。

第一，物理连接。这种连接能使不同区域的人连接在一起，可以通过社交工具等建立这种连接关系。

第二，情感连接。情感源于频繁的互动和价值观的趋同，当某个人与他人频繁互动产生情感之后，连接关系就由弱关系升级为强关系，然后基于情感的信任或价值观的趋同更容易产生更多的价值。

连接思维也指在产品的创造过程中因连接而产生的互惠合作，这也是分布式商业构建的底层原因。因为一个企业的资源毕竟有限，不可能诸事都有能力解决。

此外，传播靠的是吸引后的关注和关注后的分享，关注的人越多，产品才能更有机会引爆市场。所以可以说，互联网时代"连接＝传播"，这就需要人们用传播思维去做连接，用连接思维和传播思维塑造产品和产品所对应的应用场景，将产品线上线下融合，打通产品的设计、开发、销售和体验传播等环节，线下流量引导线上，线上流量引导线下，让所有的接触点都有传播的可能。针对场景中的人、物、场，增加具有连接性能的工具，提高互动性，并给客户提供其分享的工具和理由，即企业可通过场景的塑造促进客户在消费场景的在线传播分发、互动分享，让客户在与产品接触的每个点都有传播的可能。所以，互联网时代的产品一定要有设计力和文案力，设计力是吸引关注的基础，文案力是促进传播的基础。

5.5 业务重构：场景数据下的价值链重构

场景是产品设计的基础，场景思维是数字化时代的商业新逻辑，从场景角度发现新机会是场景思维，从场景角度思量企业的战略、产品、营销等是场景思维，"场景界定—场景挖掘—场景造物—场景匹配—场景塑造"的全闭环思维方式也是场景思维。

场景是移动互联网时代创新创业的新入口，让场景产生价值的路径之一是构建场景服务价值链，从所界定场景的需求发掘、价值创造到场景需求的一体化满足的过程往往也是一个价值链。

通常，价值链是指在一个特定行业或企业中完成一项价值活动的各项关键活动的有序组合，每个关键活动都是价值链中的一个节点，每个节点的正常运转，使企业业务得以有效运营。价值链的重构是对价值创造中关键活动的重新定义，或对各项关键活动的重新组合。通过价值链分析，企业可以对某个业务领域的关键活动进行梳理和再定义。

如图 5-5 所示，美国哈佛商学院著名战略学家迈克尔·波特（Micheal E. Porter）提出的"价值链分析法"，把企业内外价值增加的活动分为基本活动和支持性活动：基本活动涉及企业生产、销售、进料后勤、发货后勤、售后服务；支持性活动涉及人力资源管理、财务、计划、研究与开发、采购等，基本活动和支持性活动构成了企业的价值链[1]。波特价值链是工业时代专业化分工的价值链体系，是生产制造场景的价值创造逻辑。当互联网打通了价值创造各环节后，价值链被重构；重构，是为了减少环节，提升效率和体验，创造新价值。

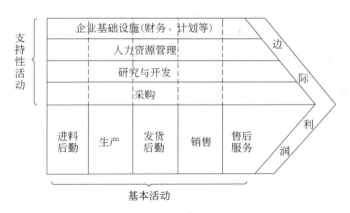

图 5-5　价值链分析法

---

① 参考资料：MBA 智库·百科。

例如，在传统的零售业中价值链只能进行链条各环节的优化，如强化单店管理、动态组合销售、减少相关人员、快速物流等，但不管怎么优化，传统的价值链都有其优化的极限。互联网出现后价值链被大幅重构。新零售恰恰是利用了移动互联网的技术优势，完成了对传统零售业的价值链重构，实现了"多、快、好、省"的体验效果，创造了新的价值。

那么，场景下的价值链应该如何构建？在场景中有面向前端人群的价值活动（包括销售、购买、传播等），也有支撑场景运行的后端价值活动（如连接设备、与用户交互设备、价值创造流程和机制、供需匹配措施、支付或交付流程界面等），一个完整的价值活动就是通过前端的基本活动和后端的支持性活动满足需求。

因此，笔者认为，场景的价值链重构关键在于：以场景各节点网络连接数据的实时在线为基础，在智能平台的支撑下完成价值链环节的必要活动，各业务环节数据的在线不仅能促进价值链的融合，为优化业务链条提供支撑，也能基于场景数据实现相关业务的升级重塑，为分布式商业中各场景造物提供新的业务方案。当在价值链环节融入网络连接要素和数据要素后，价值链的生产供应要素会范围更广、渠道更多。在此基础上，更便于为场景客户带去全方位的价值体验。

例如，针对传统物流企业授信中的"无场景、无数据、无验真、无法控制资金用途和还款来源"等业务痛点，招商银行通过创新界定场景角色（货主、物流公司、司机等），以物流行业场景方案创新为初衷，搭建自有平台——物流云平台，并设计平台内流通工具——物流券。通过对接物流企业运营后台和行内系统，校验每笔业务的真实性，再基于真实业务数据提供运费融资，定向将授信资金支付给运费最终使用方——司机。项目实现了物流企业货物流、信息流、资金流的"三流"合一，最终以多源场景可信数据获取和分析，搭建"物流 + 数据 + 金融 +

场景建设"综合平台，打造数字化货运金融服务新模式。具体来说，物流价值链业务流程分以下五个环节展开[15]。

（1）运单数据获取。物流公司完成运输后，将运单信息推送至招商银行物流云平台。

（2）模型审核。招商银行物流云平台通过外接第三方定位，内建风控模型，对运单的轨迹、签收、运费区间进行审核校验。

（3）发放场景通证。审核通过后，系统后台记账并发放物流券至司机个人账户。

（4）司机提现。司机可登录招商银行手机银行 App 查看名下物流券（待提现运费）并发起提现，通过对接信贷系统实现贷款通过物流公司定向支付给司机。

（5）物流公司还款。通过应收账款质押锁定上游货主回款，支持提现还款和到期扣收。

未来将通过项目复制和推广，为更多物流公司以及大宗商品、建筑施工、医药流通、家政服务等多个行业，搭建"物流 + 数据 + 金融 + 场景建设"线上经营赋能平台，节省银行人力和企业融资成本，为相关行业提供更多普惠金融支持。

综合来说，场景的价值链是通过界定的场景，找到场景供需角色（例如，在出行场景中的核心角色就是乘客和司机），然后寻找核心角色的显性需求和隐性需求，对其现有场景需求的满足方式进行重新思考，从场景创新体验出发，重构场景需求和价值主张，再通过全场景数据管理平台、客户平台、后端资源、网络组织等，在全球范围内获取或寻找生产供应要素，原材料设计、制造、销售、交付等活动都可以通过平台协调完成，最终以场景的价值创造逻辑提供某一产品或服务，实现供需价值的精准创造与匹配。这亦是在分布式商业中开展业务及价值活动的逻辑。

为了促进价值链的形成和有效运转，还需要场景机制赋能。海尔集团通过其蜂窝状组织（即小微组织）和一线的客户交互，生产者或产品经理通过和用户交互获得需求后，再由小微组织进行基于需求的价值创造。在交付环节，因为海尔集团采用的是"用户付薪"机制，所以在价值创造流程中，价值创造的下个环节会对上个环节的价值创造成果进行严格把关，确保价值创造环节的顺利进行。海尔集团通过"用户付薪"机制，将价值创造者们聚集到一起，可以自由组合，自由退出，符合自治组织的特点，表面看很松散，但是通过用户付薪架构实现了利益的绑定，提高了团队的凝聚力，最终完成某一价值的全创造过程。而在区块链技术赋能下，场景的价值链活动也可以借助于区块链社区组织开展，因为区块链社区组织有共识基础、分布式协同基础、流程化合约机制、社区激励机制等。

5.6 场景战略：从价值链到价值网络的生态建设路径

数字化时代，场景的塑造与开发成为企业数字化生存的核心战略，新场景逐渐成为流量获取、价值创新及价值链构建等的新入口。一条价值链往往是各利益相关方通过各个价值创造环节的有机组合实现某一场景服务的闭环。一般来说，价值链发生在一个企业中，价值网络是企业通过价值共创、战略合作、互利共赢、共担共享等行为或理念结网的过程。互联网时代，企业间越来越频繁地开展合作，同时，竞争也越来越残酷和激烈，以致企业之间的竞争上升到了价值网络（或生态与生态）之间的竞争。新竞争格局中，共识、共创、共赢、共担下的分布式商业协作成为常态，企业和利益相关方共同创造价值，共同完成单个场景或多个场景体验的全方位提升成为其生态化发展的核心。

新竞争中有新规则，新规则意味着需创造新玩法。依据场景逻辑对企业经营管理的全方位重塑就是一种新玩法。而这往往需要价值网络塑造、模块化组件设计、平台化商业模式、生态化组织结构等新的战略与模式共同完成新玩法的路径探索。

数字化、场景化时代，我们能更透彻地感知到：场景是价值创新的着眼处，我们可以利用捕获和传递信息的设备或系统，以场景战略建设更全面的互联互通平台（如前台、中台、后台的建设），将企业内外部资源有效整合，并通过 API、软件开发工具包（software development kit，SDK）等方式和智能工作流引擎、跨端即时通信，赋能各场景协同业务应用，实现场景的角色定位和价值创造。这个过程一般是利用先进的管理系统或组织模式，配以符合场景建设所需要的人才，按照新的方式协同工作（如韩都衣舍小组制的协同方式），通过先进技术获取更智能的场景洞察并付诸实践，进而创造新的场景价值或场景体验。这也是分布式商业中智能协作的核心要义（见图 5-6）。

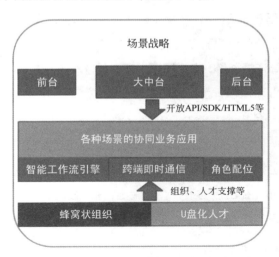

图 5-6　场景战略导图

具体来说，不同场景服务的连接与协同需要硬件、软件、数据、应用之间的协同，这种协同往往需要底层价值网络平台支持，同时连续场景/相关场景的价值创造或某一场景需求的全方位满足也需要借助于底层价值网络平台的业务协同应用来实现。此时，以移动互联网、区块链、隐私计算等技术为代表的信息技术快速发展，为底层价值网络平台的构建奠定了技术基础，例如，笔者在第1章所述的区块链技术为场景重塑、全场景互联生态构建提供了可靠技术支撑。总而言之，这些信息技术进一步提升了各业务线上协同办公效率和效果，夯实了全场景、全人员跨时空的业务协同办公应用，助力实现从面向单一场景的产品创新到面向全场景生态的服务创新跃迁。

从"场景"角度来说，企业占据的生活场景越多，则其竞争力就越强、生存机会就越多。全/多场景价值需求的满足就需要企业配以平台模式、模块化组件和生态组织等，通过"造点、连线、汇面、成体、聚态"方式实现分布式商业全场景生态的数字化构建和多场景需求的即时满足[①]。

阿里巴巴方面曾提出"每个业务都是我们服务消费者的新场景延伸，它共同构成了一个生机勃勃的整体"这一战略理念。这是典型的场景战略思维，布局连续场景，构建场景生态，重塑人在各生活场景中的体验。这是未来商业新逻辑，也是分布式商业模式落地、企业数字化升级、战略布局等的思维。

如图5-7所示，当企业界定某一场景，通过场景挖掘和场景塑造完成场景的价值链构建和场景需求的即时满足后，一般也就聚集了丰富的用户群。例如，在出行场景中，滴滴出行针对该出行场景推出了专车、快车、顺风车、代驾、巴士、试驾等业务，满足同一场景人群下的不同

---

① 具体方法详见：思二勋. 商业生态：新环境下的企业生存法则 [M]. 北京：电子工业出版社，2017.

服务需求，形成了出行场景的服务生态。

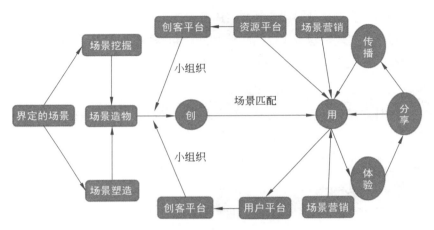

图 5-7　多场景价值生态网模型

　　大型互联网企业其实也是通过人们生活和工作场景的全方位布局来获取足够大、足够强的竞争优势，这种场景不分区域、不分国界，一旦占取则"衣食无忧"。

　　找到你的场景就能找到你的消费者，找到你的消费者就能搭建你的舞台，舞台搭建好了就可以连接你的消费者。而搭建舞台的过程其实就是建立平台的过程。摩拜单车通过基础设施（即自行车和互联网平台）来满足人们对小距离出行的需求。所以，某一场景的产品设计、生产、营销等还需要借助各类相关平台或中台模块化组件等，以面向服务的微服务框架，实现价值创造和价值创造后的使用、体验、分享和传播。

　　场景价值的挖掘与场景资产的配置是实现场景供需的有效方式。一般来说，多场景之间的协同就需要通过平台来实现。这个平台可以是资源平台、交互平台或价值活动平台等；交互平台是前端，资源平台是后端，前端和后端的主要任务是助力实现场景需求，价值活动平台主要是用于实现各业务供需的连接与匹配，在多平台协同中实现连续场景的服务串联，以及分布式商业中全场景商业布局。

其实，平台化战略是互联网时代解决大批共性需求的主要方式，即到了互联网时代，对于大批共性需求的最佳选择就是利用现有资源建一个平台，把"供需主体"都集中在平台之上，然后通过供需匹配机制、需求实现方式及各种商业模式满足这些"需求"。那么，企业该如何发现这种共性需求？笔者认为核心在于对高频场景的界定，占据了高频场景，企业就可以获取足够多的流量，然后通过平台型商业模式，形成产业链，为企业构建新的竞争优势。而在同一场景下的需求一般都是相同或相似的，其解决方案也较容易制定。

在开放平台战略引导下，企业的角色也转变为平台的建设者，服务于平台，服务于平台参与者。作为平台的建设者，其主要职责是搭建平台、维护平台、开拓平台，平台通过各种机制的设定吸引需求方，赋能供给方，并制定平台各项管理规则和服务流程，使平台上各种"需求"能够得到最大程度的满足（如猪八戒网）。

平台化战略强调企业的"做大做稳"，也强调多平台之间的协同。在平台上供给数量越多，供需结构越复杂，交易结构越清晰，价值交换越频繁，则平台企业的生命力越强。

平台的本质是价值交换活动的支撑地，因此价值交换活动越频繁，平台越平稳、越有吸引力，更多的"供应方"与"需求方"越易聚集在平台上，进行时间上的付出与价值的输出，从而形成良性的价值循环。

5.6.1 用户平台

用户平台是连接用户、交互用户、获取需求的平台。一般来说，市场部和销售部是企业的最前端，是接触用户最频繁的人，企业在与用户接触的过程中可以充分利用社群思维，建立用户交互平台。中兴通讯在为运营商定制手机的过程中因为没有直接面对终端用户，造成对用户需求的把握不准，近两年其销量大不如前。而小米科技开始就是以用户为中心，聚集大量粉丝于平台，和手机的潜在或隐在用户充分交互，一度积累了诸多用户群，成为互联网界的"独角兽"。

可以说从人性角度来看，如果以用户为中心，创造出来的产品大多会受到用户喜欢，但是每个人的自我意识都很强，习惯以自我为中心去猜测用户需求，最后创造出的产品就会受制于这些主观因素，所以在交互的过程中要减少私欲，想用户所想，最好可以深入到用户的生活场景中切实感受用户的需求。例如，孵化出雷神笔记本的海尔集团小微们在产品的设计过程中曾仔细阅读分析了京东、天猫上对于同款产品的 3 万多条用户评价，进而来发现用户的真实需求。

5.6.2　资源平台

发现或界定用户需求后，企业需要利用平台汇聚资源（这种资源可以是知识资源、用户资源、专业人才、基础设备、投资者、供应商等），并有针对性地面向"创客组织"匹配资源，形成解决方案。提供资源平台是为了让创客更方便或更容易地进行价值创造，而在金字塔的组织结构中，资源无限涌向上级或是在个人手中，并不开放，很多人想用资源，但是却不具备调用权，于是资源被大量闲置。

为了更好地利用资源，企业需要建立资源云系统，在创客或员工需要使用时可以随需调用。其实，在互联网时代，企业主体利用连接思维可以整合诸多内外部资源，这其中的关键在于企业如何通过双赢机制使得别人的资源愿意进入你的平台，以及如何通过连接机制或资源的匹配机制使资源被高效地、最大价值地利用。

就拿海尔集团来说，海尔集团从单一的冰箱做起，不断扩张到家电通信、IT 数码产品、家居、物流、金融、房地产等多个领域；其主要依托 U+App、海尔集团七大互联网工厂、众创汇、海达源、HOPE 等平台，集聚了大量的资源，并利用大数据和云平台等基础设施去构建属于自己的资源云。现在在海尔集团的平台上聚集了各方面的资源，有创业小微、投资者、一流的研发资源、专家学者、模块供应商等。海尔集团在模式转型过程中坚持去中心化、去"隔热墙"等理念，并以角色引入、资源沉淀与共享、机制设计等方式，实现资源的最大化利用。

为了使资源更高效地被调用和匹配，最好利用 IT 系统对资源进行编码，形成数据，并将之线上化、云有化、证券化。而后采用一定的算法和机制，可以快速调用匹配，形成面向场景需求的解决方案，最终使资源转换为具备核心优势的产品。这样就有更多创客愿意加入海尔集团的体系借助海尔集团的资源去实现自身价值。

5.6.3 创客平台

创客是企业进行价值创造的主体。在进行价值创造的过程中，创客需要利用用户平台与用户交互，根据交互的结果调用资源，组合资源，最后形成基于某一场景需求或产品的解决方案，实现资源的有效利用。

创客平台是企业的价值活动平台，是聚集满足用户场景需求或重塑场景价值的服务平台。这里对创客吸纳标准就是其要符合 U 盘化人才，知识和能力专而多，有创客精神，面对问题有自己的一套解决逻辑，行动力强，自我约束能力强，自我适应能力强。如此，创客才能达到在诸多系统或组织中以客户价值为导向，即用即插，随机插拔，实现自身价值的全面发展。

海尔集团致力于打造一个有强大吸引力的创客平台，吸引更多的创客资源和孵化资源以及其他有助于创客成功的资源。在海尔集团平台中，所有的创客根据项目所需，自由组建团队形成蜂窝状组织（或小微组织），创客们在平台上和小微企业以及资源提供者对等沟通，互惠合作，进而携手解决问题。平台通过打造一个开放的、自由的、民主的、动态优化的数据化平台，从而有效支撑海尔集团的人力资源管理体系，以数据化流程提高对人力资源的利用率。

海尔集团的员工创客化是一种员工角色转换的表现，企业平台化是一种企业服务能力或资源能力的升级和再造的表现，用户个性化则是互联网时代企业开展"以用户为中心"价值创造活动的核心理念。企业通过一系列模块的有机组合更利于创造出实效、有用的产品。此外，让产品能被与之相匹配的人群大规模使用才能让资源的价值和产品的价值发挥至最大，即在图 5-7 中所体现的通过场景营销实现场景中产品的使用、体验、传播、分享的一体化效果。

综合来说，海尔集团是基于家庭生活场景的服务企业，面向该场景的全品类产品（如冰箱、空调、洗衣机、热水器、厨房电器、冷柜、智能产品、净水器、生活小家电等）的提供就是海尔集团的核心价值。那么，怎么来实现这种价值？海尔集团通过打造多个平台，而后以用户需求为中心，通过多平台之间的价值网络有效协同来实现多产品的价值连接、创造及赋能等。

人民网推出的全媒体数据高通量智能感知与采集平台，是面向海量以视频、超高清视频为代表的高通量全媒体数据。该平台的主要功能是从互联网主流音视图文平台（包括短视频 App、直播 App、音频 App、微博、微信、自媒体、公众号等平台）中主动抓取各类多媒体数据。平台可以根据用户设定条件（时间、地域、关键词、重点账户等）进行随机或者定向的数据采集，同时基于流媒体协议解析与流媒体数据置换相结合的解析技术，解码出数据源的真实地址，自动下载、转码音视频数据，可支持多线程下载、分布式下载和断点续传技术，以全网平台资源的有效整合和输出来服务于不同场景的应用需求[16]。这也是场景战略的充分体现。

5.7 生态协作：提升应对场景变化的敏捷能力

企业存在的本质是解决市场难以解决的或即使可以解决也需要耗费大量人力、物力的问题，并以其特有的资源能力降低交易费用，实现盈利。从交易费用角度来说，交易费用决定了企业的存在，企业采取不同的组织方式主要是为了对资源采取不同方式的利用，最终目的也是为了节约交易费用，赚取更多的利润。

由科斯的交易费用可以看出，企业产生的原因是企业组织劳动分工的交易费用低于市场组织劳动分工的费用，这是企业持续存在的理由。企业在进行组织劳动分工的过程中，主要任务就是通过自己的核心资源、技术、能力等基于需求的供方和需求方组成一个单位参加市场协作与交易，从而减少了协作与交易过程中的成本和摩擦，因而提高了交易效率。

也就是说，在传统的市场交易和协作体系中，由于企业资源的有限性和"机会主义行为"的存在，为确保交易的达成，总需要支付额外的费用，例如，在交易前期所花费的关系连接成本、谈判成本、签约成本、协作成本，交易进行时为了确保交易真实性所花费的调查成本和监督成本，以及交易后所花费的维护成本等。

为了减少市场的交易成本和协作成本，在市场形态中出现了各种中介机构、交易平台、仲裁机构等，科技创新也是因降低交易成本而存在。

在网络化、数字化时代，各产业组织通过互联网的连接能力、大数据的匹配能力、区块链可信协同能力等，可以汇集大量的供需方及价值相关方，实现市场协作、市场交易的自由化和智能化，以此提高交易效率，减少交易成本。

在此背景下，企业最重要的是跨越实体边界进行能力与资源的整合与输出。在具体的战略转变上，笔者认为，企业可以构建自己的分布式商业生态体系，并凭借价值网络体系，将个人、企业组织与市场等相互融合，这时，组织或个体之间基于信任与承诺的依赖关系成为价值活动的重要保障，个体的价值性与组织的敏捷性成为企业应对多变市场的重要支撑。

具体来说，敏捷能力往往由组织敏捷与个人能力敏捷组成。就个体而言，在互联网时代几乎一切关系都可被重构，一切资源都可被连接整合，人的价值被再次提升，只有人才适配，企业的竞争力才能进一步提升。于是，个体的潜能在适配中得以激发和释放。而且在互联网时代，人们都在极力追求自由，渴望自我主导生活，也渴望在生活或工作中自由的基于能力与意愿创造价值，并获得更好的生活体验。

进一步来说，在网络生态组织中，让组织／人才自由协作、自我管理、自由发展才能有效地激活组织，释放个人潜能。而U盘化人才正符合这种用人方式，人才在系统或组织中自由出入，进入就能为系统贡献价值，当然为了让人才在系统中最大化地发挥其价值。一方面个体需要打造"一专多能"的能力；另一方面系统最好赋能于人才，并提供高效的协作机制，让其为系统输入高价值的能量。

从组织角度看，随着互联网的发展，大量经济主体开启了网络化工作，并形成了不同形态的网络化组织，这时，各网络主体之间的协同合作等问题成为难点。这种情况下，组织设计的核心目标是在解决各分布式主体协同协作的基础上，高效地满足多变的市场需求。《人类简史》作者尤瓦尔·诺亚·赫拉利（Yuval Noah Harari）认为：协作是人类与其他物种最重要的区别。人类社会的不断进化主要源于协作程度与协作广度的不断深化。在传统的协作过程中，由于彼此间不信任产生了较高的协作成本和交易成本，阻碍了协作的广度和深度。而区块链的核心价值主要是为解决信任问题而存在。这也是分布式商业生态中组织建设的基本逻辑。

分布式商业生态下的分布式自治组织改变了原有企业和个人之间的隶属关系和层级架构，取而代之的是通过共识算法建立共同目标，并借助于共识机制与智能合约形成内部参与者与生态利益的绑定。此时，组织的分布式网状集群结构将会成为主流，在分布式集群内进行分布式协作，打破了时间、行业、地域等的限制，让个人的意愿、价值、能力等得以最大化的表达。而且，组织/个体基于预先设定的协作规则，任务完成后也能获得相应的经济回报。

那么，如何提升组织资源的利用率和组织协作的效率？大中台和强后台建设是对企业资源有效整合和利用的方式，也是分布式商业生态构建的核心，其主要目的是为前端小组织或个体提供强大的能力输出和基础服务，辅助前端更好地借助网络平台和资源进行分布式生态协作，灵活应对市场中多变的环境和用户需求[①]。

企业经营过程就是解决各个业务场景、协作场景、消费场景等的问题，并创造价值与收益的过程。当企业所面对的商业环境更加不确定时，只有通过改变组织形态，提高组织的灵活性及个体的积极性和创造性，来应对复杂且多变的场景和商业环境（多变的商业环境本质上是由多变的场景引起的），让企业可以瞄准机会，找准赛道，员工可以精准获取企业中的资源，在赛道中展现自己的特有的能力和潜能，解决企业经营

---

① 关于如何构建资产数字化、数字资产化平台，将在第 6 章详细说明。

所面对的各种场景问题，应对经营过程中所发生的各种变化，为企业创造价值。

敏捷组织[①] 是基于数字化网络平台而产生的应对多变场景变化或问题的有效组织，划小经营单元，将以往科层背景下的组织演变为自主经营的单元，下放权力、责任和利益，开放资源，赋能单元经营体，让自主经营体直接面对用户，每个自主经营体提供生态协作与价值协同直接面对市场，为目标场景的用户群创造价值。当目标场景用户需求发生变化时，自主经营体有权利、也有能力为用户提供差异化的解决方案，创造用户价值。

开放资源、赋能团队的主要作用是让团队有能力、有资源，灵活地应对市场变化或目标场景的变化，进而以自主经营体的价值创造能力创造差异化的产品和服务，满足用户需求，以敏捷的服务能力提供即需即供的供应链服务，将差异化、较完美的产品快速送达用户。

例如，在新零售背景下，京东的战略转变为：从"一体化"到"一体化的开放"模式。未来，为了服务于多元的场景和多变的需求，京东的组织变得更为灵活、敏捷，成为积木型的组织，打开业务环节之间的强耦合关系，使之成为一个个可拆分、可配置、可组装的插件，通过对多个可选插件的个性化组合，满足客户不同的偏好和需求 [17]。

总地来说，当场景需求发生变化或场景环境发生变化时，我们就可以让敏捷团队通过生态协作方式去塑造场景，应对这种变化，实现对场景需求的再满足与场景需求的再更迭，以期可以持续地服务场景人群。

但是，如何让企业平台、创客的创业方向和用户需求三者之间有效协同起来？即如何能让资源流动起来，让创客的创业积极性增大，让用

---

① 至于该敏捷组织需要设计开放组织还是封闭组织，可根据具体的业务场景特点和需求而定。

户的需求和小微组织的价值创造相协调。

这往往需要企业基于其业务场景，构建某一平台，建立平台的激励机制，让网络平台中的各个节点都有意愿、有通道去共享生态资源与价值，通过核心资源的导入吸引相关的供需方，进而形成网络双边效应，实现某一场景需求的解决和用户体验的升级。

在区块链网络中，各节点在去中心化信任的情况下实现点对点资源协调与可信协作，从而解决中心化机构普遍存在的高成本、低效率等问题。在此基础上，利用分布式多方协同网络和通证激励机制，每个人都可以在区块链的分布式网络中自由地参与到不同类型的项目中，自由协作，生产者之间、生产者和消费者之间能够可信连接，他们较容易就某一共同目标而建立起协作关系，然后以通证激励思维，激励参与主体快速地创造某一价值。

具体的价值创造往往也是在一定的约束条件和风险要素下进行，企业在对某一场景的现状、价值分析后，提出场景的塑造愿景和相关价值主张，通过开放、赋能、下放权力、激励机制设计等方式打造敏捷团队，团队根据角色分工的不同，群策群力，共同就某一问题而展开生态协作，以团队的综合能力和创造性去降低风险，解决问题，使组织的愿景和目标可以顺利实现。

第3篇

执行篇：分布式商业生态战略——数字商业下企业和个人的创新发展指南

数字经济的发展、数字技术的成熟、反垄断政策的推行、数字化转型的推进、Web 3.0/NFT 等市场热点趋势都为分布式商业的成熟及分布式商业生态战略的落地奠定了基础。

数字化时代,需要有极为有效的数字化战略和相应的战略落地思维、策略和要素来重构企业生产关系,提高企业生产力,驱动企业数字化转型。当下,数字化升级处在生态系统基础模块建设期,建设分布式商业生态系统是应对多变且复杂环境的关键,分布式商业生态系统的建设更利于企业占据多元场景、获取多样数据,管理多样资源,并灵活地面向服务场景输出解决方案,从而提高基于分布式网络系统和数据智能协同的价值共创与共享能力。

深入来说,分布式商业生态战略是以区块链等信息技术为支撑,以场景重塑和全场景业务布局为目标,企业通过塑造网络化、分布式的可信业务平台,整合(跨组织、跨产业)多元化资源,并在数据可信、资源共享、身份对等的基础上,连接产业中的多个组织和个体,为他们提供高效的生产、运营、协作机制,以此满足各生态参与者的需求,并实现资源最大化利用和产业经济高质量发展。分布式商业生态战略的实施更利于企业或产业组织塑造服务于更多场景的富生态,获得实现全场景、全时、全员、全效的生态价值能力。

元宇宙作为未来组织及个体数字化生存与发展的新载体,在元宇宙中亦应有符合各产业组织及个体的生产创造的新逻辑和范式,以让其更高效率、更大范围、更深程度地创造价值、获取价值、体验价值。从物理世界与虚拟世界相融合的产物——"元宇宙"生态体系设计来说,本篇所提出的"基于场景的分布式商业逻辑、平台战略、资源数字化与数字资产化路径、角色定位、数字身份、分布式治理、分布式金融、可信连接等"也可为元宇宙中的商业场景创建、虚拟商业运行等提供参考。

第6章

分布式商业生态战略设计要素

人的一生，其实就是一部影视剧，在一个一个不同的场景或平台中，演绎着一个一个不同角色，或轰轰烈烈，或平淡无奇。分布式商业是在瞄准的场景中为用户搭建舞台，让不同参与角色自由参与到某一组织中，多方共同投入资源，对等协作，并通过利用场景思维和区块链思维，创造特定产品或服务，满足不同角色的多样需求。

在区块链时代，技术给每个个体塑造了相对公平可信的网络环境，你可以凭借个人的能力和意愿进入一个场景，扮演一个角色，然后发挥着角色赋予你的责任和担当，创造价值，获取收益。

就像在区块链媒体平台中，传媒企业可以使用区块链技术，在去中心化、不可篡改及开放的前提下，传播者发布的媒体内容能在全球范围内获得大量的浏览；同时也为浏览者带来更广阔的内容来源，避免信息种类单一化。每个人都可以自由发布与传播媒体内容，达到内容的无界分享与宣传的效果，并利用区块链的"行为即挖矿"逻辑使生态圈内的内容创造者、内容审核者、内容传播者等获得合理的奖励回报，最终形成一个智能、透明、开放、可信的数字传媒生态，每个人在这个生态中通过生态角色的扮演，定向创造价值，并获取相应的回报。

商业的本质在于连接供需双方，通过向需求方提供专业化、精细化的服务，获取利润。区块链技术在于其能塑造一个良好的可信商业生态，价值链中的各环节都可以在公开、透明的分布式网络平台中进行，在分布式网络中能精准把握、洞察和服务消费者与合作伙伴的多元需求，生态中的各个参与者/角色可信协作，供给端和消费端进行点对点、端到端自由对接，各取所需。

如图6-1所示，分布式商业生态战略的落地需要在平台型商业模式的基础上融入区块链等数字化技术，打造具有可靠的数字身份、完整的信用体系、安全的分布式金融、高效的分布式治理等要素的平台，并通过融入公平合理的机制，激活平台中的供需资源，在角色定位及扮演、资源赋能等基础上，符合 U 盘化人才或特性的多方参与者自由连接，形成分布式自治组织，彼此在价值网络中多方协同，共同创造生态价值。

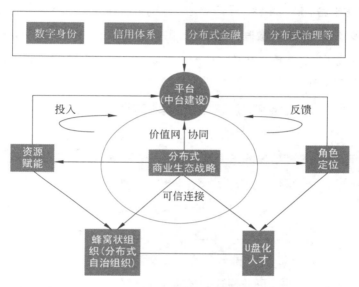

图 6-1　分布式商业生态战略模型简图

6.1　基于场景的分布式商业逻辑

数字化时代，各领域将不断涌现出数字化平台，数字化平台的建设可极大地加速全产业链、全要素资源的数字化、网络化、智能化运行，新的商业模式和协作组织不断涌现，需求方面临着海量千差万别的供给信息，供给方面临着海量千变万化的消费需求，无论是生产方、消费方、还是需求方、供给方，以及成千上万的市场经济活动的相关参与者，都被融入数字经济体中[18]。

数字经济背景下需要有数字商业新逻辑，"数字商业"强调面向企业的研发、生产、供应等一体化和面向终端用户的销售、营销和运营一体化，这种"一体化"的实现需要企业以信息技术为支撑的多方平台（如技术平台、供应平台、用户平台、营销平台等），通过平台聚合资源，沉淀多场景、多业务数据，在平台、数据等支撑下，提供全场景商业服务，形成研发、生产、供应、引流、转化、成交、留存、复购和裂变的全生命周期闭环。

　　分布式商业是数字经济环境下的基本商业形态。分布式商业生态构建的基础是通过应用大数据、云计算、人工智能、区块链等信息技术，构建可信的分布式价值网络体系，借助于该网络可以实现全场景、全流程的智能感知、网络化传输、大数据处理、智能化监控、分布式协同等，从而大幅度提高各业务场景和业务节点的数据精准性、可信性，业务敏捷性、高效性，流程智能性、可追溯性，以及监控随时性、全域性等问题，最终形成一种随机、随需的分布式商业生态平台和模式。

　　一般而言，平台商业模式的精髓，在于打造一个丰富的、成长潜能强大的"生态圈"。它拥有独树一帜的精密规范和机制系统，能有效激励多方群体之间互动，达成平台企业的愿景[19]。每个企业其实都可以被看作一个或多个平台，每个平台都是围绕某（个）些业务场景而设计的，特别是互联网企业，很多都采用平台化模式，实现资源的有效整合和供需的有效匹配。在"大平台赋能 + 小前端管理"的商业模式下，让面向前端的小组织借助平台资源（如知识、客户、数据、流量、资金等），围绕客户需求开展多种相关业务。在平台创建初期，平台企业为满足多个参与角色的多样需求，并在平台中形成相互牵制、相互协同、相互赋能发展的状态，弥补因自身资源或能力不足而无法满足多样需求的情况，平台需要吸引和扶持大量初始"参与者"进入，并与参与者一起为用户共创新的价值生态或场景增量，实现"共同富裕"。

场景服务往往是以平台为基础，多场景的有效服务是以多平台的有效连接为基础。这个平台是场景供需连接的虚拟化空间，人们进入不同的场景空间往往会扮演不同的角色，有时候是演员，有时候是编导，不同的角色有不同的使命和任务，通过角色扮演和任务的完成，以分布式方式为平台输入价值性产品或服务（即能量），而用户或合作伙伴就是这个平台上的价值（即能量）吸收者。所以，在能量输入时企业要以用户价值为导向，给平台汇入有助于场景需求或用户价值实现的资源（如笔者在前文提到的海尔集团为平台所输入的资源），通过资源赋能、角色定位、多角色之间的协作或协同，以及每个角色在价值创造过程中或价值创造后的价值网络协同，助力场景中各角色的任务能高质量完成。

但是由于人们的生活场景丰富多彩，用户的需求多变且复杂，为了服务好场景人群，并充分挖掘场景需求，更高效地创造场景，一方面，企业需要有一线团队，让团队能和用户实时交互，获取需求；另一方面，在为场景提供解决方案的过程中，有时也需要充分借助外部力量，内外部成员组成自治组织，灵活作战。因此，需要与之相应的组织和人才去实现某一场景价值的深度挖掘和多场景的价值创造。就如图 6-1 所示的蜂窝状组织和 U 盘化人才，组织形态灵活，人才灵活，以此来实现灵活多变的用户需求。

在目前的市场中，零工市场的灵活就业是数字化时代的一个新趋势。如何借助于平台实现内外部价值的有效连接和自由人之间的自由协作与价值创造是未来企业管理的新方向。"钮业态"瞄准该趋势，以人力资源为基础服务领域，通过结合人工智能、大数据、金融风控、区块链等互联网创新技术，打造了针对新业态经济的全场景应用生态平台，用技术的方式，有效连接企业、自由职业者、税务部门等，在灵活就业场景下，协助税务部门，解决自由职业者的费用支付与发放，以及个税的合规缴纳。同时解决企业所需票据的合规流转难题，让企业的业务流、资金流、票据流三流合一，突破原有线下操作模式的黑箱瓶颈，所有数据合规、透明、可查[20]。

分布式商业源于场景而又高于场景，笔者认为分布式商业既是供需改革的逻辑，也是多变且分散需求下的价值创造逻辑。这些需求的具体"发源地"还是场景，场景的洞察与重塑可以激活新需求，创造新的服务模式或催生新的商业业态。在这种分布式商业模式/业态下，能有效连接并融合全球的技术流、物流、资金流、人才流等要素生产力，并驱动生产要素资源的分布式整合、网络化共享、协作化创造、高效化利用等。例如，就制造业来说，基于分布式网络的工业互联网，能有力推动制造业从单点、局部的低效作业模式，转向全域、全节点协同的高效作业模式。运维平台或者监测平台基于分布式网络可以连接产业链各场景中的关键企业及其生产设备，为信息共享、监测预警、应急响应等提供了有力保障。

笔者认为，场景的数字化商业服务也是实现实体经济与数字经济深度融合的路径。例如，产业数字化的前提就是通过数字化技术实现产业链中不同业务场景的数字化。然后，让产业数字化发挥效应也需利用分布式商业逻辑，通过将各产业场景、产业数据的互联互通，推动业务流程、生产方式重塑，进而形成新的资源配置、产业协作和价值创造生态平台，实现生产、供应、运营等效率的升级。因此，在数字化时代，无数据、不互联，无场景、不商业。

因此，我们需要依据场景思维和区块链思维进行价值创造和价值传播，并在分布式价值网络中通过分布式数据、分布式资源等①，实现供需

---

① 在区块链架构下这种数据、资源等都可以确权化、通证化，具体方式见下文。

的有效互动与匹配。在具体的价值创造中需以"平台化 + 场景 + 分布式管理"的经营模式实现场景的生态价值，即分布式自治型组织借助于分布式网络，以场景价值创造为目标，通过分布式管理方式，协调平台资源去创造价值。

总地来说，以场景为基础的分布式商业逻辑是按照人群在特定场景中的特定需求，基于分布式网络来组织、匹配相关资源，并设计、创造相关产品 / 服务，或直接提供相对应的产品和服务，而且这些特定的产品和服务在价值链或价值网络中的各环节都需渗透于场景，并和场景紧密联系。最终，以价值网络协同方式实现供需的高效匹配，即设计、供应、生产、营销、传播等过程还要和特定的场景保持匹配。在具体的商业应用方面，我们需要界定出产品或服务针对的是哪个场景？在场景中服务的是哪些人群？需要重构的需求和提出的价值主张是什么？可利用的资源是什么？约束条件是什么？需求的解决方案是什么？等等。而这些问题，可以通过场景思维和区块链思维，以及场景管理体系等来解决。在对场景的基本问题和条件有了预判后，就可凭借触点网络，根据业务需求匹配可提供需求解决方案的分布式模块组织，在契约关系与协同关系下集体打造分布式、模块化供应、生产、运营、消费体系，并以此满足产业链中多场景、多环节的多变需求，提升人在场景中的体验。因此，笔者认为分布式商业下的商业逻辑也是企业应对变化的确定性逻辑，也是供需改革、引导人们生活发生质变的关键逻辑。

场景的价值往往决定企业的价值，场景定位往往决定企业的业务方向，场景布局往往决定企业的业务布局方向。百度、阿里巴巴、腾讯、京东等企业是对生活的全场景进行对局，它们主要是以战略投资、收购等方式进行。小米科技、海尔集团等企业是对家居场景进行争夺，生活处处有场景，不管是从创业机会，还是从企业数字化转型经营角度，我们都可以从场景角度进行思量，界定生活场景，找到场景痛点，界定利益相关者角色，创新商业模式，利用场景思维和区块链思维，实现新机会落地和旧业务的数字化转型。

就金融行业来说，"开放化 + 场景化"商业模式逐渐成为商业银行构建开放金融的核心路径，通过该模式不仅能打通各商业场景、产业组织之间的信息壁垒和数据壁垒，形成共享、互通、敏捷的数据体系。同时，银行机构在深挖场景价值后，通过连接场景、管理场景来获取丰富的客群信息、流量信息、交易信息等，再通过开放平台的打造，打通各场景数据，帮助银行了解客户、服务客户、管理风险，从而建立以客户需求为导向的金融服务。如图 6-2 所示，度小满金融所提出的一套面向分布式金融场景和应用的技术架构，就是其应对用户在多样金融需求下通过分布式商业逻辑构建的数字化解决方案。

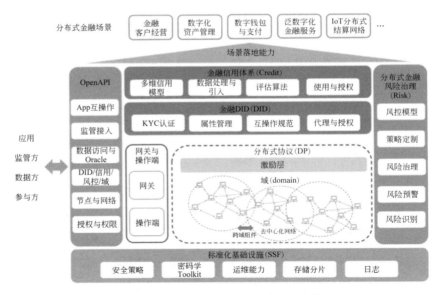

图 6-2　度小满金融 DOTA 解决方案全景图

度小满的 DOTA（（ defi-oriented technical architecture）具备包括底层基础能力（安全策略、密码学 Toolkit 等）、分布式核心协议、网关、客户端在内的分布式基础能力，这些能力使得在去中心的基础上，保证了数据的一致、网络的稳定、共识的可靠、服务的可用。同时，这些基础能力通过完备的 OpenAPI 进行暴露，使得跟其他金融组件和业务很好地融合，进而更好地支撑分布式金融场景的构建。此外，该架构还包括金融 DID（ decentralized identity）、分布式金融信用体系、分布式金融风险治理等在内的核心组件，它们提供了金融业务必需且又重要的能力。它们通过在架构内与其他基础组件的原生结合，这些金融核心组件工作得更加高效和可信，间接降低了业务负担，让业务更轻量级，能够更加聚焦在业务流程和场景中 [21]。

大生态赋能小场景，分布式商业的形成往往基于产业生态各场景的分布式数据的联通与共享而形成互联互通的数字化管理系统，通过系统的场景数据分析、智能算法决策、共享资源与组织能力等的输出，提供基于场景需求的个性化解决方案，在具体的输出方式上可以通过开发 API、SDK 等为场景赋能。

如图 6-3 所示，百信银行为了实现"成为全球领先的普惠金融服务平台"这一愿景，通过建设一站式自助接入平台，金融机构、科技公司在百信开放银行平台门户快速完成能力发布和审批流程，实现从能力发布到服务订阅全流程线上化，快速实现系统对接，各参与方可以在最短的时间完成系统对接①。

目前，百信银行已构建包含金融机构、科技公司、场景创新方、场景应用方等多方开放生态，各方基于基础金融服务贡献科技力量，并基

---

① 百信金融开放生态按照参与角色划分为金融机构、科技公司、场景创新方、场景应用方和终端用户 5 类。同一个参与方可能在开放生态中扮演多个角色。

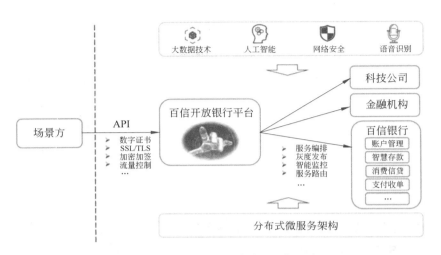

图 6-3 百信银行的分布式商业逻辑示意图

于分布式微服务架构、开放 API、大数据、人工智能等创新技术为用户提供便捷、安全、高效的金融服务，极大提升了用户的金融体验[22]。同样，蚂蚁金服基于支付宝多年的风控实践和技术创新开发了智能风控引擎 AlphaRisk，并形成智能化风控产品"蚁盾风险大脑"，并通过 API 等方式对外输出到各行业①。这本质上也是开放机构/平台的分布式商业生态战略的具体体现，这些企业通过基于目标场景的平台构建和资源整合与输出，提供个性化的场景定制服务，赋能行业数字化转型。

6.2 平台战略：分布式商业运行基础

如果选定一个频繁场景，就圈定了大体量人群，如滴滴出行选定一个出行场景，因为这个场景具有较强的可连接性、连续性及广泛性。

---

① AlphaRisk 由 perception（风险感知）、ai detect（风险识别）、evolution（智能进化）、autopilot（自动驾驶）4 大模块组成，实现了风控引擎的自学习、自适应及数据闭环，不但提升风险识别能力，而且提升风控效率和标准化。

滴滴出行公布的数据显示，早在 2017 年平台共计为全国 400 多个城市的 4.5 亿用户，提供了超过 74.3 亿次的移动出行服务 (不含单车及车主服务)。滴滴出行提供了出行场景的解决方案使得其已成为人们的一种生活方式。此外，航天云网、中船重工等借助互联网信息平台，并以需求为导向，通过多方角色参与的"平台 + 场景 + 分布式管理"的商业模式，更精准、便捷地获取外部创新资源，有效提升了企业的研发设计、生产制造、高效管理水平。

但是，互联网时代的平台一般都是中心化平台，中心化平台是数据的独一拥有方，也是平台规则的制定者，抽取或剥夺用户或者合作伙伴利润，成为中心化平台的主要盈利模式。而且，中心化平台往往有垄断能力，也造成了更广泛的社会担忧，如数据、信息造假，侵犯用户隐私权，甚至部分中心化平台利用网络影响力榨取用户等。这些问题在未来几年内只会更加激化。基于此，在分布式商业中的平台往往是去中心化的，在区块链等技术赋能下，这种场景服务平台可以更加智能化、分布式、协同化、生态化，可以较容易地解决上述问题。

分布式商业是数字经济背景下，全域、全场景、全流程、全要素等的网络化、数字化发展新模式，分布式商业的发展可以提升物流、资金流、信息流等各资源要素的流动性，降低资源消耗，最大限度地挖掘、整合和利用人力资本和物质资本，为经济增长提供了全新路径。在分布式商业生态平台经济体内，平台、生产者、消费者、服务商等相关利益者共同构成了价值连接、网状协作、价值共创与共享的商业业态。随着分布式商业这种全新的资源整合与利用模式的普遍流行，或将极大地推动产业结构数字化升级和实体经济可持续发展。

图 6-4 是分布式商业生态平台构建模型，通常认为任何一个场景服务平台都可以基于区块链对之进行重塑。场景时代，连接是基础，赋能

是目的，升级体验是结果。对于某一业务场景，企业找到场景的需求方和供应方，通过数字化连接手段实现场景连接方、场景需求方、场景供应方的聚合，通过场景创新来实现场景体验的升级。在这个生态平台中，区块链使得多场景、多业务、多环节的数据更容易实现可信共享，在数据可信共享下，更容易实现多场景信息流、物流、资金流等的有效连接和生态中多业务的高效协同与融合。

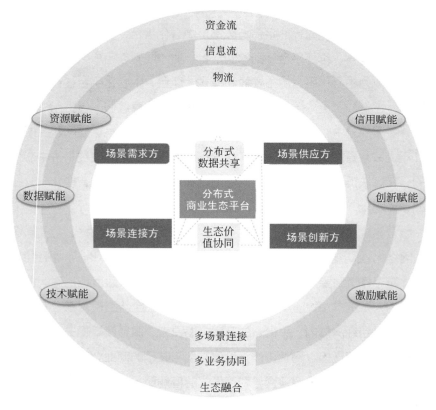

图 6-4　分布式商业生态平台构建模型

为了让场景服务效率更快、成本更低，一方面，企业可以利用云计算、大数据、人工智能、区块链、物联网等技术，以及该技术下多业务、多场景、多区域数据的积累、分析和评价，建立数字化的信用体系、风控体系和营销运营体系等，向生态子系统、商业合作伙伴和金融机构等开放技术能力和资源赋能能力，助力产业互联网/区块链建设及传统机构的数字化转型。另一方面，企业可以以场景思维和区块链思维构建满足多元场景建设的生态系统，并通过生态系统的客户、数据、场景和技术优势，挖掘客户的需求，为场景提供技术、数据、资源、信用、激励、创新等赋能手段，实现场景资源的有效流转与融合、场景供需的有效连接与匹配、产业组织的高效协同与共生、生态价值的全面重塑与提升，并以此驱动市场资源的有效配置（见图6-4）。

具体来说，只需要找到与供需主体（即需求侧和供给侧）相对应的角色就已经打开了"场景造物"与"供需匹配"的大门。

第一，大多数场景人群都是潜在需求方。场景是洞察需求的根据地，我们可以基于第5章所提出的场景思维重塑场景需求，确定价值定位，并找到相应的平台化解决方案，这是场景创新的逻辑。具体方法笔者在第5章中已详细说明。

第二，为场景痛点提供解决方案的资源方往往是需求供应方。当我们发现用户需求后，盘点可利用的资源，界定所需资源，则可以借助于分布式网络/平台跨区域、跨部门、跨业务聚集可利用资源，实现资源的有效利用和价值的有效输出。在区块链时代，内部资源是企业通过长时间积累而获得的，外部资源是企业通过连接性思维和分布式网络或平台获得的，企业的生产经营活动也可以较容易地借助于外部力量来解决具体业务问题，向外寻找可利用的资源，进而进行整合，形成企业的资源云，而后随需调用。例如，矩阵元通过联合某区域股权交易中心，通过BCOS（be credible, open & secure）平台的底层技术打造服务于中小微企业的新一代股权登记与服务平台，从企业股权登记业务着手，通过新兴技术手段来重构企业信用基础，引导公共服务机构和商业机构等能为场景痛点提供解决方案的供应方共同参与，形成便利中小微企业交易融资的新型生态体系[23]。

在数字化时代，我们的技艺、知识、数据资产等生产要素，都可以通过互联网充分共享。例如，猪八戒网就是技能师和需求方的集结地，通过猪八戒网平台而实现供需主体的价值供给。为了使企业的资源更加丰富，使更多需求方和供给方汇聚于平台，企业也需要制定一个可释放人性和人心的规则体系或机制驱动平台交互（例如，可通过通证激励等措施实现资源的有效聚合和利用），并以之来撬动更大的资源。例如，猪八戒网平台开放体系建立后，其用户的数量及需求量随之增多，猪八戒网也从一个"悬赏"的商业模式转变为"招标"的商业模式。由商家提供需求，平台上的投标者提出报价，商家与投标者可进行深入沟通而确定其他事宜。猪八戒网一直在平台型商业模式和运营模式方面进行不断摸索，从自我管控到充分放权，通过机制的设计，让平台上交易双方充分接触。

此外，猪八戒网在服务品类和交易模式方面，平台将原来的佣金抽取比例从 20% 降低至 5%，以吸引大量的商家和服务商聚集于该平台，做大用户量和订单量，通过数据的积累和利用驱动买家与卖家的成交。

最后，猪八戒网还创新推出了"数据海洋 + 钻井平台"的商业模式，把佣金全部免掉，使交易规模增加几倍，然后获得海量的数据进行数据资源的挖掘分析和利用。猪八戒网从封闭平台到开放平台，从高佣金到低佣金甚至到免佣金，从业务匹配难到高效精准的业务匹配，每一次改善都是不断地创造出更加人性化的服务平台[24]。

第三，平台的功能模块设计是以实现场景供需主体的有效连接为导向的。有效连接其实是笔者在 3.3 节所提到的"场景匹配"。猪八戒网的"招标"和"悬赏"就是场景匹配的一种模式。当然在"场景匹配"方面，猪八戒网还充分利用大数据技术，例如，随着运营时间和用户量的增长，企业逐渐积累了大量的数据，平台企业也建立了一个运营商（或者是服务商）的数据库①，在商家提出需求和条件后，平台按服务者的出资条件、资历、区域、业务能力以及交易记录等条件给予商家精准的推荐。再如，蚂蚁金服基于支付宝的技术平台，为商户提供模块化的工具，帮助商户快速实现线上化运营，再通过流量、数据等合作，提升商户的营销能力和客户管理能力，也进一步增强了支付宝和商户的黏性[25]。为了使平台更高效地获得更多有价值的资源，平台可以基于分布式架构与分布式网络，在全球范围内获得与整合可以满足场景解决方案要求的资源，并可对之进行上链确权，或将之通证化，如此更利于资源的有效流动。

综合来说，在供需匹配方面，平台借助于大数据技术与 AI 技术可以有效实现平台中供需主体之间智能化的精准连接与匹配。同时，平台通过机制或组织形态的改变，激活资源，并做到自主化连接。此外，通过利用平台中的区块链技术将资源的分配权、用人权及决策权等以通证进行定义，以"通证激励 + 自治社区"激活组织与人才，如此更利于权利的充分下放，使得和市场交互的人群可以有机会调动资源、利用资源，在此基础上更利于组织进行高效的价值创造及价值传播等活动。因为在用户主权时代，只有通过这样的形式，企业所设计、开发／生产出的产品才更容易经得住市场的考验。

第四，场景创新是以场景需求和场景资源的精准匹配为基础的。平

---

① 在区块链技术支撑下，这种数据库可以是一种分布式数据库，以这种数据库类型和 P2P 通信网络实现各参与者的可信连接与互动等。

台的建设也是为了达到这种精准匹配效果。所以，资源在积累或整合过程中需要以用户需求为中心，以需求和资源来塑造新的商业模式或设计新的场景解决方案，最终实现场景创新或场景需求的有效满足。

资源的价值在于被有效利用，以需求来调动资源则是对资源最有效的利用。企业在打造平台的过程中，一方面，要开放平台，要有能够吸引资源方的核心能力，这种能力就是资源与需求的匹配能力；另一方面，要有赋能场景创新的有效机制和模式。例如，滴滴出行在设计基于用户出行需求时，其所要做的是如何最快地匹配与用户最近的司机，使其场景需求能够快速得到满足。再如，人民网推出的智慧聚发平台是一个系统到企业再到客户（system to business to customer，S2B2C）模式的内容产业中台，即一个强大的系统（S）与千万个直接服务用户的企业（B）紧密合作，共同服务于用户（C），从而形成一个以系统（S）为基础设施和底层规则的内容生态圈。平台以服务为主，面向各行各业开放，通过不同场景的精准分发为各行各业赋能，辅助企业更全面多维地完成用户的需求，最终达到为全社会共享内容价值的效果[26]。

第五，通过场景赋能机制实现平台的健康运转。笔者认为，要想让平台诸多参与方能够持续地留在平台开展价值活动，核心还是要借助于场景技术、可信数据、生态资源、信用体系、通证激励、生态创新等的设立满足多方生态角色的，公平高效的生产、运营、分配等机制，让参与者有持续的收入来源，让平台可以健康、高效地运转。

例如，海尔集团平台中就包含着各类赋能机制为海尔集团生态提供战略支撑，其用户付薪机制最受市场欢迎，所有价值贡献者的总薪酬是由用户决定的，而参与者的薪酬按照其在价值链的贡献比例来获取。这一机制使得企业内部充分市场化。同时，在共识机制和智能合约等技术赋能下，交付成果基于共识由多方鉴定和评价，在满足共识条件后由智能合约自动执行，如此用户付薪机制会更公平有效。

换个角度来看，平台的前台最接近用户，是与用户实实在在接触的一线人员，他们的主要任务是界定一个具有价值的场景，然后接近用户，洞察场景需求。而后台的主要作用是提供资源和政策支持那些默默无闻者，一线产品或服务的负责人可有权力调动企业的内部资源，以需求为出发点，为用户提供相应的产品或服务的解决方案。中台其实就是连接前台和后台的大平台，主要任务是调取后台资源、匹配前台需求，以及赋能平台运作的中端业务，如业务匹配、业务流程运转、业务创新，以及投资评估、投后管理等。

所以，平台管理者要做的是如何使平台型企业的前台、后台、中台有效结合，实现场景的业务需求和通过价值网络协同实现多场景之间的匹配关系，进而基于平台有效实现场景信息流、物流、资金流等的联通，以及数据的互通和价值的共创与共享。

如图 6-5 所示，腾讯云最新推出的金融云解决方案中，包含"1+4+5"

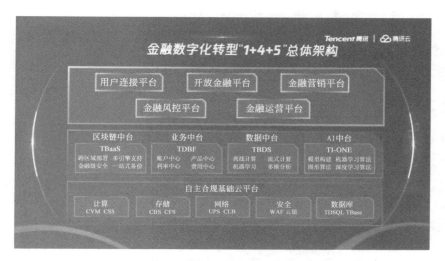

图 6-5 腾讯云金融数字化转型"1+4+5"总体架构 [27]

总体架构，其中以腾讯云基础产品能力构建的安全可控云平台和在此之上的区块链中台、业务中台、数据中台、AI 中台作为支撑体系，上层包括覆盖金融业务场景的用户连接平台、开放金融平台、金融营销平台、金融风控平台和金融运营平台，将为金融机构提供从底层架构到上层应用的全场景金融科技能力 [27]。

再如笔者在 6.1 节提到的"钮业态"，其前台业务场景包含蓝领招聘系统、在线培训系统、人力资源外包（human resources outsourcing，HRO）业务系统和灵活就业系统，后台业务为对接银行的支付结算系统和对接税源地的委托代征系统，实现企业的业务流、资金流、票据流三流合一。钮业态在平台构建过程中，充分利用区块链等技术，连接企业、自由职业者和税务局，解决企业所需票据的合规流转难题，既突破了原来线下操作的规模限制，又使所有数据合规、透明、可查，打破黑箱瓶颈，实现承接项目任务的自由职业者的身份认证和个税合规缴纳 [28]（见图 6-6）。

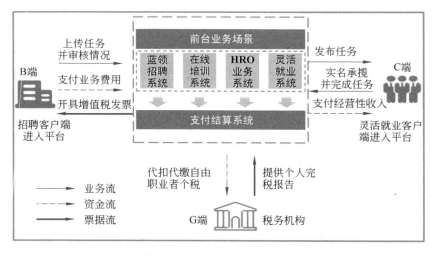

图 6-6 基于零工业务场景的平台化解决方案

6.3 中台建设：以资产数权化、数字资产化促进生态价值循环

互联网时代是一个个人主权时代，个人价值被放大。激发员工潜能，释放员工价值，按照员工的能力、意愿、兴趣、价值观等人本要素，恰到好处地赋能、引导和匹配员工参与价值活动是互联网时代人才管理的核心理念。

互联网的本质是连接，互联网的特征就是让一切皆可连接，区块链让连接更高效且有价值。分布式商业就是建立在人与人、人与物、物与物之间互联互通的基础上。连接产生交互价值，连接产生协同价值，造就价值网络共创关系。

因此，在产业/企业数字化方面，我们需要在各个产业链节点或企业商业闭环节点层面解决数字化合作、运营、供应、销售等微观连接问题，通过建设产业/企业网络平台，将整个链条数字化资源传输到网络节点，实现传统业务与平台系统的有效连接。在此基础上更利于企业围绕客户的核心价值需求进行供需匹配的连接与创造，平台设计者通过资源数字化、资产数权化与数字资产化，进而形成相互连接的价值共同体、资源共享体、赋能共生体等形态，不断聚集资源能量，通过商业模式的创新，实现资源的再生利用和重复使用，促进企业内外部的能量循环和价值交互。这种能量交换和价值交互将极大地放大个人价值，实现员工价值，重构客户价值，真正推动场景价值重塑、企业价值创新，实现企业价值的新递增。

6.3.1 资源配置：建设实现目标的动力系统

分布式商业的愿景是尽可能通过一种云管理、生态协作、价值协同

等方式实现内外部资源与需求的有效配置和匹配，并以此应对多变的市场环境。从组织管理角度看，组织存在的意义就是通过资源的聚合和利用，将资源转化成能解决用户需求的解决方案。

分布式商业的运作逻辑是以资源和能力要素为后端，以数字化资源为关键生产要素，以分布式网络为市场资源配置纽带，前端洞察出需求后，资源、资产和能力则迅速向解决消费者的需求去倾斜，资源云化，资产数权化，随需而取，随需转移，当组织设计以用户需求和资源为基础时，组织实现目标的可能性也会更大。

资源云化的前提是资源数字化。那么，如何实现资源数字化、资产数权化、数字资产化，区块链技术的分布式验证、存储、确权、激励等机制能为其提供新的解决方案。相关企业主体通过区块链技术构建的资产数字化平台，将能够实现资源/资产的定义、确权、登记、发行、交易、结算等，其具体以 NFT 或 NFR 等方式表达某一用户或合作伙伴对资产拥有的某种权益（即资产数权化），并通过设计上述环节的链上流通机制，保证资产流通数据的完整性和可信性。中国人民银行就曾推出"基于区块链技术的数字票据交易平台"，实现数字票据在链上的签发、承兑、贴现、转贴现等流转业务。

而在解决具体业务场景的需求时，可基于平台的数字化资源服务能力，开放 API 技术，通过 API 系统无缝且安全地共享数据访问和跨系统业务处理，安全快速地解决具体场景的个性化问题。目前，诸多互联网平台企业或技术领先企业通过开放平台以 API 赋能的方式将自身能力和资源开放出去，需求方直接调用开放平台的 API 接口即可实现能力和资源的集成和部署，快速构建满足场景需求的产品和服务，打造或延伸产品服务生态，形成规模经济。

海尔集团为了打造家庭生活场景的智慧服务生态，成立 U+ 海盟网，整合智慧家庭生态服务资源，打造生态服务 API 连接，以及统一交易的开放平台。U+ 海盟网以"全面开放""资源共享""标准输出""互利共赢"为创新发展理念，通过对资源方与小微企业全面的开放共享，以及对资源服务进行标准输出，让资源与小微企业充分匹配，实现多品类产品的价值创造，最终达成互利共赢的完整生态圈服务生态，为用户提供最佳的智慧生活体验 [29]。这也使海尔平台上的创客有可能开展以"用户个性化"的理念来进行价值创造。平台资源丰富，创客借力，资源接入快，成本低。当然，在资源盘点过程中海盟网的资源方提供数据化的连接形式高效率接入智能家居、加快品牌传播、提升资源收益，用户也能获得最佳的家庭生活全链式场景体验。

让企业资源流动性变强的最佳方式是将资源进行数字化共享与云管理。例如，今天崛起的共享单车、共享充电宝等，都是根据生活场景的某种痛点而形成的共享解决方案，即当人们发现用户需求后，还需要通过资源的有效组合形成解决方案，这种解决方案的形成可以充分借助因新兴技术成熟而形成的动力系统和新的商业模式。

尤其是在区块链赋能下，一方面，基于分布式网络可以快速地将符合业务需求的资源要素以分布式方式实现聚合与共享，可信资源要素可以在流转过程中获得资源的通证化流通与收益；另一方面，人们可以通过区块链平台将个人土地财产、数据财产、知识产权等资源要素进行确权或数权化，链上自由流通，在链上塑造低成本信任环境，产权制度与激励制度相互融合，API 场景赋能，可促进资源要素自由、高效地流通。

笔者认为，资源一定与目标或需求结合起来才能成为有效的资源。也就是说，只有资源转换为可驱动目标实现的有利条件才能使资源的价值最大化发挥效应。在 2011 年左右，诺基亚公司每年的研发费用达到40 亿美元，是苹果公司的两倍多，但是如果这些研发与市场的实际需求不沾边，或没有产出实际经济效益时，这些资源也只能被浪费。

此外，企业要想让资源能有效流动起来还需要改变组织形态。当时诺基亚在手机领域的资源较为丰富，但是还是未能存活下来，核心影响因素之一在于在金字塔的组织结构中，各部门之间、各职能之间的部门墙太厚，企业内部之间的层级太多。如此，企业感应商业环境变化的能力就减弱，且即使感应到后，做出反应的时间也较慢。总地来说，企业方要想需求与资源之间快速匹配，或资源能被有效利用，就需要改变其组织形态和资源利用方式。笔者在前文提到的蜂窝状组织、分布式自治组织和大生态通过开放系统资源赋能小场景等就是为了让资源能够与需求快速匹配。

另外，归根到底个体是组织实现目标的最核心资源之一。那么，怎么能让个体在组织中的效益最大？笔者认为还是要让人才愿意在其擅长的领域多频次、长时间地发挥价值。就如猪八戒网平台上的服务商和滴滴出行平台上的司机，其服务用户的次数越多、评价越高，则其被平台安排服务需求方的次数也越多。就像滴滴司机，司机根据自己的能力与意愿在系统中自由插拔，"插"则贡献价值，"拔"则自由。当司机进入滴滴出行服务系统就需要按照滴滴出行的服务规则进行价值创造，如果滴滴出行的司机离开了平台，就不受平台的约束，自由发展。U盘化人才插入系统就需遵守平台规则，为系统贡献价值，同时也实现自己的经济目标。对于滴滴出行的司机来说，滴滴出行平台就是自己的资源，其利用该资源既实现了平台的目标，也实现了个人的目标。

6.3.2　中台建设：构建实现资源数字化、资产数权化与数字资产化的系统

中台建设为资源池建设与共享、价值连接、价值创造、生态赋能等提供了可行路径。根据具体业务场景将能为场景需求提供基础技术、数

据等解决方案支持的技术、资源、资产或业务整合成为"大中台",统一为前台业务提供支持。在中台系统的支撑下,为组织模式、人才模式等的扁平化、生态化运营提供基础,使得基于场景的分布式管理更加高效。那么,企业的中台建设逻辑是什么?

如图 6-7 所示,笔者认为,首先,中台建设应该以业务场景为中心,服务于业务流程,所设计的中台功能要服务于场景需求的解决方案,让业务端可以随需获取中台资源。其中,技术中台也起关键作用,通过基础技术架构建设,如分布式架构(SOFAStack)、分布式关系数据库(OceanBase)、移动开发平台(mPaaS)以及区块链 BaaS 服务、分布式微服务架构、分布式资源调度中心、分布式流程引擎等,通过整合不同的技术模块或组件,来实现特定的功能 / 职能组合,并结合数据、算法等快速搭建应用架构,帮助客户满足各种业务场景的性能要求,解决各业务场景痛点。

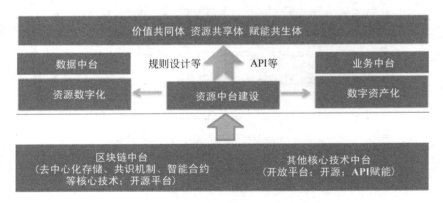

图 6-7　分布式商业体系下的中台建设

其次,中台建设也要与企业的战略规划相匹配,既要服务于当下的战略需求,考虑到技术、组织、人才、机制等多元因素,使其满足价值共同体、资源共享体、赋能共生体的建设格局,也要服务于未来的战略规划，使中台能促进业务数字化、数字资产化等的实现，并为未来的场景扩展、场景重塑和业务布局提供资源、技术等支撑。

具体来说，在资源数字化方面：以资源中台实现资源的数字化建设与业务的有效协同。

中台建设成为互联网时代企业或个人通过数字化建设应对多变且复杂需求的核心手段之一，中台系统为企业的战略实施、组织优化、人才能力建设、创新活力提升等都创造了机会和可能。在资源中台、业务中台、数据中台等数字化系统支撑下，为一线的战斗团队和体验客群提供了强大的系统支援和监测，有助于为企业或敏捷组织提供更加个性化的服务和产品。尤其是资源中台，在产业数字化、数字产业化等体系中支撑组织的价值创造和业务的高效执行，促进资源要素的自由流动等方面发挥着重要作用（见图 6-8）。

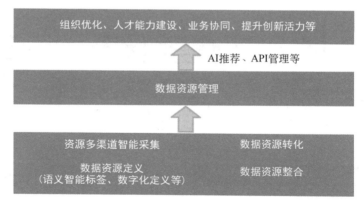

图 6-8　数字化资源中台建设

例如，海尔集团通过"用户个性化"的价值导向建立起了与创客之间的价值共同体，即通过建立众创汇、海达源、HOPE 等资源中台，集聚了大量的资源，形成资源共享体，通过资源云赋能小微企业实现平台与小微企业之间的赋能共生体，并在业务和数据中台辅助下，有效提高业务协同运营能力。在大生态资源赋能小场景方面，海尔集团通过提供标准的网络生态接口与规范，统一数据与信息的标准化传输和存储，实现了跨平台、跨行业、跨地域之间的资源调运、数据共享、产业联动、技术扩散等。

大连接时代为企业和个人带来了诸多发展机遇。那么，在全面连接时代，如何使得连接更广泛、更有意义？如何使这种连接能真正对用户、对员工、对合作伙伴产生价值，实现多方互利共赢的价值愿景和生态化的、柔性化的价值网络形态，并以此创新消费价值，重构客户价值？这种价值主要是依靠资源赋能和价值网络协同来实现的[①]。

资源赋能主要是平台型企业借助数字化技术，实现资源中台、数据中台和业务中台等数字化平台的建设，以及对需求方所需资源的有效匹配，使得组织或个体可以更有意愿、更快地实现客户价值，并在实现客户价值的同时实现个人的价值。一般来说，中台建设的目的是更好地服务前台，一个好的中台，能够让前台各角色在不同时刻、不同场景下快速调用一个可用、可靠、可部署、可管理的服务，从而快速地满足某一场景的需求，应对快速变化的市场环境。

需要强调的是，实物或虚拟资产数字化后主要是以 NFT 为代表的数字资产来表征和呈现。在区块链技术赋能下，每个 NFT 都是独一无二、不可分割、具有稀缺属性和流通属性的数字资产，产业组织通过将实体产业中的实物资产进行数字化处理后转变为 NFT，并上传至产业生态平台，生态参与方可以自由参与 NFT 的价值交换，不仅可以提高资产流动性，还能加速产业经济的运行效率。目前主要应用场景有游戏道具、

---

① 关于如何进行"价值网络协同"笔者在 6.8 节着重说明。

艺术品、收藏品、门票等领域，而未来则可以扩展到诸多领域。随着区块链等数字技术的成熟、NFT 的资产类型被越来越多的人所接受、NFT 资产安全性的逐步提高，它将逐渐可以成为连接现实世界资产和数字世界资产的桥梁，企业、机构或个人将现实世界的资产通过 NFT 的方式映射在区块链上，人人都可以创造及获取 NFT，这可极大地提升资产的流动性和交易范围，有效降低交易成本和门槛，进而为资产扩展更大的增值空间。

在数字资产化方面：以区块链中台实现资产数字化，提升资产流通效率。

互联网时代，数字化成为企业生存基础。随着信息技术的发展，物理世界与数字世界深度融合，在此过程中，传统资产或资源的数字化，以及网络原生数据和映射数据的资产化等一切以数据形式存在，具有独立商业应用价值或交换价值的资产成为驱动数字经济发展的关键。

数字资产是数字经济发展的基石。2020 年 4 月 9 日，中共中央、国务院印发《关于构建更加完善的要素市场化配置体制机制的意见》，强调要推动建立数据要素市场体系。区块链在跨部门、跨公司、跨产业数据共享方面具有天然的优势，各相关主体将海量有价值的数据资产进行确权、流通和利用，将是未来支撑分布式商业体系中具有价值的人、事、物等资产的高效流通和线上 / 线下场景需求满足的基础。

为了提高资源的可信度、利用效率及其经济价值，则需实现资源的"上链"。我们通过区块链中台体系的数字资产化模型（如资产数字化定义、确权、上链、定价、交易、激励、溯源等），为数字资产化提供有效路径，使数字资产在使用、管理和流转过程中既能获得收益，也能帮助传统资产或数字资产更好地实现流通和转移。依靠区块链技术实现平台数字资产的真实性验证、确权和可信共享，并且在区块链所构建的信用机制和交易平台的供需匹配机制下，数字资产也能更加自由、高效流通，在此基础上外部资源（包括用户、合作伙伴和其他价值相关者）才会更有意愿加入平台，内部资源也才能更好地被利用起来参与价值活动。

具体来说，针对诸多业务场景，区块链充分发挥了可信数据共享能力，让一线运营端通过一个简单的接口或 App 客户端就可以把产品的各个节点运行的资料/资源、投保资料、资质证明，以及新内容的平台（包括图文分享平台、视频分享平台、知识付费平台）或者可共享的资源等发布到区块链平台上，各个节点通过核实后，即可对之进行确权。对于不需要中间环节参与的信息也可以通过物联网感应器实时感应数据，并上传至节点，及时完成鉴证确权。而资产上链确权的核心是：资产定义、确权保证及流通转移（见图6-9）。

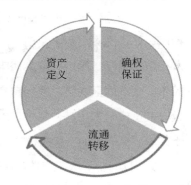

图 6-9　资产上链确权模型

（1）资产定义：为了衡量和确定可共享资源，并基于区块链技术完成资产登记，一切具有使用价值或存储价值的资产都可以进行定义和登记。具体的定义过程中，可以通过一定的标准格式将该有形实体资源或无形虚拟资源编码，通过编码来准确对应，一码一物，并上传至链上，保证该资产的唯一性。当然资产的定义也可以利用分布式存储项目星际文件系统（interplanetary file system，IPFS）来实现，即存储文件内容的哈希值，基于文件内容进行寻址，且用文件币（filecoin）协议作为激励。

（2）确权保证：区块链本身具有不可篡改的特性。当资产记录在区块链系统内并签名认证后，就具有了唯一性，然后就可以通过在链上存储哈希值来防止伪造。如有需要，在签名系统中，可以通过监管机构和资产发行人一起签名来明确资产的所有权、使用权或其他权利，或者向发行人授权某个特别的数字证书，以证明资产的权威性。而后通过资产授权协议来定义所有权和许可权转让。资产的区块链确权是链上资产权益化和证券化的基础，当然，在具体操作层面还需要保证链上资产与链下资产之间的对应关系。

（3）流通转移：资产的使用价值决定了其流动性能。普通的无记名资产，如优惠券、数字货币、股票、金融证券等，可以在区块链网络上发行数字资产。用户只要掌握密钥即掌握了资产所有权，也可基于跨链技术实现不同区块链之间的资产互通和流量共享。所有权明确、流动性较好的资产，如房产、汽车、单车、家庭或企业固定资产等，可以借助于共享平台的价值交换协议进行供需转移和流动[30]。

如图 6-10 所示，趣链科技的"铁皮石斛保健品溯源方案"架构就是针对铁皮石斛保健品的供应链上主体将各环节有关铁皮石斛的信息录入系统中，追溯铁皮石斛所需要的完整信息，包括种子来源信息、生长环境信息、种植采摘信息、生产制药信息、销售信息等。利用区块链技术将带有时间戳的信息形成区块存储在分布式账本中。终端用户利用手中持有的公钥查询溯源信息，实现对石斛的生长、生产及流通全过程的监控。区块链技术为铁皮石斛供应链全流程提供了技术支撑，实现了其从生长、生产到消费全过程的可追溯。一旦发生了安全意外事件，通过铁皮石斛溯源系统可以更快速、准确、方便地被共享和利用并定位到发生问题的环节，明确责任主体，及时召回问题保健品，遏制问题蔓延势头。

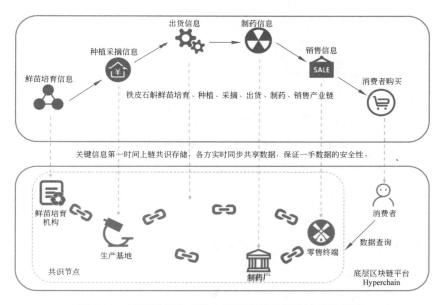

图 6-10　趣链科技的"铁皮石斛保健品溯源方案"架构

系统上层为铁皮石斛鲜苗培育、种植、采摘、出货、制药、销售产业链的业务层。业务层记录了铁皮石斛从种子的培育到种植再到制药最后到消费者购买的所有信息流，并支持消费者扫码查验，极大提高了消费者的消费体验。同时，在该溯源体系的分布式网络中，溯源信息来源可查、去向可追、责任可究，有效强化了全过程质量安全管理与风险控制。开展追溯体系建设，有利于增强政府监管部门发现和处理问题铁皮石斛的能力，提高铁皮石斛安全监管，改善和优化铁皮石斛消费环境，保障铁皮石斛安全；有利于消费者查询和维权，改善消费预期，提升产品品质感，为产品增值。

各个节点基于区块链网络进行高效数据共享与验证能有效保障数据的真实与可靠。这些节点数据的实时共享往往是获取一线业务场景最真实资料的有效手段，区块系统中节点的数据更新频率越快，数据系统越完备、越真实，机器的预测和评估越准确，场景的决策和策略的输出也越有效。数据可信是网络资源可信的前提之一，在可信网络和可信数据的基础上展开各角色关系之间的连接、信息交互、资源整合、价值创造等价值活动，并通过全域场景的分布式触点管理，即价值信息、知识、数据、产品等资产交叉共享、委托或转移的实时管理，能有效促进资源在各组织之间的互通，提高各组织协作效率和组织的运行效率。

未来，产业高质量发展还需相关主体通过区块链技术重塑共享经济发展模式，在业务场景的前台和承接业务、中转数据的中台及强资源支撑的后台建设等基础上，通过提供开放 API 等方式，面向场景、各业务、各角色提供赋能支持和解决方案支持，这将成为区块链时代分布式商业生态运作的核心。企业需求方或生态合作伙伴可借助平台的基础设施及生态资源，以 API 方式接入其生态资源，开拓属于自身的业务市场，并获得相应的收益。

此外，资源数字化与数字资产化还需解决资源共享的安全保障。例如，在线下的很多无人零售场景中，线上线下同价及零售场景中实物的安全监控使得无人零售中的商品资源可以更方便地被共享和利用。同时，相关企业主体通过解决信息不对称（即开放平台的建立）和数字化资源共享的安全保障，更利于外部资源的大量涌入，使得平台可利用的资源更多，客户价值也越容易被快速满足，个人价值也可以通过资源的赋能，实现本有能力的有效利用、潜在能力的有效开发以及个人意愿的有效引导。

例如，人民网自主研发的"人民智作"平台就是大资源赋能小场景及其业务需求的建设逻辑。平台集聚人民网自有资源及党政、媒体、渠道、产学研用等资源，为社会创作力量提供汇集政策指导、方向引导、选题参考、热点搜集、素材资源、创作工具、渠道传播、运营培训、内容创业等功能于一体的社会创作力量大资源服务中心。该平台引入中台策略，在具体设计过程中采用区块链与分布式账本技术对聚合资源的集约化进行整合融通，以提高中台运营效率、提升流程自动化程度与降低经营成本等，并为社会创作力量输送个性化的资源服务，助力社会创作力量智能化写作，引导社会创作力量规范创作和有序发展，使创作者能在各个平台上更安全、更高效、更便捷地生产内容，为平台的全体参与者创造价值、共享收获[26]。

6.4 角色定位：找到位置，重塑价值，为系统创造价值

分布式商业生态建设的前提是明晰各分布式场景中有哪些角色及各角色之间的利益关系和需求。在生活或工作中，人们进入不同的场景就会扮演不同的角色；一个角色对应一份职责和使命。例如，当人们进入家庭场景，其角色就是丈夫或妻子，职责就是造就温馨的家庭氛围，使孩子和家人健康成长与生活。当人们进入办公场景，其职责就是做好我们应该做的工作。

换个角度来说，通常所说的角色其实就是在特定场景中有关简单或复杂的人际关系的社会约定和承诺，这种人际关系一般通过义务、职责、权利来定义。例如，在企业中，管理者的任务和职责是为实现组织目标而进行筹集和配置资源，通过相应的管理手段，建立相应制度或秩序，营造相应的文化氛围，组建相应的团队，并使其快速地实现由总体战略目标分解下来的组织目标；其基本手段就是计划、组织、激励、协调、控制和领导等。

就价值重塑来说，"场景界定、角色认知、行为期待"是梳理场景

价值的核心逻辑。界定场景的过程其实就是发现机会的过程，这个机会可以从人们生活的方方面面去洞察，因互联网和区块链对人们的生活影响甚远，原有的场景解决方案在新环境中"水土不服"，每个原有场景都有机会重新去定义，发掘其深度价值，提升场景人群的生活体验。

角色认知是根据界定的场景，明晰场景中的人物角色，找到该场景的主要矛盾现象是什么，矛盾主体是什么，场景中的各个人物关系是什么，场景中各角色的行为习惯和行为动机是什么，影响各角色的决策是什么，就如某一电影或戏剧中的某一有意思的场景一定是既有人物关系，也有场景矛盾，还有场景矛盾的解决方案和做事流程。当关系更加明确清晰，才能更清楚地界定问题，找到矛盾产生的底层原因和解决场景问题的关键要素，才能更高效率地解决好场景中的矛盾。也就是说，解决好场景问题的前提就是梳理清楚场景中的人物关系、角色定位与角色胜任力条件。

角色定位主要是指企业或个体在市场中扮演什么角色或通过原有角色的转换，明确职权，确定任务，驱动场景目标的快速实现。当然，这里的角色转换还指企业在场景这个舞台上通过连续场景的角色扮演和角色转换而实现自身的需求、目标和价值。

在角色定位之前，企业或个体还需分析自己的角色胜任力，知道自己有没有能力为组织在角色范围内创造价值。例如，一个专业的人力资源总监（human resource director，HRD）就需要既具备一般管理者的基本知识和能力（如战略分析、组织诊断、人力资源规划、企业文化、领导力、变革管理等），也需要承担业务伙伴的角色，有业务部门的相关工作经验，还需要充当员工服务者的角色，与员工建立有效的沟通和信任。

一个时代，造就一系列场景，企业或个体在不同的场景中有不同的角色定位。如在现实生活的不同的场景中，有时候是用户，有时候是服务者，其角色经常彼此切换。企业的产品或服务往往需要其在解决场景实际需求的同时，也能解决由场景带来的附加需求。这就需要企业通过自身的角色转换或企业内部服务人员的角色定位或转换来实现场景的综合需求，而其中的前提是组织内外部人员要有 U 盘化人才属性，能在不同场景扮演不同角色。

就企业角色来说，定位不同的时代，企业在市场链或行业中都扮演不同的角色。智能互联时代的到来是从大数据、人工智能、区块链等 IT 信息科技的广泛应用开始的，由此也引发了产业革命，使得各产业链重塑，社会经济也逐渐演变成一种新的互助共赢、共享共担的社会经济运行模式和新的社会文化，从而改变整个社会形态。IT 时代让企业信息化系统由原来的业务配合角色转换为业务支撑、骨干角色，以便使企业更深入地参与业务创新。随之而来的便是 IT 信息化职能工作权重的改变。

例如，从之前的百度连接人与信息，腾讯连接人与人，阿里巴巴连接人与商品；到现在的 BAT（百度、阿里、腾讯）的角色扩大为做一个超级连接器，通过 BAT 的生态布局实现万物之间的连接，进而达到全场景的服务生态，以此升级企业的业务发展方向和业务布局重点。

在第四次零售革命（即新零售）中，消费者对产品或服务的要求不仅仅是"低价""便捷"，而是呈现出需求个性化、场景多元化、价值情感化的体验升级趋势。而技术端日益升级的感知、互联和智能水平恰恰适时地回应了新的变化，使得新零售的"人在其场、货在其位、人货相匹"的供应目标效果得以实现。

滴滴出行为了更好地解决出行场景的服务需求，则需要针对出行场景对乘客和司机两个角色进行全方位了解，例如，他们在该场景中的需求是什么？他们具有怎样的特征？他们加入滴滴出行平台或使用滴滴软件的立场和出发点是什么？等等。

场景，实际上是一个社会学中的词汇，为了使场景中的人们能长时间留在该场景或频繁来到该场景，需要在特定的场合中根据需求设定互动角色。例如，为了使顾客就餐时的体验更好，海底捞给服务员较大的决策权和自主权，使其可以有资格充分与顾客互动，以便及时满足其需求，形成特定角色扮演，了解到扮演该角色需要履行的职责和需要解决的问题。这是数字化时代，对"以人为本"价值主张充分践行的一条通路。

所以，笔者认为企业转型的过程首先是企业角色转换的过程，角色转换了，其工作胜任条件、工作任务和工作重心就跟着转换了；角色转换了，其在市场中或价值链中的地位自然也发生了改变，其使命、愿景自然也升级了。也就是说，企业的角色转换带来的是一次系统的升级，因为这种角色的转换带动的不仅是企业的外部地位和市场价值的转换，还带动了企业内部角色的转换。

总而言之，如今时代不同了，生活场景、工作场景、管理场景等都发生了很大改变，人们的思维方式、行为模式及技能等也应随着市场需求和角色胜任力条件应时而变。企业或个体角色的转换主要因为其进入了与原来不一样的场景，这种场景的变换，本质上是因为商业环境的变化，环境一直在变，场景也一直在变，企业或个体角色转化的目的就是为了适应变化，并以角色胜任力支撑场景业务的正常运转和自身价值的最大化发挥。

就个体角色定位来说，角色认知与角色定位也是个人分布式协作的基础。场景是动态的，进入不同的场景就相当于进入了不同的舞台。有的场景变化比较快，需要人们时常转化角色；有的场景变化比较慢，人们只需扮演某一角色，然后尽职尽责地完成角色赋予自己的工作和使命。在分布式商业时代，人们也是通过角色扮演来进行组织内外的协作的。

一个组织通常需要多个不同角色进行通力协作来完成组织目标。对于企业或个体来说，能做的就是拥有扮演不同角色的能力。然后，真真切切地体验场景中目标主体的行为习惯、行为动机，以及洞察影响用户决策的要素，并以此提出更有效的价值主张，然后以个体的专业能力，协同组织一起完成特定的目标。

例如，数字化时代，管理者的角色需要由之前较平稳环境下的战略性任务的绩效薪酬管理及领导团队作战，转变为变革团队的组建者、创建并传递变革愿景、发现变革的约束条件并消除，以及根据关键节点创造短期成效，让变革初见效果，鼓舞团队士气，给老板建立自信等。

另外，在一个生态系统中，生态角色的定位也是可信网络生态运行的基础；区块链可信系统是一个天然的经济生态，角色界定是处理好生态中各角色利益关系的前提，要厘清在生态系统中的生产者、消费者以及其他利益相关方有哪些，各个角色之间的原有利益点是什么，如果上链经营后如何平衡他们的利益关系，等等。在区块链系统中每个生态角色都发挥着不同的价值，这些生态角色通过在区块链系统中获取资源，汲取养分，进而创造价值。

6.5 数字身份：个体在分布式商业中的通行证

随着互联网的发展和新兴技术的成熟，虚拟世界与现实世界逐渐实现深度融合，与现实世界一样，在虚拟的互联网世界中，我们也需要一个属于自己的虚拟通行证。

数字经济时代，个体一般以数字身份在各个生态中游离，他们通过数字身份来实现跨系统、跨生态的业务协作。生态连接、角色定位、生态协作等的基础都是数字身份。在数字世界中，每个个体都可以通过数字身份实现个体意志、个体能力等的真实表达，借助于数字生态，个体价值也会更容易实现最大化体现，因为数字生态铸就了更多的生态连接与生态价值传递机会。

数字身份是数字世界与物理世界实现融合统一（或是元宇宙）的基础设施，元宇宙作为一种超越现实的虚拟空间，人们在其中参与价值活动少不了能可信地承载人/物的资产权益和社会身份。本节所述的数字身份亦是驱动用户可在元宇宙中进行社交、娱乐等价值活动的基础要素。不论行业组织或个人或是具备信息传输、信息存储的智能硬件等均是以数字身份在数字生态中实现游离与价值互动的。

在中心化的互联网世界中，身份核验过程复杂，身份在各个系统中互相独立，且存在着身份冒用、身份篡改等安全风险，并且用户对于由原有数字身份而产生的数据/内容管理缺乏自主权，极大限制了个体在数字世界中的自由连接效率。

在数字经济时代，数字身份是实现个人数字资产所有权确认和转让的基础。尤其是在分布式商业生态中，不同主体之间的高效协作更加需要数字身份作为支撑。目前，IBM、微软、埃森哲等跨国公司均在打造数字经济时代的"去中心化身份认证系统"，致力于推动数字身份标准建立和"个人身份自主"这一目标的实现。万维网联盟（World Wide Web Consortium，W3C）目前已定义了一整套全球唯一的、通用的、标准化的、可机读的 DID 分布式数字身份标识符。

数字身份的建立有利于增强业务协同力度，降低协作与交易成本。在区块链时代，基于其分布式存储、可追溯、防篡改等特性，一种安全、可信、互通的数字身份得以建立，某些涉及跨业务操作和协同的业务场景（如跨机构转账），将不需再通过中心化机构的身份验证、映射、管理等复杂流程，不同主体之间的业务协同将更加简易、流畅。每个人都可凭借数字身份在互联互通的去中心化数字网络中自由连接，自由协作，自由交易，既能降低交易成本，亦能提升协作效率和跨业务之间的协同水平。

笔者认为，在分布式商业生态中可信数字身份是生态发展的基础设施，只有分布式可信数字身份体系建立后，数字商业与现实商业才能更高效地实现有效融合。如图 6-11 所示，一般地，用户可以在区块链上通过"创建身份""了解你的客户（know your customer，KYC）""更新认证"等管理方式来认证数字身份的真实性和所有权，即基于区块链网络联盟统一信任源管理技术机制，建立统一的用户身份认证入口，将各业务信息系统既有的身份管理系统认证方式与区块链网络联盟的统一信任源认证方式，进行身份认证入口集成，实现基于多种认证体制下的跨认证体制、跨信任域的统一身份认证服务，满足跨业务系统的用户身份互信和系统互操作 [31]。

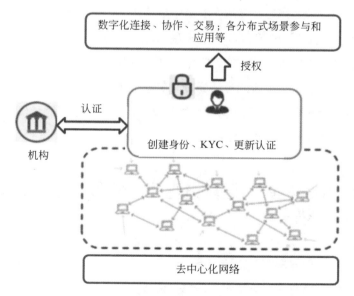

图 6-11　分布式网络中数字 DID 管理与应用

当然，相关组织也可以通过第三方的可信任机构——认证中心（certificate authority，CA），把机构的公钥和机构的其他标识信息绑定在一起，完成可信身份的映射，且一些非敏感的私有信息，以及一些通过脱敏处理或隐私保护方法处理后的信息，在分布式网络里公开且能被访问。这些分布式数字身份可以在多个互通的区块链联盟网络中授权通用，省去了多次注册的烦琐流程。

例如，京东区块链部门的统一身份认证平台可为生态内的所有应用提供身份认证服务，同时系统可以关联企业端与用户端的身份信息，并为进入京东区块链体系内的用户验证身份并发放唯一的证书。此外，京东也引入了一些新的技术为数字身份认证的隐私提供解决方案，如安全多方计算、零知识证明等，旨在使区块链在身份管理方向发挥最大的价值，通过身份信息上链，将零散的身份信息聚合，服务更多的业务场景 [10]。

分布式数字身份作为数字经济中个体实现价值创造、交换、转移等的通行证，基于分布式账本可以满足点对点的高效认证与交互，有助于实现数字生态中人、事、物等安全治理与高效流通。未来，随着分布式数字身份嵌入越来越多的生活场景，在分布式网络中的端到端可验证组织网络交互更便于在多场景和多个系统之间实现数据互通与价值联通，促进分布式商业进一步成熟。

6.6 可信连接： 区块链驱动的分布式商业市场运行逻辑

在多变且复杂的商业环境下，市场失灵现象尤其严重，各种"黑天鹅"事件时有发生，其本质是信息失真或信息不对称所导致的，市场失灵导致资源流通与资源配置变得低效。

市场是实现供需交换的一种场所，在区块链等信息技术革命下，市场边界和交易边界逐渐趋于消失，同时也让交易行为变得更自由，让交易范围变得更广阔。以哈耶克为代表的新自由主义经济学流派主张私人企业制度和自由市场经济，认为这是维护个人自由和提高经济效益的最好保证，同时也提出保障个人的私有产权对于市场经济高效运行的论证。哈耶克所主张的"自由市场经济"与本书所提出的个人自由、组织自由，以及在这种自由下催生的分布式商业生态观点一致。笔者认为，分布式商业生态是自由市场经济走向成熟的基础，这种生态结构与经济结构使每个公民都可以自由自主地根据其意愿与能力做出决定，可以极大地调动他们的主观能动性，发挥出他们的聪明才智，每个个体都能自由发展，极大提高互联网经济的运行效率。

市场经济的运行效率与科技水平、基础设施、产业供需信息结构及经济内在运行机制等有关。

在传统市场经济中，信用危机、资产安全危机、质量危机，以及市场资源利用率和供需匹配效率低下等问题普遍存在。目前，大数据、区块链、人工智能等新兴技术的崛起使得传统经济的增长方式逐渐向高科技、高附加值的现代化经济增长方式转变。这些新兴技术为产业链信息整合、资源共享等提供了有力支撑，有效地改进了信息失真或不对称信息对市场资源配置的限制。尤其是在区块链技术下，分布式网络中各节点的可信信息可以实时共享在多个产业联盟平台中，既解决了信息的失真，又解决了信息不对称性和不完全性。

因为在区块链网络平台上，任何数据、信息或资产都可以被分布式验证和确权，且基于分布式网络（Web 3.0）的可信数字身份信息管理、信息溯源等网络信任服务，能够有效解决数字网络中身份鉴别、资源管理、行为审计、事件追查等系列信任问题，为塑造一个基于可信网络连接架构的可信的商业平台和商业环境奠定了基础。在区块链所铸就的可信商业环境下，不同个体之间可以自由可信连接，极大提高了不同主体之间的交易与协作效率，同时也降低了交易与协作成本，为数字经济时代市场经济运行效率注入活力。

近年来，我国着力推进资源的有效配置和供给侧结构性改革，推动中国经济走向更高阶段和更高水平的平衡发展。要想实现资源的有效配置需要实现数字资产的有效确权和转化，其中的关键在于实现权益证明的数字化，用数字化的方式确认数字资源所有权的归属。区块链的核心作用就是实现资产的高效确权和流通。区块链技术所形成的可信数据、可信资产、可信协议等为私有或共有产权共享、转移、交易及经济的高质量发展提供了保障。

基础设施的完备性也影响着中国市场经济的供需效率和运行效率。在分布式商业生态中，分布式存储设施、分布式计算设施、分布式信用体系、分布式协作体系、分布式金融体系等也是分布式商业经济运行效率的主要影响因素。因此，发展好分布式自由市场经济还需完善可支撑分布式商业经济运行的基础设施。

市场经济的运行效率也与其内在的运行机制有关。诺思（North）从经济史的角度出发认为制度的主要作用是调节人类行为的规则，有约束机制，也有激励机制。区块链亦有一种基于 token 的内生激励机制，笔者亦在第 4 章中将通证激励列为区块链应用中的重要思维之一。这种激励与约束机制使得人们对于提高参与主体的主观能动性、利益主体的选择偏好性及供需主体的资源协调性等都起到了引导作用。

分布式商业环境下，生态型、分布式组织管理成为一种趋势。但与此同时，传统分布式模式的风险会造成信用成本太高，协作效率低下。以区块链为核心的信息基础设施建设为可信连接提供了基础，可信连接也为数字经济高质量增长和市场经济体制的全面改革提供了重要推力。笔者所倡导的分布式商业也是以不同主体之间的可信连接为基础发展条件，在区块链技术赋能下，数字经济时代下的市场经济也将迎来更深层次的效率变革。

如图 6-12 所示，建行区块连贸易金融平台利用区块链技术打造的金融服务 3.0 生态可在多个金融机构之间实现可信连接。平台通过区块链技术保证各节点数据在存储、传递、使用过程中的真实性，同时也通过使用隐私计算技术满足数据在存储、传输、清洗、应用等全生命周期的安全可靠，为多方业务主体之间的交互往来创造可信环境，利于产业各方可信连接，各节点可以实时将数字资产 / 信息同步到区块链的参与方，并基于此实现生态协作、金融服务供需高效匹配等业务目标。

图 6-12　建行多主体系统可信连接赋能金融服务案例落地方案 [32]

6.7　分布式治理：营造公平高效的商业协作环境

分布式商业是一种多角色参与、平台支撑、多方协作、资源共享、协同共生的新型商业形态。随着网络中参与节点数目与网络连接数量的不断增加，以及参与主体、业务线条的不断增多，难免会出现协作不畅或资源分配摩擦等问题。同时，网络中各个利益主体的不同利益诉求，会加剧组织内部的数字资源分配与合作协调难度，在此情况下，传统的组织治理模式可能存在失灵风险。因此，我们需要积极探索这一阶段的新兴治理模式 [33]。

与公司治理一样，分布式商业中的分布式治理也是基于数字化技术，通过建立健全的组织治理制度体系和数字化决策、监管体系，强化场景感知、科学决策、风险防范能力，实现平台利益相关者之间资源供给或配置的有效性和合理性。

在数字经济时代，基于数字化技术和网络平台的分布式治理将是未来组织治理和社会治理的主流。据中国信息通信研究院《中国数字经济发展白皮书》中介绍，在数字化治理体系中，就治理主体而言，部门协同、社会参与的协同治理体系加速构建；在治理方式上，数字经济／数字化技术推动治理由"个人判断""经验主义"的模糊治理转变为"细致精准""数据驱动"的数字化治理；在治理手段上，云计算、大数据、区块链等技术增强了科学决策、风险防范能力。

具体来说，在网络化、数字化、分布式商业背景下，数据已经成为各企业、各产业、各经济体间竞争的关键因素，此时数据治理就成为企业治理、产业治理和国家治理的重要基础。

而数据治理的有效性与高效性就在于提升数据的透明性。数据收集、审核、存储和共享流通等过程均透明地进行记录，并以溯源问责的方式进行隐私保护和为解决数据垄断提供依据。数据存储、处理和共享流通等过程的透明性和可溯源性使决策数据可审计和促进数据决策可信 [34]。

图 6-13 是基于分布式可信网络的数据治理（最小化）流程，分布式治理的基础是在分布式可信网络上开展数据收集、验证、共享（广播）、

处理、反馈等。区块链技术的出现为人们提供了一种新型的数据／组织治理模式。区块链以"非中心、分布式、自组织"来颠覆传统的商业组织和商业模式，它通过分布式记账、加密算法、共识机制等，代替一个集中化机制来保证各业务环节的公平和可信，极大促进了各节点之间的可信协作和可信交易。因此，区块链为分布式商业的"平民化""可信化"协作环境的塑造创造了有利条件，对现有的生产关系和企业治理结构的变革具有较大影响。

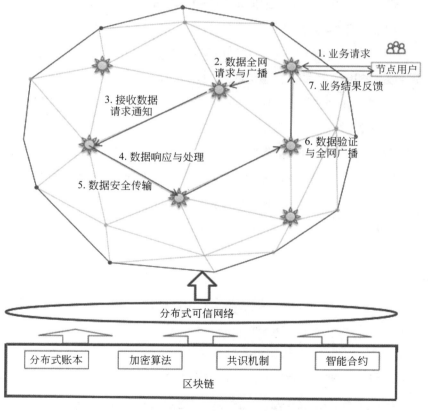

图 6-13　基于分布式可信网络的数据治理（最小化）流程

在区块链技术塑造的治理模式下，任意节点的权利和义务都是均等的，每个节点都有较为完整的系统数据信息，各方数据能高效准确地实时更新，且能基于对等网络（peer to peer，P2P）更高效、透明地交互，在 P2P 网络、节点数据互联、智能合约嵌入等方式下，能有效提升实时监测、动态分析、精准预警、精准处置的能力，并可进一步通过智能化的数据治理方式提高治理模式与治理水平的现代化。产业平台或组织在此基础上能够有效降低交易成本，提高协作效率，并且实现网络生态环境下各参与方在利益、地位等方面的平衡与对等，以更好地推动分布式节点的关系维持与运行。

例如，基于区块链分布式网络可建立可信数据分享、互助协作与监管监督机制，有助于打通跨地区、跨行业、跨层级、跨部门的不同机构、不同主体间的信息壁垒。此时各部门、各机构之间通过区块链技术能实现销售数据、库存数据、回款数据、审计数据、财务数据等不同场景、不同节点、不同功能的数据共享，能有效解决产业协同难、服务联动效率低下、数据造假、逃税漏税、逃避监管等问题。在区块链技术变革下，可极大地促进分布式管理及分布式商业生态逐渐成熟，在此背景下，组织管理也慢慢从关注内部逐渐发展到聚焦于外部生态网络中的共生形态。

而在具体的治理方式方面，一般来说，治理需要解决的问题是：如何衡量工作量与贡献并分配利益？如何保证投资者的投资回报？如何平衡组织内各角色之间的利益和冲突关系？等等。在分布式商业环境下，社区治理取代公司治理模式，社区共识机制是分布式自治组织达成一致行动的基础。而社区达成共识的手段之一是投票，社区不同的节点类型拥有不同的投票权力，平台可以设置自己的投票权益模型，每个社区成员或利益相关者都可以基于该模型了解到自己的投票权。例如，在

DPoS 系统中的治理机制中持币者相当于股东，持币人选举受托人节点的行为相当于通过股东大会选举董事会。一般持币量越大，其拥有的投票权也越大（在区块链世界中，一般遵循算力即权力的法则）。不过在分布式治理体系中，权力都分散在各个分布式节点中，避免权力集中化带来的滥用。

一般来说，为了确保投票的公平性，一般设置投票抵押资产机制，当社区成员正确执行验证人的行为时，将会得到良好的报酬，如果社区成员偏离了验证人的行为准则，他们抵押的资产将会被削减。

当社区内共识达不到一致时，就会出现分叉现象，社区通过分叉来解决共识问题是使分布式商业生态健康发展的有效方法。

每个分布式自治社区也需要有相应的规章和行为准则，一般是用自然语言来描述的社区总章程，用来指导社区成员的行为规范，也是解决利益相关者争端的指导原则，相对公平。

对于分布式商业生态中的治理结构，一般采用基金会治理模式，主要由战略决策委员会和职能/执行委员会组成。执行委员会一般由战略管理委员会、技术委员会、市场及公共关系委员会、财务及人事委员会、监督委员会等组成。每种委员会都会被赋予相应的权利和职责，例如，战略决策委员会一般负责重大事项的管理与决定。在决策过程中，只有合理平衡好各利益主体的利益诉求，进行有效的数字资源分配、组织协调、权力平衡、利益分配等，并在分布式网络链条上形成价值共创、利益共享、风险共担的协作意识，才能发挥网络中各节点企业/个体的创造力，实现企业数字化转型的价值增量。

此外，分布式商业运作的核心是通过分布式协作、分布式治理等方式解决诸多分布式事务问题。因此，在具体的事务流程中还需要设计一系列交付目标、相应的控制程序和时间节点，以及评价执行效果的关键指标等。一般情况下，处理这些相对稳定且有一定规律的事务，都借助于智能合约来执行。对于复杂的事务处理则需要借助于人工智能技术，将区块链技术与人工智能技术相结合，识别较复杂的交付成果和工作量，并根据工作量给予相应的奖励。我们以这种智能化治理方式代替传统的人工治理方式，能极大提高治理的效率与公平性，以及分布式商业协作效率。

总体来说，分布式商业生态中的分布式治理是以预定生态规则和价值共识为基础，融入各方参与角色实现基础平台区块的构建，所有生态企业的业务在一套以分布式网络为底层的可信操作系统上运营，数据分布式验证、确权，互联互通，更利于实现智能协同与分布式协作。分布式治理将成为数字经济时代一种主流的组织治理形态，这种治理形态在企业内部以业务中台和数据中台的互联互通为基础，在企业外部以资源、能力等互补创新及事务解决为基础共创合作。企业通过系统内外部资源、业务数据、业务流程等跨部门、跨区域的实时流通与互动，共抓机会，共御挑战，推动打造全链路、全场景协同的分布式商业操作系统，灵敏应对复杂多变的市场环境。

6.8 价值网络协同：造就多场景融合的持续进化能力

在数字化时代，企业或个体的增长能力与其"在线"能力成正比。因为互联网的连接能力使得一切都在重构，如认知重构、价值重构、供应链重构、组织重构等。这些重构中自然而然地融合进了跨界思维，行业边界被打破，企业的无边界生存和基于网络节点的分布式协作等生存特点愈加明显，使得企业的经营范围更加广阔。于是，造就了商业世界中更加关联的价值网络体系和企业更加开放的格局，随之而来的是商业生态系统逐渐被衍生出来，越来越多的产业级企业开始以"生态思维"去经营企业，企业的价值（产品服务）多元化、自组织工作形态以及协同进化共生等成为企业的基本形态（这也是生态型企业的显著特点），一种全球化的分布式商业经济也会在区块链技术支撑下成为可能。

在互联网（生态）时代管理的效率不仅仅来自分工，更来自协同，因而要求组织或个体具备一些新能力，如强连接能力、协同能力、以价值网络为基础的共生共创共享能力。组织或个体可以基于这些能力更容易找到自己的角色，并基于 Web 3.0 体系，自由连接，自由协作，自由发挥自己的价值。

其实，很多时候基于场景进行创造价值或连接匹配，主要还是以价值链 / 价值网络为基础。例如，司机在滴滴出行平台上进行相关的价值活动时，需要依托滴滴出行平台所构建的价值链体系，按照滴滴出行平台的流程和制度（如信用机制、供需匹配机制、服务流程等）服务于乘客，并获得相应的价值回报。

一般来说，企业在满足某一场景人群需求时，其满足需求的闭环服务过程都需要与外部企业进行战略合作，以弥补其服务链的短板。例如，在滴滴出行平台上，滴滴与腾讯公司达成战略合作，微信 /QQ 端有滴滴打车的入口，在滴滴出行平台中的支付环节又充分嵌入微信支付，完成从获取需求、供需对接、完成支付到服务评价的全链闭环。

在分布式商业时代，场景成为企业的核心资源，优先获得场景的服务机会是场景时代企业之间发生竞争的主要驱动因素。例如，对于最后一千米场景的争夺之战，里面涌现了多个物种（如小黄车、摩拜、小蓝单车等），通过免费、补贴等方式来吸引场景人群，进而获得服务机会；而最终可以获胜的物种一定是通过进入某一生态，获得强大的资源，并以强大资源支撑物种的快速成长。所以，企业要做的就是通过加入某一生态，获得优质资源，通过生态价值网络系统的资源扶持或赋能，努力提升顾客体验，让顾客可以持续进入你的服务链，即让顾客持续地获得场景的闭环服务。

在布兰德伯格（Brandenburger）与纳尔波夫（Nalebuff）提出的价值网络模型中，价值网络被认为有 4 个核心组成成分，分别是顾客、供应商、竞争者、生态合作企业，并形成如图 6-14 所示的竞争与合作的关系网络。

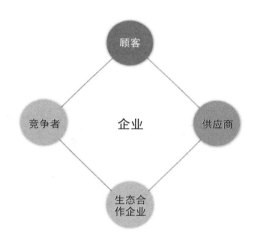

图 6-14 价值网络模型

而在分布式商业中价值网络的构建主要是以多场景之间的融合为主要目的，以顾客价值为核心，以组织之间的互利合作、共生共赢、共担共享为基本前提，提高各组织之间的信息、知识、渠道等的互通、互补与共享，从而形成相互连接的价值共同体，在价值共同体中，企业内部角色多样，多元分工，他们的分工主要是以用户需求为主要出发点，而后建立小微组织，通过小微组织与顾客 / 用户之间多向互动，而进行相关的价值活动，满足其需求。

分布式场景的一体化解决方案往往也是一个价值链。当企业解决了核心场景的相关场景需求或痛点后，企业的价值链自然就构建了起来。当然，这种多场景的融合或价值网络的构建都应该是以某一用户群为核心，以满足其生活工作的一体化需求为目标（见图6-15）。

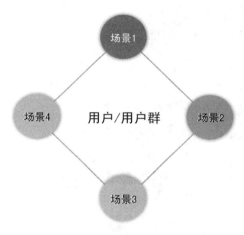

图 6-15 基于场景的价值网络模型

价值网络里每一企业的角色都是以服务需求为目标，并且企业在不同价值网络里扮演多样化的角色，在这个系统中可能是场景服务主体的合作者，在另一个系统中可能是服务主体的竞争者。所以，价值网络里各角色之间的关系是互利共赢、共生共担以及竞争等关系，已经不再是管控与命令式的关系。此时，用户需求成了分布式商业主体之间互利合作的主要驱动力。

基于这种角色关系，我们发现当多场景发生融合后，简单的生态系统就自然构建了起来。多场景的融合其实就是生态环境的再现，基于场景融合的多角色互动就可以产生协同效果[1]，在多平台、多业务协同中实

---

① 多场景协同的表现形式往往是多平台、多业务协同。

现连续场景的服务串联，即在多场景融合中获得多场景的持续服务能力。而这种价值网络模型的建立也需要基于多场景的可信共享价值网络，随着价值网络中参与节点的数量、类型等的丰富，以及网络数字化转型的深入，各参与主体间的连接成本、协作成本及交易成本持续下降，不断促使企业进入价值网络生态体系，形成大规模协作连接。此时，各节点、各主体就可以基于价值网络更及时地感受到各场景、各节点变化，并借助于前台、中台、后台系统灵敏地对变化做出反应，可信连接相关产业资源，协同多方力量应对之，进而产生持续进化的能力，造就更大规模的商业价值。这也是产业区块链建设的关键。

如图 6-16 所示，趣链科技的物流供应链平台就连接物流企业、金

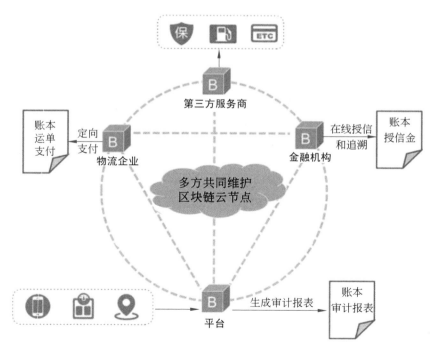

图 6-16　趣链科技的物流供应链平台的价值网络协同架构

融机构、第三方服务商（油卡、ETC 等）、保险服务商、物联网（第三方数据源，IoT 设备等），以及运营平台等参与方，互利合作，共生共赢。通过业务参与方达成共识的智能合约和多主体之间资源的共享，实现将企业真实的产权数据、经营数据、运单数据、车辆轨迹数据等共享，通过数据汇集、审计、量化为数字资产，形成资产支持信贷融资创新模式。其中，以物流企业和保险服务商为例，实现数据实时共享、降低数据交换成本，同时也为物流企业降低信贷成本。

该供应链物流平台基于趣链科技自主研发的区块链技术，依托 Azure 云处理能力，实现最高每秒 10 000 笔的业务处理能力。在面向企业和产业联盟需求的应用场景中，以多平台的协同进化能力为需求场景提供优质、便捷、可靠的一体化解决方案。

分布式商业生态战略的实现也是以价值网络协同为基础的。在商业环境日渐复杂与不确定的情况下，企业的生存更要借助于外部的协作组织，并基于外部组织获取实现场景解决方案所需的创新资源，进而强化自己的核心能力，实现以（可信）价值网络为基础的持续进化与生存。

6.9 分布式金融：促进价值循环与场景变革的新血液

6.9.1 区块链与产业数字金融

在数字经济时代，信用体系建设成为个人在分布式商业市场中进行交易、协作，以及金融借贷、资源分配等场景中的重要参考指标之一。但目前，商业诚信缺失与信用体系缺失等问题严重影响了金融产业和各产业主体之间的协作效率。

区块链的本质是一种特殊的分布式账本技术。这个分布式账本由各个网络节点共同维护、验证和加密。区块链以去中心化的方式集体维护一个可信数据库，可以解决中心化信任缺失问题。各组织通过区块链技术的应用能有效打通分布式商用、民用数据，各个主体在区块链网络环境中可以高效地进行信息、信用与价值的传递交换，为分布式商业、分布式金融、分布式组织/协作塑造了一种公开透明、安全可靠的内在环境。

具体来说，区块链使得数据上链后难以篡改，个人信用履约及违约记录、过往交易记录、业务流程数据，以及分布式工作绩效、工作评价等信息都可完整地记录在区块链平台上，这为信用体系和分布式数字金融的建设提供了技术基础。企业通过区块链技术构建全面的信用体系，改变金融服务方式或形态，赋能于实体经济。一方面，相关主体通过分布式数据信息共享提升整个金融业务的透明度和业务协作效率；另一方面，相关主体通过智能合约的自动化执行事先约定条款，减少人工操作风险，降低成本；此外，分布式账本的应用也能有效保存监管记录和审计痕迹，为监管、审计等提供便利。

因为金融业务一般都是以征信为基础，传统资产流通、交易结算、保险理赔等金融业务均依靠信用中介结构的中心化服务系统进行交易，并通过抵押和担保行为降低金融借贷的风险，但流程较为复杂，导致金融业务交易费用较高，资产流通性较低等。而在分布式数据共享平台上，多平台的个人关键信用信息也可共享于平台或产业内，实现信用的传递，并且可以在分布式网络平台上实时采集、实时生成、实时共享、实时查询，既可以缩短征信链条，也可以提高征信效率，为金融业务的高效开展奠定了基础。

在此基础上形成的去中心化产业数字金融服务，能更大限度地为产业组织（或产业平台的中小微企业）赋能。具体来说，产业数字金融依托产业区块链平台，基于产业业务场景数据和 B 端企业融资需求，为其提供高效、可靠的融资服务。产业数字金融相比传统金融供给体系的优势在于将产业链中各环节、各业务的可信数据与金融服务紧密结合，以可信数据的分布式共享与连接促进信用传递与价值流转，从而高效解决传统金融服务高风险、高成本、低效率等问题。

基于此，笔者认为：分布式金融（decentralized finance，DeFi）是在分布式网络下连接产业各方，汇集资金供需方，产业供需方以可信数据为信用评价基础，并根据业务发展需求，使用去中心化技术、智能合约等，提供个性化金融服务。平台往往通过数据的分类、过滤和建模，在基础数据分析、隐私计算和评估算法下形成相应的信用评价模型，并根据相应的评分为需求方提供相应的金融服务权益。一般分值越高，权益越多；分值越低，受限场景会越多。这种信用评价体系也会强化用户对现在行为的约束。最后，根据分布式共享信用数据，可以构建支撑普惠金融的信用信息系统，并可广泛应用于数字化智慧城市、智慧医疗、智慧交通、智慧教育、用户个性化服务管理等场景。

如图 6-17 所示，就某一产业金融的建设来说，在各业务场景应用主体可借助于区块链等数字化连接技术实现各分布式节点业务数据的云上共享，并在分布式数据的共享、隐私保护的基础上，分析用户的基础数据、历史金融行为数据、各业务节点数据等产业各节点业务行为数据，构建节点信用评价模型，以产业链中的场景科技、金融科技，为产业各环节提供高效的交易结算、融资增信等赋能服务。在产业端，产业金融服务商基于场景"五力"、供应链系统开发商、SaaS 服务商等场景科技实现产业链采购、生产、供应、销售等环节的数据实时在线共享，以数据资产为基础提供产业金融服务。在资金端，平台建设方基于大数据、区块链、人工智能等可提供业务系统优化和风控模型建设的金融科技，连接商业银行、融资担保机构等为场景需求方提供金融产品或服务，有效解决各产业链中中小微企业融资难、融资贵等问题。最终，通过产业金融服务赋能各业务，实现产业生态的高质量发展。

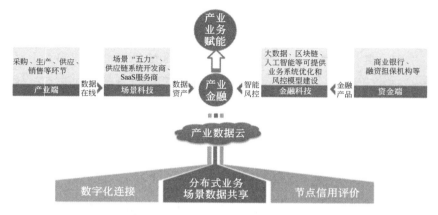

图 6-17　基于分布式业务场景 / 数据的产业金融建设

在此平台上，产业组织与其上下游中小微企业有更高效率的连接关系，能对供应链上各组织、各场景、各环节、各节点的经营状况、信用状况等方面有更全面、及时的了解。而产业金融方则通过场景科技和金融科技等技术，既能解决信息不对称问题，使得链条上的各类组织可以更高效地基于产业各节点的信息流、物流、业务流、资金流等进行信息审查和风险评估，同时基于信用传递机制，能极大消减传统供应链中的烦琐核查程序，金融机构借贷风险也能有所降低，极大限度地盘活了资金，让产业组织能够以相对较低的成本获得融资，并通过产业金融服务为产业组织的未来生存与发展提供更高效的赋能方案。例如，交通银行曾推出区块链资产证券化系统"链交融"产业金融服务平台，平台将原始权益人、信托、券商、投资人、评级、会计、律师、监管等参与方组成联盟链，将基础资产全生命周期信息上链，实现资产信息快速共享与流转，并确保基础资产形成期的真实性，有效连接资金端与资产端。同时，利用区块链技术实现 ABS 业务体系的信用穿透，从而实现项目运转全过程信息上链，使整个业务过程更加规范化、透明化及标准化，目前已支持信用卡分期、住房抵押贷款、应收账款、不良贷款、对公贷款等主流资产证券化产品的快速发行，从而有效降低融资成本，提高融资效率[35]。

未来，在数字金融时代，从个体/组织角度来看，各个体、组织/机构等是以 DID 在数字社会中生存，基于 DID 用户的统一身份与授权，能够让用户可信地参与所有数字金融业务。在 DID 参与的业务场景中，都有相应的一套信用体系来评价其信用值和权力域，包括相关数据以及评估方法，以此界定用户在某一场景的信用画像和业务服务范围。信用体系和 DID 体系建设能够让业务方更加灵活、更加高效和低成本地构建分布式金融业务场景，同时也可以赋能更多业务场景使得分布式业务得以高效运转。

从资产管理角度看，当资产数字化后，基于区块链技术所搭建的分布式金融体系，其抵押借贷场景将更加开放和自由，例如，抵押物将不局限于实物资产，一切经平台审核后的加密资产或数字资产或 NFT 等都可以作为抵押物，而后通过链上抵押担保的方式开展借贷活动，实现价值交换。此过程一般包括信用评估、抵押品评估、抵押、贷款发放（利率说明及确认）、保证金管理、贷款还款、抵押品返回或没收、抵押清算等过程。其中，抵押借贷环节多是基于智能合约协议，以合约方式对资金的使用条件进行配置，如最低保证金、机构业务范围、放款区域、放款客户条件、放款资金成本等进行智能评估和合约化运行，贷款人可以将符合要求的加密资产作为抵押物，以法币贷款的方式提供给借款人。

例如，万向集团针对性地打造了生物资产可信监管及金融服务平台，该平台以区块链技术与场景技术为依托，发挥"牛只"作为可信抵押生物资产的价值。万向集团以"BoAT+PlatONE 物联网场景数据赋能平台"为基础，能够监控和记录每头牛从入栏到出栏的全生命成长周期中的关键数据，实现了线下生物资产的链上"数据化"；依托区块链 + 物联网技术，可保证肉牛产业的数据真实有效和可追溯，使得肉牛变成一种可追踪的数字资产，方便更科学地对肉牛育成的全流程进行运营和管理，从而获得政府、金融和保险机构等多方的认可，实现肉牛资产安全监管，使畜牧农场获得优质金融服务和保险服务[36]。

6.9.2　区块链与场景投资

分布式商业时代不仅给予每个人思想自由、行为自由，还给予大众一种投资的自由。每个人都可以在某一场景凭借需求和兴趣，体验产品，并根据这种体验随时随地投资自己中意的某一产品或者服务。

笔者的好友陈菜根曾举这样一个例子：

你去逛街，看到一家不错的餐馆，临近中午，就进去点了一份饭，扫码支付了 30 元，打了 9 折，其中 1 折以餐厅专有的通证奖励返到你的钱包里，吃饭过程中，你发现口味不错，而且餐馆的客流量挺大，看起来这家店的生意不错，也想成为它的股东，然后就扫了一下桌角的二维码，打开网页就进入了这家店的数字资产交易市场，可以看到这家店的信息披露，包括店面信息、财务报表、食客点评、所获荣誉等，觉得这家店收益可观，有投资价值，就买了这家店 1000 元的数字资产凭证（通证），每月享受分红。饭后，你叫了一辆共享出租车，去了理发店、电影院、便利店等，享受这些服务的同时，也参与投资了这些公司的产品或服务，获取他们的分红收益，还可以通过投票、互动等方式，在线上社区里参与这些项目的经营。

　　这就是分布式商业时代，人们在体验场景产品／服务后自由投资的典型案例。分布式商业让人人都可以轻松地成为股东，获得预期收益。而且，在区块链系统中经营的商业项目，项目的运营数据都可以实时记录，且不可更改、足够透明，这为投前分析、决策，以及投后管理等都提供了极大的便利性，也极大降低了投资风险，区块链为这种基于场景的分布式体验投资的实现奠定了基础。

　　分布式商业的核心理念是让人人都可以成为创意精英和创造"天使"，人人也都可以轻松成为经营者和投资者。

　　网络空间内会衍生出大量的网生场景，数字化进程的深化必然会创造众多全新的需求和应用场景，人们对金融服务的需求，也逐渐旺盛。区块链技术具备天然契合数字化场景的优势，基于区块链技术的 DeFi 有能力成为数字化和物联网时代底层的金融基础设施。就如度小满金融面向未来"数字化、资产化与新金融"的应用探索，提出了 DOTA（defi-oriented technical architecture）：面向 DeFi 的技术架构方案，通过去中心化技术的 DOTA 架构，用户和机构可以以一种新的方式，一起构建统一的分布式金融身份系统，能够让人们更加便捷地用上各种基于生活场景的数字化服务，如数字地图、O2O、网购、网约车、数字化教育等，每个人都有机会享受分布式金融带来的金融服务。

　　再例如 Libra 提出，让更多的人获得金融服务和廉价资本的服务。而获得这种金融服务能力的路径之一是通过使用分布式商业系统打造一个开放、即时、随时的金融系统，这时投资行为可以作为一种公共产品来管理。

　　用巴菲特的话说，价值投资的真谛是以合理的钱买到好公司。至于何谓好公司，衡量好公司的标准是什么等问题，读者可阅读相关专著。我们这里所说的场景的价值投资是分布式商业时代一种新的投资形态和投资逻辑。在分布式商业时代，我们投资某一产品或服务，变得越来越简单。而这种投资逻辑一般瞄准于其能否解决场景的核心痛点，能否塑造一种新的场景体验，能否有公开透明的资产负债表、利润表、现金流量表、所有者权益变动表等数据。投资者可根据上述数据衡量某一产品或服务的内在价值和投资价值。

在分布式商业时代，技术归于场景，投资也回到了基本面，这种投资形态和投资方式可以更利于优质项目的成长和扩张，使得优质项目可以惠及更多的民众，促使场景加速变革和生活水平的加速提高。

分布式商业生态运行内核

07

社会商业从诞生就一直追求组织的效率和管理的效果，并一直通过技术等手段简化业务流程、提高各业务之间的协同度和工作的透明度，以提升商业交换效率。在数字化时代，随着大数据、云计算、物联网、人工智能、区块链等技术的成熟，很多企业开始设计信息化系统，进行业务系统的数字化重构，企业在数字化转型的过程中更加注重业务的协同性，以及企业能否有效整合信息技术、信息数据、业务数据等形成公司数据化平台，并基于整个产业的数据平台，实现从工作、业务、运营、商务与决策等的协同，提升业务流程的自动化水平。

如图 7-1 所示，分布式商业生态系统就是在企业数字化基础上进一步升级，加强平台生态数据信息系统的建设，提高系统建设的安全性、可靠性、透明性。而区块链可以实现数据可信、隐私保护、交易透明，

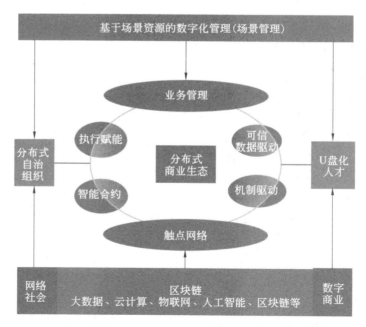

图 7-1　分布式商业生态运行六大内核

以及资产溯源、资产数字化等，为可信生态建设、平台的信息化建设、平台规范化和安全化建设，以及业务的高效执行和反馈等奠定了基础。在可信数据驱动、智能合约、机制驱动、业务管理、触点网络、执行赋能等六大内核驱动下使生态系统更高效地运转。

7.1 可信数据驱动：建立分布式商业运行的数据信息系统

十九届四中全会提出，健全劳动、资本、土地、知识、技术、管理、数据等生产要素由市场评价贡献、按贡献决定报酬的机制。该会议将"数据"纳入未来生产要素。2020 年 12 月 28 日，深圳市六届人大常委会第四十六次会议首次审议了《深圳经济特区数据暂行条例（草案）》，该草案首次提出了"数据权益"保护。在数字经济时代，数据成了企业最大的资产，数据不仅能推动产业服务的风险防控、信用评价和精准感知与决策等，也能为企业的数字化、网络化、智能化运行提供了基础支撑。

数字经济的发展有赖于数据孪生。在数字孪生背景下，物理世界和数字世界能够实现有效映射，数字世界的有效运行需要基于孪生数据，孪生数据所蕴含的是行为逻辑、业务流程以及场景变化等，在对数据进行仿真、建模和分析后，有助于实现对现实场景的状态和行为进行全面精准呈现、全面感知和动态监测，为数据驱动下的智能商业运行提供基础。

当数据成为数字经济发展的重要资源，并逐渐成为一种资产后，为了让数据资产更便利地流动起来，数据资产化成为一种可行的路径。一般数据资产化包括数据资源确权、数据价值确认与质量管控、数据装盒入库、货币计价与评估、数据资产折旧和增值管理 5 个环节[37]。人民网旗下的"人民数据资产服务平台"就充分利用区块链技术进行数据确权，打造集数据合规性审核、数据确权出版、数据流通登记、数字资产服务等为一体的综合性数据服务平台。目的在于促进数据流通，规范数据服务行为，建立数据资产标准、维护数据服务市场秩序，保护数据服务各方合法权益，向社会提供完善的数据服务、结算、交付、安全保障、数据资产管理和融资等综合配套服务。

如图 7-2 所示，数据提供方、数据需求方、数据所有权方、数据服务方等是数据生态系统中的各角色，在基于区块链的多方安全计算与共享模式下，可以在保护数据隐私的情况下，实现数据的高效共享与利用，为针对产品或服务信息的收集与交互、决策准确性的提高、产业链全流程各环节的联通、分析感知用户需求、提升产品附加价值、打造智能工厂等方面带来了巨大价值，极大促进了基于场景的数字化管理、产品或资源的生态化运营、敏捷组织的建设、产业数字化及产业链的价值活动。

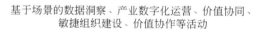

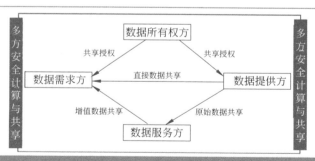

图 7-2　基于区块链的分布式数据共享及应用

第一，分布式商业中场景化平台的价值活动和各场景之间的有效协同等的基础是数据信息系统。

在场景化平台建设方面，平台的前端／前台一般为作战单元、中端／中台一般为信息中转单元，后端／后台一般为资源支持单元，三者之间都需要数据共享联通，以数据资源共享形式促进整个平台（包括连接平台、数据平台、业务平台、金融平台等）的融合、互动与运转，以及促使各个小作战单元之间的协同发展。最终，各产业组织可以有效地应对多场景发生的需求变化和问题反馈。

平台是资源的聚集地，平台最主要的资源之一是数据，平台内部各个模块之间的联动也是靠数据驱动的。一个频繁场景的供需满足可以通过构建一个平台来实现。零售场景有基于新零售的无人零售平台，打车场景有滴滴出行、高德等平台，外卖场景有美团、饿了么等平台。这些平台的供需的高效连接、服务效率的提升及产品品质的提升都要靠可信数据的驱动。在商业界中，数据就如大自然中的水，是企业经营管理的良剂，也是驱动基于场景的分布式管理的主要驱动资源。

在各场景、各业务协同方面，也是以数据为基础的。产业服务平台以技术为驱动，基于场景技术或数据对场景现状或需求进行描述、诊断、预测，通过平台"数据 + 算力 + 算法"模型对平台资源进行自由组合分发，平台以开放 API 等方式，自由嵌入与连接相关产品或服务，让线上场景和线下场景供需相对应，当某一场景服务平台较成熟后，还可以打破服务场景局限，积极与优质外部机构开展用户共享、信息互通、能力协同等合作，并上升到金融场景、供应链场景、零售场景等中，让线上线下双向互为入口，互为服务，进而实现平台导向的全场景的生态化运营。例如，京东家电正在做的空调送装同步服务，就是通过"共享信息系统"来实现的。

假如消费者在京东商城下单购买了一台空调，预订安装服务。京东商场完成这项业务的具体执行流程是：京东送货车向消费者家出发时，系统会自动提醒安装师傅，在什么时间可以到消费者家完成安装服务。因为京东打通了与品牌制造商、售后服务商等之间的信息系统平台，双方共享信息，安装师傅可以同步收到订单信息。而系统会在京东送货车向消费者家出发时，自动提醒空调安装师傅。安装师傅根据送货车的实时状态，在合适的时间向消费者家出发。这样，送货车与安装师傅大约可以同时抵达消费者家中，送货与安装同步进行。这个过程也就是企业内外部之间通过信息共享的协同实现消费者体验的提升或消费者某一需求的实现。

第二，分布式商业中敏捷组织的建设基础是数据共享系统。

数据的分布式共享就是为了使系统及时获得更多的全域信息。目前商业组织所面对的市场环境不确定性增强，市场环境变化加快、无法预测，其本质还是组织对信息的不可控或不自知造成的。所以，组织除了需要完成目标、产生绩效外，更需要的是获得有效的信息和精准的数据，以数据信息系统支撑组织敏捷应对变化。就分布式自治组织来说，企业获取某一消费需求后，可以向平台的数据信息中心找到各个可以满足该需求的不同种类、不同功能的"蜜蜂"，例如，可以从营销、数据、技术、物流、金融等方面去集结成一个小团队，并在可信共享的数据信息系统中，像蜂群组织一样自由拼接，反应灵敏，共享信息资源，开放赋能。

第三，分布式商业中个体／组织的价值活动也需要数据系统支撑。

在U盘化人才中，U盘化的生存往往是以自有的信息资源在多个系统中移动而贡献价值，并获取回报的生存方式。数据信息资源主要起引导人才、协调人才、赋能人才的作用，以此来激活人才价值。例如，在海尔集团平台上的创客就是一种U盘化生存的方式，哪里有需求就在哪里发挥价值，这里的需求是通过平台的数据信息来获取的。U盘化人才重视个体的主观能动性，强调每个人在现实工作岗位上的价值创造性与工匠精神。个体通过打造为一个 U 盘化人才能自如地在多个场景扮演多个角色，并都可以发挥出较大的价值，为系统贡献力量。

数据信息系统的更大价值是驱动整个企业中的前端小团队去面向市场、面向客户，以及提升整个系统的多场景协调能力和资源配置能力，平台通过数据的精准匹配对各个经营单元实现精准支持、服务和赋能，以及各个业务之间的协同发展。

基于区块链等技术所构建的数据共享与交易、商业应用、价值联网平台等数据系统，其核心价值如下。

一是为组织 / 个体提供定制化的解决方案，供其处理各项事务。

二是为组织 / 个体智能化匹配与推荐各类数据需求资源，实现平台内业务的高效处理，或产品 / 服务的高效推荐，增加平台价值。

三是为组织 / 个体提供定制化的各项商业服务和公共服务的信息指引服务、供需匹配和对接服务。在此基础上组织或个体的价值将得到深度挖掘与释放。

第四，产业数字化、企业生产资料与业务流程等的数字化是分布式商业有效运行的基础。

数字化的具体内容包括生产制造数字化、供应链数字化、营销数字化、运营数字化、财务数字化、组织数字化、物流数字化，乃至协作数字化，最终形成智能化商业生态系统。为了让各个业务之间实现协同发展，企业的管理、市场、销售、采购、财务、客服、HR 等经营数据都需架构到云端，并在云端嵌入区块链技术，将数据进一步上链，企业通过区块链技术实现组织中工作数据与组织中业务数据的协同，较好地解决了 SaaS 中由于数据集中管理而产生的数据共享程度与使用效率低下等问题。在区块链技术支持下，各产业组织通过构建可信的分布式数据共享网络，以提高企业的核心运营能力，促进企业整合产业链，实现从要素驱动向创新驱动转型。

例如，对一个制造型企业来说，分布式数据共享不仅可以用来提升企业组织的运行效率，更重要的是可以改变商业流程及商业模式，打通企业各流程模块或多个业务场景之间的信息互联，使企业生产经营活动中的各种信息都可以通过分布式方式共享与获取，推动企业内外部或产业上下游数据信息的有效融合与利用，实现场景供应效率的最优化，以提高企业的经济效益和市场竞争力。

如图 7-3 所示，在公证业务场景中，趣链科技与杭州互联网公证处共同搭建的区块链公证摇号抽奖平台，以趣链科技自主研发的开放服务平台飞洛为依托，提供安全可信、公开透明、业务便捷的区块链在线摇号服务，实现技术与法律"双信合一"的信任背书，在保障公证业务公信力的前提下，大幅降低公证成本与费用，提高公证效率与质量。

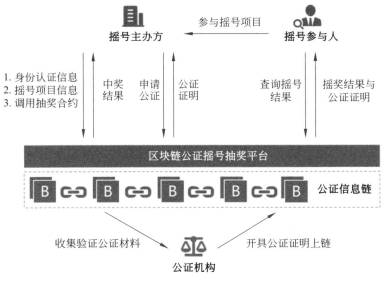

图 7-3　趣链科技的公证场景区块链解决方案

双方通过项目发起人 Web 端、公证管理员 Web 端、项目参与人
HTML5 移动端等多平台的协同，基于趣链科技的区块链底层平台与
BaaS 平台飞洛来搭建透明可信的区块链公证业务平台。所有公证数据
信息都将真实完整地记录在高性能联盟链上，保障数据传输安全与不可
篡改并且不会存在证据丢失的风险；从公证员角度，每个公证步骤产生
的数据都公开透明，可以非常便捷地进行查询与调用对比。公证处开具
公证或者保全时，只需要在链上取证验证即可。从公众角度，相比传统
的公示通知，完全可以做到公众根据权限自行查询与验证，摇号项目的
公证公信力自然大有提高。

最后，通过上层业务平台将线下业务线上化，公证材料智能整合并
上链存储，实现公证业务所需数据的互联互通。打通业务流与数据流，
实现"无纸化申请"与"无人化公证"，降低公证成本与费用，提高公
证效率与质量。

综合来说，在分布式商业系统中，可信数据信息共享系统，不仅能
以去中心化的数据信息优化管理流程、创新管理手段，还能为业务创新、
商业模式创新等提供支撑，使各业务数据、业务流程、业务角色等互联
互通，协同发展，最终提升企业的组织敏捷度、业务协同度、产业融合
度和经济效益等。

7.2 触点网络：Web 3.0 下的动态管理与组织治理

数字化时代，需要企业具备敏捷应对变化的能力，以敏捷的反应应
对客户和市场的迅速变化。敏捷能力的建设需要触点网络、信息系统、
IT 架构、业务流程等同时实现敏捷。尤其是在多变且复杂的环境中，特
别要求战略管理的敏捷性和组织的灵活性。分布式商业生态战略、分布

式自治组织等管理思想的提出，就是基于解决不确定的商业环境下企业如何识别不确定性、如何面对不确定性，以及如何管理不确定性等问题。

而识别不确定性主要依托场景环境的洞察、触点网络的建设等；面对不确定性则需要依托蜂窝状组织和 U 盘化人才，以及区块链技术对组织和人才的赋能；管理不确定性仍需回归场景本身，一方面，可以以 Web 3.0 中多节点的数据共享为基础，从场景现状入手，动态管理场景和场景中的人和事；另一方面，抓住多变环境中的确定性因素和不变的因素，寻找规律，以不变应对多变。

7.2.1　触点网络赋能动态管理

分布式商业的运行少不了分布式管理的支撑，分布式管理的核心之一是解决不同角色和主体之间的分布式协作问题。在组织分工协作中实现组织目标的过程往往会遇到各种突发、不确定的事务，这就需要一种灵活的管理方式去应对，动态管理就是一种发现问题、协调资源、解决问题的方式，也是驱动实现场景需求与场景目标的一种主要方式。动态管理具有灵活性较高的特点，企业主体通过资源盘点、资源分配、时间的关键节点安排、各流程质量反馈、各流程优化等方式动态了解并把控执行状况，从而促进组织目标和个人目标的实现，促进场景价值的快速落地。

一般对于某一场景人群的普遍性需求可以通过某一特定流程实现，对于一些个性化的需求或者多变的需求则需要通过动态管理方式来驱动目标的实现。换言之，动态管理主要是根据触点网络，洞察场景需求，并利用可利用资源、工具或平台，以及敏捷组织来制定解决问题的流程或价值创造的流程。而触点网络往往是 Web 3.0 在产业中应用的网络特点的表现。

触点网络是开展动态管理的基础。触点网络为了解、识别和解决多变环境中的问题创造了技术条件，在触点网络中，各节点都分布式处于不同的物理空间中，节点管理方根据节点环境都可以实时做出数据反馈，并上传至触点网络中，其他节点也可以实时根据反馈数据做出相应的决策，这种根据节点数据实时做出决策、协调和反馈的管理方式，称为基于触点网络的敏捷动态管理。

动态管理是使分布式商业运行效率提高的核心方法之一。动态管理的核心目的是提高需求对接的效率和价值创造的效率。例如，酷特智能的"红领模式"在服装制造领域中探索并通过大数据技术、物联网技术、信息技术、3D 打印技术等实现了一种将分散消费需求和多主体生产供给高效、快速结合的运营模式，这种模式和海尔集团的理念一样，主要是将生产商和客户置于一个平台上，客户既可以在平台上进行 DIY 设计，又可以利用酷特版型数据库进行自由搭配组合。只要登录平台，就可在平台上进行 DIY 设计，所有的细节都可以个性化定制，利用数据库进行自由搭配组合，然后在流水线上做到大规模工业化生产，生产过程中每个定制产品都有专属芯片，伴随生产全流程，迅速定制自己的个性化产品。酷特智能用平台互联的方式满足消费者的升级需求，大幅降低了交易流程和交易成本。

酷特的这种模式将设计、制造和销售整合在一起，让消费者和制造厂商或供应链直接交互，消除了各种中间环节。个性化服装定制需求量大，酷特以定制化服务为切入点，从供给侧入手，主动调整供给结构，目的是使供给和需求协同升级，快速实现定制化场景的服装从设计到交付的需求。

在快速变化的商业环境中，动态优化、动态控制是企业动态管理的核心，因为有时候企业初始所面对的场景需求或根据需求点而设计的产品/服务，经过一段时间后都有可能发生变化，因此需要不断地根据需求变化，或者针对新的问题而对之进行动态优化，让产品或服务的变化与用户需求的变化相匹配，以此策略获得对目标人群长期服务的资格。

生态触点与动态管理相辅相成。在数字商业生态中，业务流程在线化、业务运营数据化、业务决策智能化等是触点生态建设的基础，全产业各个生产要素（数据、人才、商品、渠道、营销、零售、其他服务等）均通过分布式网络节点形成数据网络参与构建与消费者的连接，达到多维度的消费者行为感知、商品状态感知、合作伙伴和生态感知，然后根据感知结果动态调整，实时反馈调节，使得企业在全链路、全节点保持数据获取、生态连接、生态协同能力。

例如，针对公共安全场景，宇链科技通过构建安全生产数字化（区块链）监管平台实现对现实高危场景的监控。宇链科技基于区块链技术和大数据智能技术，以剧毒、易制毒、易制爆化学品监管作为重点，一方面将巡查人、时间、地点、过程存证在区块链上，形成完整的全过程链条，可回溯、可审计；一旦发生事件和纠纷，可迅速界定责任，追溯事故发生的原因。另一方面以区块链可信数据和触点网络作为支撑，通过多层次、多角度地采集和掌控危险危化品库房、车辆、作业现场、从业人员等监管对象的实时信息，利用信息采集、图像监控和地理信息的不同手段同步进行关联和展示，实现详细的巡检信息的汇聚与管理，并基于触点网络所监控或反馈的数据信息优化配置各方资源，提升巡检的可靠性，降低管理成本，增强监督服务质量，为安全事业提供可信的大数据决策分析能力，实现分级分类预警与处置闭环，从而强化公安危化品隐患感知、敏捷反应、预警处置等能力[38]。

综合来说，分布式商业中的动态管理是以用户需求为中心，以场景现状为基础，在触点网络中，根据外部场景现状、外部场景预测、内部分布式网络中的数据反馈和分析等，灵活地组织与协调相关资源与人员，以此促进场景价值创造，并解决特定的场景问题。

7.2.2　触点网络赋能组织治理

组织的高效治理往往需要借助于敏捷的触点网络支撑。在传统的组织中，不同部门成员之间，以及组织内部之间的信息反馈和沟通成本较大，组织与员工之间的利益目标可能不完全一致，甚至出现较大的摩擦和分歧。同时由于缺乏有效的沟通途径和科学的激励机制，管理者和员工之间可能会出现缺乏协作的现实基础，而此时，借助于触点网络能极大地提升组织或个体之间的分布式协作与交易效率，同时也为敏捷组织的构建夯实了基础。

具体来说，企业通过数字技术与基础设施等投入，构建兼容性、可拓展性、可信度、去中心化程度等都较高的组织网络，通过该网络连接分布式场景数据，打通产业链内外部信息、关系、资源等，进而实现网络生态参与主体多组织、多节点、多链条的网状价值连接与协同。例如，供应链协同、仓储物流协同、生产流程协同等，以此才能形成资源共享、价值共创、利益共享的数字化网络生态，并在可信数据共享网络的基础上建立即时反馈系统，使价值活动更加灵活而高效。

在分布式商业时代，基于触点网络的场景洞察和敏捷反应是组织应对商业环境变化并进行价值创造的基础，也是企业实现数字化转型的两大基本要素。

线上的场景洞察方法是以数据为核心开展价值活动的。在互联网时代数据信息一般都是中心化、封闭化的，一般情况下都是管理层可查阅相关信息，并根据相关信息做出决策，并安排或指导员工工作，当组织层级较高时，必然会出现员工的工作效率低下、信息反馈不及时、沟通效率低下等问题。

如今的市场环境变化越来越快，中心化、封闭化的组织形态必然不能及时、灵活地应对，打通组织内外部的数据信息流，简化各个业务部门的决策过程是组织转型的基础。企业可借助区块链的分布式信息存储和 P2P 网络架构实时共享数据信息，敏锐捕捉消费者与市场的细微变化，有助于提高价值链的透明度、灵活性，并能够更敏捷地根据市场反馈或变化情况及时做出反应，战略性运用敏捷的数据来应对变化，并在敏捷组织中以更快、更低成本的方式提供个性化客户体验。

敏捷反应是在多变环境中，组织或个体应对不断加剧的客户需求变化、业务变化、技术进步的关键所在。在赋能领导、权力下放、充分沟通、目标明确、自由组织的情况下，组成小作战单元，通过准确及时地分析客户数据，基于数据信息的敏捷方法可供团队自行组织及协作，实现持续改进并快速做出透明决策，敏捷反应提供的反馈有助于提高组织的灵活性和组织的价值创造能力。

所谓敏捷型组织就是对市场变化能做出快速反应的组织，根据分布式自治组织的特性，笔者认为敏捷组织需具备五大特质：目标明确、快速决策、文化价值、柔性机制和透明信息等。这依托于企业底层信息化平台和触点网络的建设，平台中的每个个体（如供应商、用户、合作伙伴等）都需要基于区块链共享平台、共享数据来处理业务，实现各组织或个体之间的数据共享和互通，在具体的平台建设过程中可以借助区块链不可篡改的特性，打破了原有的信息孤岛问题，不仅使信息更加透明可信，还解决了数据共享的安全问题。同时，在平台内建立团队之间必要的连接、协同以及信息共享机制，为敏捷团队的打造和团队内成员之间的协作执行提供必要的"无机环境"。

笔者在《商业生态：新环境下的企业生存法则》一书中提到：数据

其实就是商业生态系统中的"无机物",数据循环流动性越好,生态自循环、自运转、自修复能力越大。由区块链所塑造的分布式价值网络,极大地促进了数据的流通和业务协同,这也是基于场景分布式管理的内驱要素。

如图 7-4 所示,数据信息共享是组织生态网络建设的基础,各个网络节点都是监控站,触点即触网,只要一个节点有反应,全网皆知,如此组织更能实时感知环境的变化,然后针对信息反馈,快速决策,迅速集合攻击目标,并组成作战单元,应对市场变化,不需要中心化机构去指挥。此外,在决策方面,区块链技术保证了基础数据的真实性,提高了决策效率。因此,

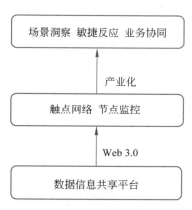

图 7-4 基于数据信息共享的
敏捷组织

无论线上卖家或是线下卖家都可以借助于生态触点网络融合发展,实现线上线下全场景、供产销全链路协同发展。

触点网络是数字生态建设的基础,全业务流程、产业链条数字化触点的前提是企业要搭建完整的双中台,即"业务中台 + 数据中台",以此整合产业链全渠道和全触点数据体系,赋能和指导前台触点的应用,实现高效的点对点供需匹配和触点场景的分布式价值连接与价值共创,给企业带来实际业绩的增长。

区块链网络与触点网络相辅相成。由区块链网络连接数据通路,以数据信息的全网广播性降低组织的信任成本、交易成本、监督成本等,以此促进组织工作任务的高效协同。基于此,产业组织在触点网络上构建的数字化信息大平台、共享共用大数据、协同联动的云平台,更利于

以分布式网络数据资源驱动业务协同的信息化重塑和数字化业务升级，由于区块链的分布式特点，每个节点的信息反馈、认证及存储都是经过多方验证的，具有一定的可监控性和可溯源性，这对组织或个体之间的高效协作与协同、利益分配等提供了可参考基础。

此外，在敏捷组织打造过程中，还需要注意：不同个体之间的协作需要以问题为导向，基于具体的场景问题，提出与问题相吻合的价值主张，在开放共享的平台中找到能够驱动问题解决的有效资源，并明晰具体的执行路径和可衡量的结果，让组织既有明确的目标，也有可实现目标的资源和方法。

未来，当企业发展到一定阶段时，企业的角色就变为平台建设者和服务者，充分发挥大企业的资源优势和系统性能力，让内外部资源快速重组，支持业务团队抢夺商机，更加敏捷，充满活力，这样，组织就更能适应市场的不稳定性与不确定性。这也是区块链中分布式自治组织落地的关键，这种敏捷组织的存在为分布式商业生态运行提供了有效的协作保证和协作支撑，为各创意团队价值创造和自由人的自由生活创造了可能。

综合来说，触点网络建设是实现组织或个体敏捷反应的前提，也是实现分布式商业运行的基础，基于触点网络的产业链资源整合、共享，能有效深化组织对各业务场景、协作场景等的识别、洞察与决策，进而提高组织应对多变市场的能力。

7.3 业务管理：基于数字化平台的业务流程协同

现在很多企业倒闭不仅是因为老板抓不住机遇、看不准未来，更是因为现在的商业环境变化太快，人们无法在短时间内在原有的体系中灵敏地做出反应。数字化平台集合（如前台、中台、后台等）系统和分布式自治组织就是为了解决上述问题而存在，通过平台实现数据的沉淀，以及各业务场景的互联互通，从而对多类别客户／业务进行精细化运营，并基于数据沉淀和业务场景衍生拓展出更多的产品及服务，实现全场景生态的构建。

对于数字化平台建设来说，其主要功能是通过各上层的业务平台（如用户连接平台、营销平台、供应链平台、风控平台、金融服务平台等）建设，以及中台系统（数据中台、区块链中台等）的建设和联通，实现各场景业务线条的有效协同。就其中的数据中台来说，底层是数据驱动（数据接入、数据清洗、数据加工等），中层是服务于业务流程（数据资产的定义与确权、算法模型、数据管理等），上层对接的细化的场景需求（组织治理、业务流程管理和业务场景赋能等），以数据中台来实现资源的有效配置（见图7-5）。例如，阿里巴巴的菜鸟网络建立就是在连接所有的物流公司、快递人员和仓库，让货物随时在线，服务即时协同。淘宝网络也从原始的供需对接慢慢进化为立体网络协同关系。从导购、店铺装修、拍摄／修图、打折营销、广告、物流、支付／金融等环节各价值链在中台的支撑下实时互动，有效协同。笔者认为，企业通过平台化建设实现数据、流程、业务的有机融合将是其数字化生存的关键。

图 7-5　以数字化平台为基础的业务管理

数字化平台建设是数字化业务运行的基础。企业在数字化时代安装的各类 IT 信息系统，如企业资源管理系统、客户管理系统、供应链管理系统、制造执行系统、金融系统等，并以大数据、云计算、AI、区块链等新技术实现各系统的智能化、IoT 化、云化、链化、中台化的不断升级，构建一套全新的数字经济基础设施和更加敏捷的业务运行系统，以适应需求的快速变化。

数字化平台能有效赋能分布式组织的业务运行。分布式自治组织的有效运转是以数据为驱动的业务中台为支撑，借助于各业务平台的组件化 / 模块化 /API 管理等场景赋能手段或工具，以及自治组织的网状结构、价值导向、动态边界、专业化人才、分工职责明确、高度协同等 13 个下文提到的特性，并在触点网络支撑下，及时了解场景需求，对接 / 整合有效资源，在跨部门、跨业务的有效协作下，快速响应和满足消费者的个性化需求。分布式自治组织以客户导向组成多个小团队形态，同时在平台的授权管理系统下，各个"蜜蜂"灵活组队，形成"小团队"，并按照共同的目标和价值灵活活动，协同互助，以应对多变的商业环境。

这些小团队根据具体的业务流程定向创造价值；笔者认为流程在组织中主要起协同作用，业务流程再造之父哈默（Hammer）说，"流程决定组织结构"。哈默认为：创造价值的是流程，而组织结构只是创造价值的手段，因此，流程决定组织结构。当然，不少人也认为组织决定流程，因为毕竟组织是个体活动的框架，组织之下是流程，流程建设以客户价值为中心，以目标效果为导向，协同发展，沿着业务打通组织活动，从而打通部门墙。

例如，大家都知道，华为公司拥有典型的"小团队作战单元"的工作方式，而华为公司在具体的业务执行过程中把流程分为三类：业务流程、职能流程和支撑流程[39]。

（1）业务流程。业务的核心是创造价值，业务流程就是价值创造的过程，主要包括集成产品开发，从市场到线索，从线索到回款，从问题到解决，属于客户界面的流程。

（2）职能流程。职能流程是支撑业务流程成功的保障，包括我们看到的战略、交付、供应、采购这些能力，能够提升价值创造效率，强化价值创造的效果。

（3）支撑流程。支撑流程属于平台类的流程，包括人力资源、售后保障等，是为企业提供公共类共性问题解决而存在的服务。

每个小团队在执行具体任务或完成某项工作时都是以业务流程为导向，接触一线；以职能流程和人工智能、区块链等技术为支撑，组建团队，设定各个成员的权利、责任和利益，以便进行一线作战；以平台的支撑流程为基础，在平台获取资源，解决作战时遇到的共性问题。

每个流程的设计都是以实现客户价值为导向，当企业内部的所有流程都设计好了，企业的标准化建设也就完成了。一般来说，大的流程设计是以战略和组织为基准，主要起协调作用；小的流程设计是以员工完成任务为基准，主要起提高工作效率的作用。对于海量简单重复枯燥的事，用流程系统去解决是最明智的选择。

在以平台为基础的分布式自治组织的价值创造过程中，每个组织在具体执行任务时往往也需要流程来辅佐。企业通过流程设计来解决组织之间如何协调、组织内部如何工作等问题，最终实现以客户为中心的端到端的业务流程协同。例如，"一线呼唤炮火的营销铁三角协同的业务流程"，以客户经理（AR）、解决方案专家／经理（SR/SSR）、交付专家／经理（FR）为核心组建项目管理的铁三角团队，形成面向客户的以项目为中心的一线作战单元，从点对点被动响应客户到面对面主动对接客户，以便深入准确全面理解客户需求[24]。也就是说，流程协同中突破了部门墙的限制，在一个组织里面，把客户的需求集成到了研发的流程里面来，研发不再只是研发流程本身，而是把客户需求迅速敏捷地迭代进去，形成端到端的体系。这就做到了流程的协同。目前市场中比较火热的"低代码平台"也是由于其以"流程导向"的平台化思维，让业务人员也能根据市场需求以"拖拉拽"等方式，满足某一业务的功能需求。

例如，趣链科技为招商银行信用卡中心构建 ABS 项目管理平台，通过区块链联合多方机构／角色构建多中心的 ABS 管理平台，并基于平台资产数据共享，实现了对基础资产全生命周期的业务管理。此外，趣链科技与德邦证券通过搭建基于区块链技术的 ABS 管理平台，在开放平台建设与资源共享、联动的基础上，联合券商、交易所、评级机构、律所等建立联盟链，实现了 ABS 业务全流程线上协同化管理。

未来，在区块链技术赋能下，更利于数据的可信共享与智能化治理，另外，数据等要素资产的价值协同管理，能有效改变现有协作机制，实现各业务流程节点由参与方共同维护的新机制，运用分布式账本技术，实体跨链及跨系统隐私，以及特定的跨链协议，实现分布式事务的流程协同，即流程／事务的多个步骤分散在不同的区块链或系统上执行，保障不同实体在不同系统与区块链中的身份隐私，且保证整个事务的一致性 [40]，进一步提高了流程性事务处理的效率和效果。

7.4 机制驱动：驱动 U 盘化人才价值贡献

不管是分布式自治组织中的个体，还是生态内的组织，机制都起着相当大的作用。例如，在分布式自治组织中"共识小组"的组建机制、组织中个人的激活机制、资源与用户的匹配机制、组织成员与用户的交互机制、各角色之间的协同机制等。

在组织扁平化、权力下，以及个人的自由度都提高后，很大程度上要靠机制才能进一步激发团队（成员）的二次创业激情、工作动力，以及责任担当和变革创新的意愿。管理者通过组织机制与人才机制的创新落地，激活个体，共创共担，以目标价值为导向，自由协作，进而实现组织的新目标。在互联网时代，多变复杂的环境需要组织成员较强的综合能力去应对。因此，通过机制设计增强组织中个体的活力，便成了企业生存的关键。那么，在这个认知之下，分布式自治组织和U盘化人才机制的设定则要着眼于以下几方面。

一是以共识、共创、共担、共享为导向。以共识、共创、共担、共享为导向的机制设定的目的是使团队各成员达到理念共识、价值观共识，以此驱动经营团队的行为一致性，提升其能动性和创造力，激发员工的创业激情，营造团队协作氛围，同时聚焦用户价值，以机制牵引为核心，达到供给的高效匹配，盘活挖掘存量资源。

企业通过机制创新和利益驱动，让员工在平台组织中形成共识、共创价值、共担风险、共享收益，实现个人价值、公司价值、社会价值多方共赢的良性生态。机制的建设需围绕上述理念进行，要能够引导价值创造，做大生态，要强化"共识、共创、共担、共享"意识，建立共创、共担的机制与核心团队，并通过风险、利益、用户价值等倒逼机制的落地，将共创、共担落到实处。

二是支撑战略。机制的设定是以战略落地为目标。例如：组织的升级、人才管理方式的改变等，都需要建立起支撑战略落地的有效机制，管理者通过机制的设定驱动以价值为导向的价值创造、价值评价、价值分享等自运转；蜂窝状组织（分布式自治组织）和U盘化人才的有效建设必然少不了合伙人机制的设计，组织设计以战略为导向，人才的价值激活以合伙为基础，以此打造创业团队，以创业精神面对复杂的商业环境，保证落实公司的成长蓝图。这是机制设计能否发挥其价值的关键。

三是培育基于变化的核心能力。能力是个体或组织面对复杂商业变化的核心要素，因为人性的利己、懒惰等特性，在 U 盘化人才中的价值驱动、自我管理和自我发展等也需要机制管理来驱动，使 U 盘人才的价值最大化，进而使蜂窝团队的综合能力更强，实现企业的战略突破和增长。所以，U 盘化人才或蜂窝状团队打造，首先要基于变化考虑企业价值贡献，明确规划出公司的战略性人才，并培养其基于变化的核心能力。

　　四是通过机制，激发奋斗。管理者通过机制设计充分激发合伙人及组织成员的奋斗精神、使命感和责任担当意识，激发能动性，并且要鼓励变革创新。换言之，要想让 U 盘化人才能持续创造价值并发挥价值，还要靠机制驱动，激发潜能，变革创新，以个人持续进化的能力抵御外部环境的变化。

　　在机制的设置方面需要注意以下几点。

　　（1）激励奋斗者。这是华为公司目前的人力资源管理措施核心的导向。

　　（2）奖励贡献者。对于业务贡献有价值的"蜜蜂"，公司根据贡献及时地、足够地给予相应奖励。

　　（3）善待劳动者。宽容和理解，只要个体贡献大于成本，公司就给其应有的回报。

　　（4）淘汰惰怠者。因为惰怠者对组织造成极大"污染"，可能会影响士气。

　　在 U 盘化人才和自治组织中，机制的有效性才能驱动人才价值最大化和业务流程等的顺利进行，以机制实现组织在业务场景中价值创造方向的确定、价值创造、价值评价及价值分配全过程的闭环运行。

　　在具体的机制设计方面，"海尔集团倒三角组织"机制可为实现分布式自治组织的有效运转提供参考。

组织的有效运行也少不了内外驱动机制的共同作用。组织管理在于能提高组织成员价值创造力，并让组织适应外界环境变化，在具体的业务实施中，还需要考虑价值创造机制、价值评价机制及价值分享机制；例如，海尔集团形成的四大核心机制（顾客驱动机制、契约机制、"人单酬"机制、"官兵互选"机制），这四大机制构成了让"倒三角"组织有效运转的外驱力和内驱力。

顾客驱动机制和"官兵互选"机制是"倒三角"组织的外驱力。在海尔集团，企业由三类自主经营体组成。一级经营体处于市场一线，接触市场，接触顾客，他们对于是否开发某项产品或服务拥有决策权，可以倒逼二级经营体，让其提供资源和流程支持。同理，二级经营体也可以倒逼三级经营体。三级经营体不再"发号施令"，而是通过建立顾客驱动的流程机制，驱动顾客价值的实现。各级经营体之间往往是以契约关系为导向的内部协同，进而实现"与顾客零距离"接触互动的效果。这是互联网时代企业获取价值创造方向的一种形态。再例如，华为公司组成的"铁三角"团队结构，每个新项目启动时都由项目经理组建"铁三角"团队，项目经理有权从人才库里征用具备专业能力的人员（在区块链系统中这种"铁三角"团队的组成依靠的是某种共识机制和算法）。组织将权力下放到一线"作战"部门，项目负责人拥有较大的决策权，可以根据不断变化的市场状况立即做出关键决策，必要时可以凭借自己的判断"呼叫"总部，充分发挥整个组织的火力优势，这是组织应对多变环境的一种方式。

任何组织都需要有一个"领导者"，在海尔集团，领导者不是由上级来任命，而是采取"官兵互选"来筛选和优化，任何人都可以拿出实施方案，公开竞聘经营体的领导者。经营体的领导者被选出后，可以组建自己的团队，带领小团队去实现组织的目标愿景，如果在某一个关键

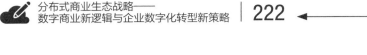
节点没有实现预期目标说明这个"领导者"没有能力带领大组织实现其目标，员工有权力让"领导者"下课，从而实现海尔集团的"去领导化"的管理效果。

"人单酬表"机制和契约机制有机地协同起来，成为"倒三角"的内驱力。在海尔集团，每个自主经营体和经营体中的个人都是价值创造过程中的一个节点，节点之间的对接与联通都是以"顾客价值"为目标，即经营体存在的基础是"单"，经营体或个人的价值就是把顾客需求转化成自己的"单"，然后根据"单"的完成情况获得薪酬。这也是海尔集团让每一名员工都能建立个人价值创造与价值需求相一致的工作方式，每名员工都要为终端用户创造价值，实现"单"的承诺，让用户为价值付薪。此机制包含两个关键的环节：第一个环节是预酬，即事先算赢，经营体通过重构需求给用户一个价值期望；第二个环节是"实现期望"，即经营体根据现状与目标的差距,通过建立"人单酬"机制,实现"闭环优化"的价值创造机制。

在组织的绩效考核机制方面，海尔集团用二维坐标轴（即二维点阵工具）来评估业绩，进行价值评价，二维坐标轴可以同时衡量两个维度：x 轴代表企业价值，如销售额、净利润等一系列指标；y 轴代表用户数量、产品口碑、用户黏性等指标。海尔集团的业绩考核就是依据该坐标轴进行，不但横轴上要达标，而且纵轴上也要达标。

在组织的绩效激励机制方面，主要分三段。第一段是基本层，保证团队成员的基本生活费，就是人们通常理解的"底薪"。第二段就是对赌层，可以简单理解为：把团队确定的目标和预算变成二维坐标轴上的一个点，两个维度都达到了这个点，就能获得预算和分红。如果超出了目标或节省了预算，超出或节省的部分由团队自行分配，这是第三段。海尔集团的这种考核机制，突破了传统人力资源平衡积分卡式的考核，是与"人单合一"机制和"用户付薪"机制相匹配的考核机制，二维坐标轴式的考核关注用户价值，是一种以用户价值为导向的价值评价模式[24]。

在组织的资源赋能机制方面，往往是以小微企业或小组织的需求（本质上也是用户需求）来匹配资源，而在资源赋能的过程中还需要有相应的约束机制或匹配机制，如海尔集团的"人单合一"机制和"用户付薪"机制。

根据区块链思维，上述组织内部所形成的"人单酬表""契约内容""绩效考核""绩效激励"等方面的共识内容都可以以算法、合约等进行编码，并作为组织预先约定的"条款"，以此促进组织内部可信、高效地开展价值活动。

海尔集团的自主经营体（即自治组织）强调"端到端、同一目标、倒逼体系"的经营模式[41]，具体如下。

（1）"端到端"是从用户的痛点出发到用户的需求满足，此时，员工不再由上级设定目标，而是从用户需求或用户所认同的价值主张出发，开展价值活动。

（2）"同一目标"是组织基于价值共识所设立的共同目标，其中共同目标是通过重构需求后所设定的目标效果。所有组织成员都按照这一目标来开展价值活动，满足用户需求。

（3）"倒逼体系"是自主经营体为了实现目标，倒逼到个人目标和流程，通过约束条件和关键节点的设定把整个体系调动起来，即用户需求成为指导、推动各个经营体进行价值活动的基础，而管理者则成为资源提供者和变革引领者，赋能创客完成相应的角色扮演所要完成的任务，并实现个人价值的充分表达。

此外，通证激励机制也是驱动组织运转与人才持续贡献价值的关键，将组织中的各个元素（如人、IP、知识、产品、数据等）通证化、资产化，使得人力资本与其他要素资本可以充分融合，更好地激发组织的效能，实现个体价值的有效流转。系统通过对组织和人才的各项业务奖励规则进行通证化设定，对核心角色定义，以及不同角色完成任务后的激励协议（如就激励条件、激励条款等达成一致意见的过程）、授权协议、智能合约交易模式等进行底层设计，实现具体业务、具体工作的通证化激励与赋能，促进不同组织、不同系统之间的价值交换与价值转移，以此激活组织与人才。

7.5 智能合约：构建公平、高效可信协作系统的利器

智能合约也是提升组织效能的一种工具，在分布式自治组织中可驱动价值交付和机制执行的高效进行。区块链的智能合约可以理解为，双方在区块链网络上进行价值交付时，触发执行的一段代码（合同），就是智能合约。相比传统合约而言，智能合约同样包含以下4部分。

（1）合约主体：相互协作的多方主体。

（2）合约条款或内容：平台通过代码或算法设置的规则，用于维护甲乙双方的权益，以及要履行的义务。

（3）合约执行：在虚拟机环境中根据合约条款的逻辑，事件触发后自动执行，完成交易结算等合约的逻辑。平台借助智能合约使这些流程更加可靠和更具成本效益。

（4）仲裁方式：平台借助于合约中的数字货币，或其他财产，由决策委员会或随机节点组成的仲裁组织进行仲裁。

对于传统企业来说，合约在签约、交付、退货纠纷等关键环节，才会显示出重要的作用，智能合约促进了建立在信任基础上的新型商业价

值交换。组织建设者确定合约主体后，通过某种编程语言定义合约逻辑，嵌入某种共识规则、合约条款等，发布到区块链上之后，根据合约条款的逻辑，由用户签名或者其他的事件触发执行，完成交易结算或交易赔付等合约定义的流程化款项。

随着智能合约的发展，其本身也会愈加多样化和复杂化，平台利用智能合约程序化管理各项事务规则、奖惩执行等，并通过部署上链，任何分布式自治组织或个体均需在预先设定的共识规则下开展价值活动，借助于智能合约多方主体通过协作形成复杂社会组织关系。深入地说，智能合约程序不仅是一个可以自动执行的计算机程序，还可以通过已有的规则对接收到的信息进行回应，并向外发送信息和价值。智能合约允许在没有第三方的情况下进行可信执行生态规则或组织规则，生态参与者根据智能合约可以公平公正地获取事先约定的权利和义务，是一种关于组织或个体之间可信协作的利器。

当分布式自治组织取得共识协议后，可以利用相关算法协议和用户接口完成从协商到履行的所有步骤。组织通过多种属性的节点，即生产节点、运营节点，以及技术人员、用户节点等利益相关者节点制定参与方之间的共识，明确各方的权利、责任、利益，确定共识性的标准合约文本，并将文本程序化且加以验证，从而获得标准合约代码，然后对代码化的合约进行分发、验证和自动执行。因此，在智能合约辅助下使得自治组织具备自动和强制执行合约条款的能力，更利于构建公平、高效的可信执行系统[42]。

在具体的场景应用中，平台通过智能合约来管理参与者的身份信息、参与者的贡献界定与收益分享，并基于交付内容（产品、服务等）、交付及服务水平协议管理、采购及付款管理、成本预算、实际花费及利润管理、付款条件、发票及收款管理、收入确认、利润及会计管理、续约

管理等功能，并且通过实时的财务核算和项目进度监控，来实现项目的
有序且高质量推进。这为场景组织内外的业务协作、业务流程的公平公
正执行等提供了技术支持。

图 7-6 是海尔集团链群合约生态圈，纵轴是体验链群（用户型分布
式社区），创客或 U 盘化人才通过与用户交互实现自组织的"方向校准"；
横轴是创单链群（产品型分布式社区），创客或 U 盘化人才基于用户需
求产生"单"，在创单过程中产生递增收益，在体验链群与创单链群的
协同发展下实现组织生态的共赢与进化。

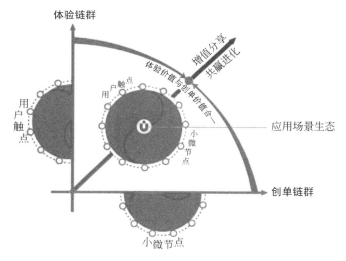

图 7-6　海尔集团链群合约生态圈 [43]

具体来说，在以用户为中心的触点网络中，各小微节点之间以用户
价值为中心形成创单链群，各节点可分布于全球各区域，它们之间以预
先设定的协作共识为基础，通过角色扮演、资源赋能、价值协同、生态
协作等完成场景体验升级或塑造的相关工作，并在"智能合约"与 7.4 节
所述的"四大机制"融合下，界定和评价工作效果，获取相应的生态收
益，整个过程用户触点与小微节点相生相融，体验价值与创单价值合一，

并且该过程在智能合约等技术赋能下可变得更加智能化，贡献界定、协作交付、采购付款等都可以自动完成。最终，在多个创单链群和体验链群相互融合下形成多场景互联的价值生态。

智能合约管理不仅可以自动交付结算，快速、高效地处理相关合约和结算情况，还根据每一步进展设置提醒功能，实时更新合约处理进度，保障款项的处理进度。这不仅能够加快业务的顺利进行，还能够降低成本，改善企业的运营效率，而且公平、高效、实时、透明，可以避免很多因平台人力监管失职而导致的经济或人身损失[44]。

例如，社会中的很多意外事件的发生往往源于人心的多样性和人性的不可控性。当人性不能被约束时，人们能信赖的，可能只有技术了。

以技术约束人心、管理人心。因为在没有监督、没有约束的情况下，个体在外在环境压力或诱导下很容易为所欲为。

区块链技术所具有的公开、透明、行为可记录且不可更改等的特性，对于有利于生态发展的价值行为平台给予奖励，对于不利于生态发展的行为平台给予惩罚，这是区块链技术对各生态角色的约束。例如，通过智能合约可定义参与节点所涉及的业务流程权限和可执行的功能集合，用于高效、完整地实现特定业务场景中的业务协同，借助于智能合约将显著降低分工协作的成本，提高组织分工价值交付、价值分配等协作过程的效率，为分布式自治组织的运行和企业数字化转型提供了新的可能。平台建设者可充分利用合约的智能性、分布式对称性，以及数据加密技术和共识算法等，实时地提供基于场景的立项、岗位评价、生产供应、合同条框和订单执行等多层级信息，及时实现各个节点数据之间的智能连接，自动匹配最优方案并付诸执行。

在建立智能合约的过程中，区块链平台中的参与者需要协商如何表示交易及其数据（即对生产、供应细节形成共识），并在智能合约中准确地表达这些规则和规范。当然为了避免协作或执行过程中产生争议，还需要定义一个解决争议的框架，这其实也是规则的一部分。

具体来说，在区块链系统中的规则应包括审查规则，注册各方之间的协议，在交易数据上测试规则，模拟场景以了解规则对业务的影响，并以安全且透明的方式存储它们。同时，系统规则还需关注数据模型、业务领域模型、定义如何制约规则，包括谁能定义规则，谁能部署规则，以及更改规则的流程等。未来，面向各类生活场景、业务场景，合约功能研发也将进一步提升用户、生态参与方、组织成员等在业务协作、业务执行、商业交易等方面的体验。分布式自治组织中各角色之间的协调和业务决策将更趋智能化，组织完成价交付后系统还会自动评估收益情况并对决策做出调整。这将有助于区块链技术适应各类复杂多变的应用场景，提高分布式事务处理的效率，为未来可编程社会奠定基础。

综合来说，在区块链系统中的分布式可信连接、分布式共识及智能合约等，对于组织成员之间的交互与协作，甚至是价值链的重塑等都是重大的机会。整个价值链将在区块链驱动下实现高效联通，也即客户、供应商、生产资料、生产信息，以及智能部件等其他智能对象之间将全面联通，使面向全球的分布式网络中各价值主体之间做到实时规划和决策。这极大地促进了场景连接效率、商业模式重构、场景体验升级、价值协同效率等。

7.6 执行赋能：以可信环境塑造和通证激励提高组织执行效率

在互联网时代背景下，产业融合加速，消费需求升级，市场经济已经呈现多维度、多变化、全球性的竞争格局，这对组织的创新能力，决策判断，反应速度，执行力等都提出了较高的要求。

市场是动态的，在动态的市场中要想让组织效能进一步提升，还需从组织内的能力、效率、质量和效益四方面来对组织进行评价；在能力方面，通过 U 盘机制和分布式自治组织特性，让个体自我驱动、组织赋能、自由发展；在效率方面，基于流程协同、技术 / 工具辅助（如区块链的共识机制和智能合约等）、分工合作、信任网络建设等方式有效提升组织运营效率；在质量方面，由于区块链技术的加持，产品设计和创造可在自治的社区内进行，也可对过程溯源和监督，如此能有效提升和保障产品的质量；在效益方面，基于区块链可构建分布式数据系统、可信任的价值交换系统和通证系统激励模型，为价值流通建立强有力的信任背书和价值流转体系，极大程度上促进产业融合，实现供需的有效匹配和高效转化，进而提升组织效能和经济的供给侧结构化改革。

一种责权对等、相互信任、协作高效、信息畅通、沟通有效、系统激励的分布式自治组织形态会极大促进组织内外部的一致行动。在组织内基于共同目标的一致行动是组织存在的基本条件，区块链思维中的社区共识思维包含了工作前的共识约定和工作中、工作后的共识方案的制定。从社区共识出发，在共识的前提下开启价值创造和收益分享等活动。目前的区块链网络中有 PoW、PoS、DPoS、PBFT 等共识机制，这些共识机制都具有不同的特点，在一定程度上有利于经济组织建立共识关系，寻求共识合作，并以集体的智慧共同应对多变的市场环境，抵御自然威胁。社区共识的达成更多是建立在平等、自愿、公平等基础上，这也是自由人之间自由协作与组织高效执行任务的基础。

除此之外，影响组织成员之间一致行动的另一个重要因素是组织成员之间的相互信任问题。在组织内部，组织成员在执行工作时，由于信任成本和信息不对称的存在，往往会出现相互怀疑、相互猜忌等行为，成员之间的协作效率必然会大打折扣。

区块链以分布式记账、不对称加密、智能合约等结合而形成一种对等、互信的对等网络环境。智能合约是一种预先编写、自动运行的计算机代码，其是基于机器语言和合约内容自动执行的新型工具，天然具有机器信任的属性。而且，系统内部一切基于组织目标的活动流程及其结果都可以分布式存储在多个节点中，系统通过分布式智能网络和智能合约应对契约风险，通过完善的契约条款，并将契约记载在不可篡改的分布式账本中，保证执行过程流程化、执行结果公平化。在此基础上更利于组织成员及其生态利益相关者为实现其最大化利益而努力，在一定程度上提高了组成成员的工作积极性和利益相关者的参与积极性。

为了进一步提升参与者（包括资源提供方、资源消耗方、资源分享方等）参与到生态经济建设中，为生态贡献更多的能量，提升参与者产生持续参与生态经济建设和参与者将参与体验分享给更多人的动力，我们可以通过围绕不同的参与者的价值来源和个体的心理意愿等建立微型经济生态，以便将参与者行为与生态系统的繁荣相结合，进而实现个体价值和生态价值的最大化。

通证对于分布式自治组织和生态而言，不仅是一种经济激励的工具和交易媒介，更重要的是在组织和人才系统内部，可以促进生态圈形成自我发展、自我完善、自我循环的生态体系，这和 U 盘化人才的特性一样，自带内驱动力。通证不仅为整个区块链社区提供动力源泉，还可以通过通证打通产业链上下游之间的关系，促进产业链之间的协同发展。所以，合理设计良好运转的通证激励系统，是组织治理模式和产业结构调整成功的关键。

在以区块链底层技术为基础的企业组织形态中，组织设计方可通过技术算法去除不信任因素，通过通证经济模型提供组织内外部的参与动力和协作动力，企业组织结构内外部的各个节点之间公开透明地进行信息和价值交换，可以最大限度地减少信任成本和沟通成本，从而达成组织内部的共识和信任，成员之间通过分布式价值网络、智能合约和通证激励机制，实现动态控制、协调生产经营、相互无缝协作活动，进而达到组织的预期目标。

　　未来，以复杂场景的多变需求为导向，迭代出基于场景革新企业价值、大数据赋能小场景、业务中台支撑组织创造、可信环境下的通证激励等商业新逻辑。一种以企业数据平台建设、触点网络建设、机制设计、业务系统整合、敏捷组织设计、赋能管理等为基础的数字化升级逻辑正成为主流。当企业打通数字化企业管理系统和可信消费供应通道，并实现与供应商、销售商、平台商等平台各主体之间的分布式数据协同之后，即可随需赋能组织 / 个体的高效行动，以应对消费者多变的需求，并创造更加多样的商业价值。

第8章

分布式自治组织：分布式商业生态下的新型敏捷组织

　　组织和管理都是为特定的目标服务。组织是把未来实现目标所需要的各项资源要素加以集中并输出，而管理的目的是使这些要素更加协调地有机组合在一起，使之更好地产出绩效、实现目标。组织变革的主要目的就是为了改变资源的组合方式和利用方式，使之更好地适应环境。

　　在互联网时代，我们越来越认识到个体的价值在崛起，承认个体的价值和潜能，而个体依存于组织，当个体的需求和综合能力升级后，其在传统组织中就会不相容，所以，我们发现在互联网环境下员工的离职率要比工业时代高得多。因为在之前（即工业时代）的组织设计的逻辑是组织基于资源与能力预设目标，确定一个战略目标，再基于目标的实现设置一个架构，然后企业通过招聘与选拔实现人岗的有效匹配，并通过激励机制保证每个人高效运转起来，从而提高组织的运行效率，保证组织基于个体能力和资源假设的目标能够被实现。

　　这种经营方式是在相对稳态的外部环境情况下，组织和个人的目标在较长时间内一般不会发生变化。当个体目标和组织目标一致后，就需要管理手段促进经营目标的实现。

　　但是，当外部环境高度不确定时，这种基本假设就不适应于现在的商业环境，于是基于此而设计的组织或商业模式也就需要升级了。但是我们又该提出一个什么样的经营假设，新环境下的新型组织该如何设计才能既释放组织能量，也释放个体能量，然后以组织和个体的力量去应对多变的环境。

　　我们知道，个体和组织是一种相互依存的关系，在组织中可以放大个体的能力，个体又可以推动组织的发展。但同时，我们在跟管理者们交流时，发现很多企业面临一个现实问题：现代社会越来越强调依赖于个体价值，那么在这种情况下组织目标又该如何高效地实现？

　　如今，企业所面临的环境复杂且多变，消费者需求在变化、员工的能力要素和自我需求也在变化。在互联网时代，这种变化一直在主导着企业的进化与发展，企业组织变革和管理创新一直在围绕着需求或需求形态而变；即消费者和人才需求的变化在倒逼组织变革与人才管理方式上的创新，使得组织真正做到以客户为中心，持续激活组织，以组织的灵活性去释放人的创造活力与创造潜能，进而驱动企业快速地适应环境。

技术革命空前快速发展，我们所面对的数字化、大连接、智能化时代，使得组织与人的连接关系进一步加强。而恰好这个时代所带来的技术基础为组织模式的创新提供了基础平台（分布式商业的"诞生"与"成熟"也正是源于这些技术基础）。

这时，企业的管理理念、管理思想、管理方法也需要改变，其中组织变革和人才机制创新成为企业管理创新的核心。

笔者认为：场景管理的简单意义就是在平台化网络中，为场景的需求快速地匹配相应的产品或服务。深层意义是基于场景业务需求，匹配相应的资源和人才，让组织可以快速地组建，并可以敏捷对场景需求做出反应，创造场景增量。而后基于网络协同关系使多场景多业务有效融合，最后达到场景价值最大化和人在场景中体验价值的最大化。

其中，要达到上述自由且精准的组织效果就需要借助于触点网络所形成的敏捷组织结构去支撑。

场景本身是动态的，分布式商业环境下基于场景的组织往往需要具备一种能自我调节、自我适应，以及自我修复能力，是与生态系统所具有的功能一致。这就需要组织进行结构化创新、进化式生存来建构这种能力，蜂窝状组织管理结构由此进入大众视野。

在自然界中，蜂群的运行是一种分布式、自组织的状态，蜜蜂基于群体智慧开展采蜜、酿蜜、维护蜂巢、繁衍后代等行为。蜂窝状组织瞄准于分布式场景，以满足场景需求和创造价值增量而存在。分布式商业中进行价值创造的单元就是这种蜂窝状组织。当我们在全球范围内连接需求，并在全球范围内组建蜂窝状组织进行价值创造时，能量的流动边界便会被进一步打破，能量的流动率也会进一步提升，自然地，整个社会的文明进程也会进一步提升。

8.1 敏捷组织：从蜂窝状组织开始

我们知道，在蜜蜂采蜜或迁移时，都是集体行为，它们分工明确，每一只蜜蜂在蜂群里都有自己的位置，从不会越俎代庖。它们具有很强的协作能力。例如，在天冷时，工蜂就聚集在一起，把蜂后团团围住，保持温暖。蜜蜂们彼此之间会交替站在外围，以便让蜂群的每个成员都不至于太冷。花开时，工蜂们飞出去采集花蜜，有时它们能飞 8 千米。这种互助协作、自由协同能力是高效创造价值的核心能力基础。

据美国每日科学网站 2006 年 1 月 8 日报道，蜜蜂生活在高度复杂的社会公共群体中，工蜂之间有明确的劳作分工。工蜂是蜂群中繁殖器官发育不完善的雌性蜜蜂，它们承担着蜂巢的清洁、维护及防御工作，也负责哺育幼虫和寻觅花粉或花蜜。而其他种类的蜜蜂，如工匠蜂就不具备群居的天性，过着独居的生活，群体内既有分工，又有协同。

在《失控：全人类的最终命运和结局》一书中，凯文·凯利（Kevin Kelly）提到蜂群的运行是一种分布式的、自下而上的运行方式。蜂群中并没有发号施令的主体，蜜蜂之间依靠群体的智慧，自发地按照天性 / 规律采蜜、酿蜜、维护蜂巢、繁衍后代。蜂群中蜜蜂之间的分布式组织方式主要是依据角色进行分工，每个角色承担不同的任务，彼此之间有效连接且高度自治，并以这种形式和特点共同抵御外界的变化。总体来看，蜂窝状组织具有自发性、可适应、可进化、易创新等特点。

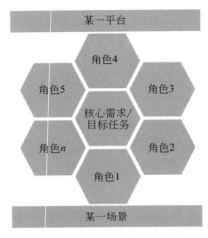

图 8-1　蜂窝状组织结构简图

如图 8-1 所示，蜂窝状组织就是以某一活动场景为基础（当然，在互联网时代，这种活动场景可以范围更大、更广，甚至完全可以基于虚拟网络环境获取场景），组织方通过场景洞察后明确场景人群的核心需求、目标效果或目标任务，而后通过目标任务设定相关角色及其权利、责任和利益，以分工明确的角色扮演、开放协作、资源赋能、动态管理、通证激励等方式，完成场景目标任务，各个角色之间围绕目标通力合作、众志成城、互帮互助开展活动，组织通过各项活动获取或积累资源（蜂蜜）。如果组织内部成员（即各个蜜蜂）的价值活动可以建立在平台上，平台（如养蜜蜂的平台）给予其各项活动所需的资源支持，则其创造蜂蜜的能力自然会更强。简言之，蜂窝状组织是在平台的基础上通过资源的合理吸收与组织成员之间的有效协作来创造价值的一种组织形态。

我们来看看当前出现的一系列组织形态，如网状组织、云组织、平台组织等，其实都可以用蜂窝状组织来概括，也就是说蜂窝状组织囊括了上述组织的多数特点。随着互联网信息化技术（如大数据、云计算、区块链等技术）的快速发展，企业面临的外部商业环境愈加变幻莫测。那么，企业如何在高度不确定的情况下，以更好的组织形态找到与市场、客户/消费者的接触点和传播点，以进行有效的信息交换和与之匹配的价值活动，最后达到场景商业的供需匹配和目标效果的达成？

在传统的管理中，企业依靠确定的组织秩序和严格而复杂的流程进行内外部信息交换和价值获取的方式已经成为过去。在当今复杂而多变的、混沌的商业环境中，企业（或企业内部成员）需要通过一种敏锐的外部感知力能力、自我调节能力、协同"采蜜"能力等进行价值创造，贡献给场景人群，以满足其场景需求。不同的小组织负责不同的场景业务，高频场景通过多个小组织之间的通力合作来满足场景的价值需求。而这，也往往要求企业对自身的组织架构进行结构化的颠覆、创新、重塑。蜂窝状组织管理由此成为分布式商业环境下场景管理体系中的最优选择。

蜂窝状组织管理其实可以从很多企业中看出苗头，如海尔集团的"员工创客化的小微组织"、华为的"三人战斗小组"、百度的"小团队制"、韩都衣舍的"产品小组制"，都是企业对蜂窝状组织模式的具体实践和探索。

总体来看，笔者认为蜂窝状组织形态会是数字化时代企业未来的主流组织形态。它是以市场为导向，以个人的能力和意愿为基础，以价值创造为核心，通过开放授权、目标明确、分布式自治而形成的灵活自由的自治组织，即，该组织能够在自发状态中，敏锐地感知到市场机会，进而以机会确立角色人物，而后组织基于网络云平台，利用相关的区块链、AI等技术，将人、组织、知识、事件、产品或服务等要素自由组合与匹配，这是组织降低沟通成本、提高效率以及实现个性化价值创造的核心。例如[44]：

对人/角色的智能匹配：基于个体和组织的信息与行为数据，根据贡献及能力匹配个体在组织所处的位置或承担的角色。

对事件的智能匹配：通过节点画像，自动实现任务识别、推荐、匹配和对接，从而快速调动组织人力、知识、资本等解决事件的要素。

对知识的匹配：根据节点信息及行为数据（如点击、搜索、浏览）进行匹配、推荐，知识推荐是目前较为成熟的一种技术。

智能评价／考核：对个体完成任务的过程、结果进行多维度评价，评价结果代表该个体在组织荣誉体系中所属的层级，不同层级享有不同的权益。

在此基础上，组织可以设立目标和各个角色的权责利，网端连接，云端分布式存储与沉淀，链端分布式协作与通证激励，从而有效地激活或创造某一场景人群所需要的产品或服务，当企业借助于该组织形态瞄准多场景的目标客户群的核心需求（即市场方向）进行价值活动时，能推动企业在混沌无序的市场环境中，找到自身的发展途径和创新突破口，实现可持续成长。

8.2　蜂窝状组织的特征

互联网时代在一定程度上打破了信息不对称，一切资源和信息在互联网或区块链的助力下均可实现共享。多数企业的"云有化"共享平台频繁出现在商业世界中，例如，海尔集团的资源平台（即资源云），阿里巴巴的"阿里云"，百度的"百度云"，京东的"京东云"等。于是，资源的扩充性和利用性更好，蜜蜂可以"随需而取"地对资源进行利用，并创造出用户喜欢的价值性产品或服务。

蜜蜂吸收可利用的资源创造价值是蜂窝状组织存在的核心价值，海尔集团的"创客"角色其实就相当于蜜蜂；企业可以借助于平台建立资源池（这里的资源包括强大的创客资源、供应资源、人才资源等），当平台上的创客发现新的市场机会时，就可以在平台上的资源池中找到项目需要的团队（或合伙人），并以其活动自由性、价值导向性、结构合理性、团队协同性等特性进行高效的价值创造。

所以，如果企业将员工升级为创客后，就需要平台型企业充分给创客组织授权，平台领导者愿意贡献资源，愿意出让部分股权或管理权，鼓励创客们折腾，并以机制驱动创客们在市场上"采蜜"。创客以用户需求为核定进行价值创造，他们对市场有较强的敏锐度，善于抓住机会，以其能力通过与市场的良性互动将市场机会化为"蜂蜜"。

例如，海尔集团鼓励员工内部创业，将资源云化，使创客们可以借助平台资源较快创造价值性产品或服务（即采蜜），满足市场需求。此过程，创客参与项目是一种动态合伙人模式，按"单"聚散。换言之，每个创客群（即小微）都根据"单"进行聚合，每个"单"是由用户、合作伙伴等付费，而创客群是否可以创造收益，一方面取决于创客群对市场环境／用户需求的洞察度；另一方面取决于该创客群的职能匹配度。综合表现为市场灵敏度、团队认知力、团队执行力等。

蜂窝状组织要想有足够的灵活性和市场吸引力，核心还是在于服务于场景的产品或服务的合心度、创新度；合心度主要是看组织的场景洞察是否准又精，以及所创造或服务的产品是否合乎场景人群的心意，是否可以凭借其创新力给场景人群更便捷、更贴心的服务。

再如，京东推出了新型组织模式：建立客户导向网络型组织，建立价值契约的钻石型组织，建立竹林生态的生态型组织。面向客户的组织支撑主要是平台，搭建平台架构，开放用户市场，将组织类的管理关系从单一的群体关系转化为更多利益相关者加入的网状关系，企业为员工构建平台，开放任务市场，并通过疏通管控机制、市场化结算机制、网状评价的信息平台，实现员工的自主经营、独立核算，实现内部市场化交易[45]。

蜂窝状组织的特征和要素如下。

1. 网状结构

互联网的结网能力使得一定范围内某个节点的需求可以通过网状的供需匹配范式得以快速满足。例如，滴滴出行的乘客在某一地点所发出的需求就是网状结构的某一节点，根据这一节点开始全半径搜索需求的供应方及其最佳匹配方案。

2. 边界模糊、动态边界

在数字化时代，金字塔组织扁平化，大组织划成小经营核算单元，从中央集权变成小作战单元，各个单元以网状组织结构按需组合，按"单"聚散，企业内部没有严格的等级关系和制度，各个部门之间、角色之间的边界模糊，一般以动态边界的组织形态满足消费者多变且复杂的需求。

3. 数据接口

数据接口的主要作用是对云平台资源的"按需调用"，当然这也是建立在企业通过大数据、云计算等技术对消费或使用的行为迹象实时获取和存储的基础上。资源上云、上链，云分享、云获取、云协作、链确权、链激励，企业借助于"云"提供场景需求的高效率解决方案，利用数据接口可以最大限度地提高其服务用户的效率和体验。如各大互联网平台通过API数据接口实现基于资源共享的战略合作和基于资源输出的场景方案。

4. 价值导向

数字化时代，商业用户逐渐变为价值链环节中的一部分，价值导向是一种以用户为中心开展价值活动的经验理念，即企业的一系列资源配置都是以价值为导向，以实现人的价值最大化和组织自治为目标。

5. 个体激活

在蜂窝状组织中，企业是灵活的，个人的行为都是按照其能力和意愿而进行。这时，人力资源的配置既注重个人的主观层面，又注重个人的能力层面。人人都是自己的 CEO，人人都可以根据自己的才智和想法参与价值创造。互联网的人力资源也可以在线化，企业平台上将各角色的所有属性、经验状况和细分能力要素都标签化，实时更新、实时在线，以智能化服务匹配激活个体。当某个小组织需要某一角色的配置时，就可以在企业的云有化平台调用最适合的人才，参与到组织的价值活动中。如此，组织更利于实现以价值为导向的人力资源的高效配置。

6. 目标管理

目标管理的本质还是为了将个体的价值和组织的愿景在一段时间内合理地被实现。有合理的、共同的目标才会有协同效果，蜜蜂之间相互分工、相互协作也源于其共同的目标，其实，"按单聚散"也可以理解为"目标聚散"，"单"就是"目标"，用户需求和我们要完成的目标效果一旦定了，创客们就可以凭借这个目标效果和需求状况来组合小微组织，共同为用户创造价值。

7. 自我管理

企业平台化就意味着管理者要给各个经营体或小微组织充分授权，而放权管理后要想让平台源源不断地发挥价值，主要还要靠创客们的自我管理。而且，创客也是一种复合型人才，要具有创业者的潜力和资质，要有敏锐的市场洞察力和抓住机会的能力，员工要转换角色，将之前的按岗定编的执行者转变为拥有"三权"（指决策权、用人权、分配权）的 U 盘化人才。所以，自我管理能力便显得尤为重要了，各角色以自我管理能力实现个人的认知升级和综合能力的强化，并以此推动组织目标的实现。

8. 职责明确

自治组织中每个人员都需有自己的角色和位置，以专有角色能力，发挥角色价值。例如,相关角色和用户交互的先锋人员获得市场需求后,在各个职能模块中找到采购、研发、制造、营销的最佳人员进入团队,共同实现订单,并以"用户付薪"模式分享收益。

9. 专业化人才

专业化职位就要有专业化人才,用户获得良好的服务体验就得靠专业化人才来驱动。而人才的获取可以来自企业内部,也可以来自企业外部,组织借助于外部资源利用云管理软件,经过严格的笔试、面试、挑选出学习力强、有实战经验的人员入人才库,长期积累,组织需要哪方面人才时就可以在人才库中调取最佳的创业型、专业化人才参与组织的价值活动。

10. 精细化运作

在区块链所塑造的价值互联网中,企业的运营方式开始智能化、模块化,各大模块的有机组合架构将原本线性的管理运营方式转变为去中心化的精细化运作,产业组织通过平台的系统化整合,明确各个角色的定位和精细化分工,以大数据技术支持平台的精细化运作,优势互补,取长补短,智能组合,实现资源的生态化配置。例如,很多个性化定制工厂就是靠精细化运作来驱动定制模式的实现,平台引入优质资源改善供应布局,通过模块的精细设计,提升运营的标准化程度,降低产品的生产运营成本,实现场景业务的柔性化、精细化运作。

11. 高度协同

网状、分布式作业就要求各业务之间、组织与角色成员之间、角色成员和用户之间、需求与供应之间高度协同,彼此互协互助,相互融合,正向发展。例如,海尔集团的"人单合一"的本质就是让员工和用户融为一体、市场需求与订单供应融为一体,在该模式下建立小团队的自主经营体,小团队承接企业的战略目标,有着明确的用户价值主张,可以端到端实现用户需求的及时满足。其具有"三类"标准的创新单元（研发类、用户类、制造类），研发类经营体的主要任务是创造一流的产品资源；用户类经营体的主要任务是定向创造用户资源；制造类经营体的主要任务是实现模块化供货，各经营体之间以用户需求为准，驱动各角色的价值活动与市场目标一致，也让各角色成员在为用户创造价值的同时也体现出自身的价值。

"用户付薪"机制则实现了团队成员内部的高度协同，以用户价值为本，以市场考核为基础而实现各角色价值的有效性。自主经营体让各角色自驱动、自创新、自运转，合乎人性。每个自主经营体都是网状结构中的一个节点，每个经营体的数据反馈都能在分布式触点网络中察觉，实现企业的动态经营，以适应多变的市场环境。同时，区块链技术分布式网络、共识机制等也为组织成员之间的高度协同创造了条件。

12. 有可量化的业绩指标

行动就要产出蜂蜜（产生价值），在海尔集团有三张表来量化小微企业或创客的业绩指标：有战略损益表、人单酬表、日清表。战略损益表说明企业的战略定位和战略机会是什么？有战略后其实施路径是什么？在战略实施的过程中需要明确企业的具体目标和相关的资源需求。人单酬表是指市场价值和用户价值的评价表，即团队通过价值创造能够赚取足够的利润，并实现利益的分成。日清表是借助 IT 系统形成每天的工作预算和行动计划，并确定审核标准，任务完成后系统每日将战绩结果通过信息系统自动通知员工。海尔集团通过这三张表来支持整个小微企业的运行和小微企业绩效管理的体系。这也是自治组织的管理策略。

13. 市场适应能力和市场敏锐度

蜜蜂（创客）的灵捷活动和集群的团队分工与协作能力使其可以与市场充分接触，感受市场方向和市场的动态，并依据平台的充分授权体系，依靠云平台对这种变化快速地做出反应。

往小处看，场景就是市场，场景现状和变化需要灵活的一线组织和一线信息去获取，基于区块链共享网络，每个节点都与场景紧密结合，可以实时上传和获取场景数据，并可根据数据做出反应。一线组织根据场景变化做出相应的场景服务升级或场景产品升级，甚至可以创造一个全新的产品或服务。海尔集团的"人单合一"就是把人与市场结合起来，每个人都是面对市场进行经营，定向汲取价值，创造"蜂蜜"。于是企业的市场敏锐度和市场的适应能力就自然增强了。

蜂窝状组织是分布式商业中通用的组织形态，组织中的个体基于自身优势，以社区共识思维、角色定位、价值协同等思维融入组织，并为组织贡献价值。蜂窝状组织面对市场具有更强的灵活性和能动性，在蜂窝状组织结构中，组织可以较灵活地面对外部环境变化，并做出反应，应对多变的市场环境。这是蜂窝状组织在分布式商业环境中的基本存在逻辑。

8.3 蜂窝状组织：多场景价值创造的最好载体

企业的价值就是服务于场景、提升场景体验的价值。蜂窝状组织因符合网状结构、价值导向、动态边界、专业化人才、分工职责明确、高度协同等 8.2 节提到的 13 个特性，更利于组织灵活地应对多场景变化，提升场景的价值体验。

蜂窝状组织的形成是在数字化网络基础上通过价值共识、角色识别、分工协同，而形成一种无边界的新型组织。在可信网络下各无边界组织更容易实现价值的互融互通，从而加速企业资源与人才的流动，促进各组织与个体之间的深度协作与共创。跨边界的流动强化了分布式、模块化网络的集群效应，单个个体能够通过网络化平台吸收网络内其他任何分布式节点或者组织的信息反馈、知识养分、数据资源等，最终形成面向特定场景问题的解决方案。

滴滴出行平台的一个司机就相当于一个蜜蜂，一个或多个蜜蜂对应一个细分场景，蜜蜂根据细分场景的实时需求调整相应的"采蜜"策略，并进行相应的价值活动。所以需求成了平台企业最宝贵的资源，而司机的实时需求一般要借助于平台获取，平台通过数据的沉淀，丰富供需资源，实现需求的精准分配，以此提升平台的供需匹配效率，实现场景需求的快速解决。

换言之，前端平台是创客可以与场景深入接触，充分感知和洞察场景人群的特点、需求和其他动态；后端平台负责提供资源、机制、政策等的支持，以及担任数据的积累等职能；中端平台就是实现供需对接及价值活动的平台；司机通过汲取后端的资源并借助于中端平台解决场景的实时需求。

这就是一种较典型的蜂窝状组织，司机通过前端平台、中端平台和后端平台的有效连接形成一个价值网络体系，并以其能力和经验在多个场景创造价值，满足乘客的出行需求，无边界，始终以客户价值为导向而展开价值活动，司机的灵活性极高，完全凭意愿开展活动，基本不受约束，仅有的约束应该就是由自我管理而受到的些许约束。因为在开放平台中，蜜蜂要想汲取更多的资源，创造更多的蜂蜜，主要还是靠自我管理。那些在滴滴出行平台上赚取大量金钱的司机往往就是那些每天勤勤恳恳、具有较强约束能力和自我管理的司机。

在这种情况下，司机全凭自己的主观意愿进行作业，工作时间自由支配，牵制少，目标性强。其实在滴滴出行平台上个人的月度服务报酬目标是影响其活动的一个因素，另一个主要因素是乘客到达的目标地，司机根据这两个因素而进行活动，即目标导向的价值贡献是蜂窝状组织个人发挥价值的必要条件。

因此，笔者认为：蜂窝状组织的形成和消散都是以用户的应用场景及其需求为基础，以平台的内外部资源为依托[1]，如果组织所提供的解决方案能被用户接受，并带来市场收益，那么这个组织就有存在的意义和必要；反之，组织则会被淘汰。

很多情况下，某一场景价值链闭环的实现往往需要团队协作，滴滴出行的司机的单独场景价值创造主要是靠平台赋能，在需要通过团队协作完成场景价值的活动中，除了需要平台赋能外，还需要团队角色类型的精准匹配，以及各角色之间的有效协作。

在基于场景的分布式业务作业过程中，跨组织之间的业务合作将是常态。为了更好地实现相关业务环节的配合，一方面，在整体运营的过程中，组织需要借助于内外部平台的数据资源，运用各种云服务、云平台、SaaS 等技术或应用，让企业的管理、市场、销售、采购、财务、客服、HR 等都架构到云端，全程数据化、由数据驱动业务的智能化、高效率发展，同时降低运营成本、提高企业工作效率，实现精细化的运营管理效果；另一方面，平台需要充分基于区块链等新技术打造安全、可信的组织协作环境，更利于组织间的人员、信息、知识、技术、渠道、数据等资产的可信共享与高效流动。例如，平台组织可借助于智能合约等促进组织之间合同或关系契约形成有力工具，约定相应的权利、责任和利益，促进各组织协作要素资源的有效匹配，从而更好地整合组织内外部资源，真正实现各组织之间去中心化的共创与进化。

例如，韩都衣舍在柔性价值供应链体系建立过程中，采取了一系列

---

① 在蜂窝状组织中，支撑组织价值创造的有效资源已不局限于内部，一切有利于场景方案形成的外部资源也可以成为组织的可利用资源，其目的是降低企业的经营成本。

有效的、创新的经营管理策略，例如，单品全程运营一体化策略，每一款产品，从设计、生产、销售都以"产品小组"为核心，企划、摄影、生产、营销、客服、物流等相关业务环节配合，全程数据化、精细化的运营管理系统（见图 8-2）。每个产品小组通常由 2~3 名成员组成，岗位角色包括选款师、韩语助理、页面制作、库存维护、文员等，产品选款、订单管理、页面制作、打折促销等非标准化环节全权交由各小组负责。产品小组模式在最小的业务单元上实现了"责、权、利"的相对统一，是建立在企业公共服务平台上的"自主经营体"[24]。

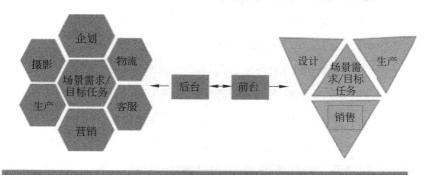

图 8-2　韩都衣舍的蜂窝状组织结构简图

韩都衣舍平台上不同的快时尚服饰设计需求由不同的前台"产品小组"和后台供应角色配位完成。进一步来说，在韩都衣舍平台上，用户需求与平台上的价值供应与活动场景相对应，各个蜂窝状组织或组织内的角色目标一致——都是解决用户需求或某一场景痛点，而后平台通过角色的"权、责、利"的分配和角色之间的协作或业务配合进行场景的价值作业，并以此驱动场景问题的解决。

再如，海尔集团战略以"企业平台化，员工创客化，用户个性化"推进于市场。在组织演变中，海尔集团摒弃了传统的自上而下、由一层层中层管理者向员工下达命令的金字塔组织结构，取而代之的是海尔集团提出的一种基于平台的组织，笔者称为蜂窝状组织。

海尔集团利益共同体的形成基础就是平台上自主经营体、合作方以及交互用户之间的共同目标愿景或价值观。海尔集团的自主经营体是建立在小微组织基础上的，利益共同体强调的是价值创造的全流程互助协作，其主要过程包括四个节点：基于场景的产品设计节点、线上线下的营销节点、模块化的场景供需匹配节点和利用智能设备的制造节点。组织通过各个关键节点的设立使每个利益共同体都为某一"平台"贡献力量。海尔集团用统一的目标和实施机制驱动利益相关者及其背后的平台，协同或者协助利益共同体完成市场目标。

为了更好地界定组织目标，海尔在小微成员中设立了与用户交互的成员，该成员的主要职责是在所界定的场景中洞察场景现状，了解场景人群中的核心价值需求，以此来找到需求、痛点或重塑需求，并和小微成员之间确定一个共同的目标使命和组织愿景，组织通过平台获取可利用的资源，梳理达成目标使命和组织愿景所具有的约束条件，而后确定小微组织战略方向和执行路径，满足场景人群的价值需求。

在海尔集团的创新组织中，组织把用户和合作伙伴都列入了组织的内部，各个成员之间随需交流，按需组合，在组织内部形成了一种价值导向的聚散机制。这就需要组织具有一定的柔性，这种柔性往往依托于平台的价值网络协同机制。尤其是外部市场环境多变且复杂，组织以需求和资源为支撑，通过价值网络协同，实现多个组织或个体之间的互通与协同，并以此方式使生态更富有生命力。

因为蜂窝状组织的主要目标是服务于场景，解决或重塑场景需求，提升场景体验，这必然要面临原有场景需求服务模式的重塑，即根据服务主体的认知、资源及场景现状，推出场景需求或痛点的服务方案，而蜂窝状组织的一大特点就是有利于决策——蜂窝状组织可以通过投票机制，问题反馈，迅速推选方案，进行决策。这样，从一个人决策，变为多个人提供智慧的智慧型组织，最后由负责人选出最佳决策，由组织迅速执行，解决具体业务场景问题。

8.4　蜂窝状组织与分布式自治组织

蜂窝状组织就是为了应对目前多变且复杂的商业环境，通过蜂窝状组织提高组织内外部的协同创新能力，加之区块链技术与思维的融合，蜂窝状组织的可利用性和可执行性更高。

一般来说，组织的作用是连接不同的个体，并通过（平台）资源的赋能驱动个体为组织创造价值。为了驱动个体或组织之间协同创造价值，人们可按照区块链技术及其五大思维对企业的组织结构和业务系统进行升级和改造。

就组织结构升级来说，3.1节也提到，在金字塔组织结构中，由于层级过多，组织内部将耗费大量的成本来进行沟通和协调，这使得企业在应对市场变化时缺乏时效性和弹性。互联网技术的到来，使得金字塔组织结构向扁平化组织结构演进。但是该组织模式仍未在诸多中大型公司普及和应用，交易成本过高、价值创造效率低下、相互之间的效率关系较难建立。也就是说，在扁平化的组织中并没有彻底解决组织内部交易成本和信任成本问题。

区块链的本质是去中心化的分布式记账系统，如果企业将生态中的每个参与者都变成了一个权力中心，通过共识算法和密码函数等解决了现实场景中的信任问题。组织设计以区块链为底层支撑，借助于社区共识、分布式自治、价值协同、通证激励思维等形成分布式自治组织，组织基于分布式价值网络开展活动，能有效解决信息失真、决策失灵、分配失公、个体能动性不足等传统企业经营管理遇到的问题。同时，也能较完美地解决了当代管理学理论着力研究的博弈问题和契约问题。区块链技术与组织管理的融合应用能有效塑造一种基于多维数据和分布式网络而形成的跨组织、跨层级的可信连接环境，实现基于数字关系、信任关系、契约关系等的跨边界共治，为分布式自治组织的建设提供有效支撑。在区块链技术赋能下，一种基于价值网络的共识、共创、共生、共赢生态得以构建，这将会大大降低企业的资源整合成本、各角色之间的协作成本和签订合约的成本，进而会驱动企业组织的进化。第一，组织结构设计从内部走向外部，需基于企业在网络生态环境中的关系状况展开，组织结构更趋扁平化；第二，着眼于网络生态环境共治，组织核心更趋聚焦于优势专业领域，专业化分工进一步深化，进而支撑网络生态环境内协作水平与效率的持续提升[46]。

分布式自治组织在自然生态中比较常见，例如，在自然界中沙丁鱼迁徙被称作大自然最为壮观的奇景之一。每年，数以亿计的沙丁鱼从南非好望角附近的冷水域沿着东部沿岸，一路向北，进入印度洋。期间，海豚、鲸鱼、鲨鱼和海鸟们，都是它们的天敌。沙丁鱼群体中，并没有一个"首领"存在，但当天敌闯入阵营中，它们却能自动调整队形，组成密集的阵形，形成"风暴眼"，把天敌围在中间，抵御攻击[47]。

这些鱼群通过群体智慧和分布式的协作智慧，抵御天敌，这是自然选择的进化结果。这种方式也是个体或企业适应快速变化环境的良好方式，当某一物种受到外界环境刺激后，由分布式灵敏系统做出反应与决策，并快速匹配资源，提出解决方案，解决相应问题，最终形成另一种稳定形态。这也是生态型企业可以快速感知环境变化，并能做出反应的根本原因。

分布式自治组织的核心特点与蜂窝状组织一样，都具有网状结构、目标价值导向、边界模糊、高度协同、有可量化的业绩目标、市场的适应能力较强等特点。相邻蜜蜂间的沟通和小范围协作，使整个蜂群能够统一行动，找准方向，目标一致，高度协同，展现出远超越个体的智慧和协调性。商业实践中，维基百科便是成功的自组织。该平台免费并对任何人开放，目前维基百科已经发展成为最具权威的信息来源之一。

分布式自治组织作为数字化时代的新型组织形态，社会各界对其定义各有不同。2013 年，丹尼尔·拉瑞莫（Daniel Larimer）首次提出类似 DAO 的概念——去中心化自组织企业（decentralized autonomous corporation，DAC），DAC 与传统企业的区别在于去中心化和分布式[48]。

分布式自治组织是一种通过分布式记账、通证激励、智能合约、共识算法等要件，促进实现人类大规模可信协作的新兴组织。组织将其不断迭代的管理和运作规则（共识）以智能合约的形式逐步编码在区块链上，从而在没有第三方干预的情况下，通过智能化管理手段和通证经济激励，使得组织按照预先设定的规则实现自运转、自治理、自演化，进而实现组织的最大效能和价值流转的组织形态[42]。分布式自治组织的设计充分将去中心化、自主、自治与通证经济激励相结合，将系统内的各个元素作为资产，使得货币资本、人力资本以及其他要素资本充分融合，从而更好地激发组织的效能并实现价值流转，为解决现有的组织管理问题提供了很好的思路[49]。

DAO 是蜂窝状组织的深层表现形式。笔者认为：分布式自治组织将是各组织或个体在元宇宙中开展价值活动的基本载体。每个组织或个体的价值活动往往依托于某一任务型分布式自治组织，以场景造物为目标，践行着预先达成的共识和社区文化，通过使用唯一数字身份，而开展分布式协作，如蜜蜂般创造价值，独立且自由。

在此基础上，由区块链所赋能的分布式自治组织，或将逐渐取代原有的以股权为所有权的公司形态。因为分布式账本技术、智能合约、通证经济制度的出现，未来不管创业型企业，还是大型企业，分布式自治组织将会是企业的基本组织形态，自由人通过自由组合而进行价值创造，组织敏捷度高，组织成员专注于价值和目标，以项目制的形式将工作计划分解为较小的单元。分布式自治组织通常会以某一需求或某一业务为核心，以价值共识为基础，通过预先设定的共识规则来引导成员行为，以分布式数据治理指导组织开展价值活动，以通证作为价值流通证明和流通激励手段，然后用智能合约确定成员之间的协作关系和相应的利益分配模式，协同组织成员共同创造价值（见图 8-3）。**组织或成员之间是对等关系，组织或成员之间没有明确的身份划分和等级划分**，一般以某一生态内的共同目标为基础，以通证激励、分布式管理等手段，在角色配位、协同共创下参与到项目的建设、决策与实施中。同时，在 DAO 网络中，团队可以根据工作流程中所获得的实时反馈对工作进行修改。如此，组织的执行力和效率也将进一步提升。

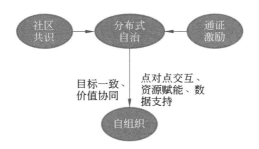

图 8-3　分布式自治组织构建原理

笔者认为，在数字化时代，分布式自治组织将是未来企业主流的组织形态。DAO 中的各个成员通过其持有的 Token 属性及数量来参与组织活动的决策和利益的分配，组织成员之间通过节点之间的交互、协作与竞争，以及 Token 化应用来实现共创、共治与共享。同时，DAO 的建立也是以市场化的理念进行，主张自由连接与协同创造，因此弱化金字塔组织管理壁垒有助于 DAO 之间的充分竞争。此外，组织中价值的高效创造与核算将成为分布式自治组织设计与治理的核心。在该组织结构中，每一个价值创造节点都能够独立（或协同）开展价值活动，并且对每一个节点的价值都能够进行客观公正的评估与核算，最终实现价值闭环。而在组织建设中，主要以某些工具／模块来实现组织管理／治理，助力组织成员开展价值活动。目前 DAO 工具主要包括 DAO 启动器、奖励和收益、薪资管理、治理和投票、信息传输和交互、内容、NFT、资金管理、身份认证、安全等。

更重要的是，在区块链技术赋能下的分布式自组织结构里，组织内部的协作成本和交易成本比较低，核算工作更加智能化，更利于数字化时代的组织治理。这是因为，区块链的共识机制使得不同角色、不同区域、不同部门的成员在高度分散的、去中心化的系统中能够有效地达成共识，从而解决传统科层制和金字塔式管理架构中存在的信息不对称、逆向选择等问题。智能合约则将 DAO 的运营与管理规则以算法的形式记录在区块链上，各方按照合约完成工作并依据预先设定的贡献评价指标进行利益分配，最终实现"代码即法律"式的智能化管理。非对称加密、时间戳等技术用于保障 DAO 运行过程中的安全性需求和所有权验证 [42]。在此基础上，组织成员之间可自行约定组织的目标、角色分工，以及完成的时间节点、关键节点指标、完成关键指标所获得的收益回报值等，并基于约定的共识辅以通证的约束和激励，DAO 成员会共享发展红利，并共担失利风险，每位成员都会在寻求自身利益最大化的同时，给组织带来收益，这是组织内部市场化的典型路径。

在充分市场化的自由竞争经济系统里，一种共识、共创、共享、共担的社会组织形态不断显现，组织重塑过程中借助于区块链的五大思维使得个体的创造力、行为意愿、组织活力等都得以提升，每个人都是自发、自愿、自助参与进来，每个人都拥有自己相对独立的决策权。在这种情况下社会资源得到更有效的配置。这样的组织体系不但会持续降低整个社会的交易成本，而且会使得基于供需的价值创造和利益分享更高效。在此基础上，更利于实现产业升级，助推经济的数字化转型。

就组织的业务执行来说，如同蜂窝状组织一样，DAO 这种组织形式也是灵活动态的，可以依据外部环境的变化而变化，具有较强的市场反应力、敏捷的环境适应力和高效的业务执行力，有助于提升企业的核心竞争力。

区块链更为以市场目标或动态需求为导向的自治组织的落地应用奠定了基础。生产链条的各个数据、供应链各环节数据、业务场景的业务数据等组织利益相关者的利益数据都可以被存储在各个节点共同组成的分布式数据库中，然后通过真实可信的分布式价值网络来联通数据，实时获得各场景的动态信息，并基于多元动态信息，获得市场反应和组织的业务决策，配置资源，协同管理。例如，就组织协同来说，通过将各组织机构的所属节点接入到多方参与的区块链网络中，组织之间的关键协作信息（如组织行为信息、组织绩效信息、组织评价信息等）在区块链网络中实现实时同步，同时基于智能合约技术对组织间协作流程与协作机制进行约定，以此打破了组织间的信任屏障，并能极大促进组织间的可信协同。

在此背景下，生态型企业借助于区块链技术所带来的分布式数据联通和价值互通，使得原本分裂的场景及其数据可基于分布式价值网络实现有效联通。各经济组织采用 DAO 的组织管理模式，能促进分布式工作的有序进行，有效降低经济组织的决策成本和工作损耗，实现工作效率与产出的最大化；此外，经济组织通过借助于通证经济模型，有效激活组织、人才，以及各生产要素，促进价值增长和组织内外部的共生繁荣。对于企业来说，首先，其解决问题的资源不再局限于组织内部，更多业务解决方案可以借助外部资源来实现，组织只要明确需求和相应的回报即可。其次，分布式价值网络中的各节点数据联通更利于分布式自治组织中各角色实时获得反馈信息，并基于该信息可快速做出执行决策，促进了业务的高效执行，这也是打造敏捷组织的基础。对于产业来说，区块链重新定义了上下游的关系，分布式数据系统及其价值网络使得产业链条之间可以可信互联互通，能极大提高产业协作效率。

DAO和蜂窝状组织都是一种数据驱动型组织，以数据型组织的敏捷性与智能性，赋能业务决策、业务执行和业务评价。组织设计主要通过业务信息化、信息数字化、流程协同化，将业务转化为数据驱动型市场。

首先，在业务信息化和信息数据化方面，企业的业务信息数字化建设可以依托互联网、大数据、云计算等技术。在生产端，企业借助于这些技术可以实现智能化生产，数字化运营，有效降低企业生产成本，提高生产效率。在服务端，企业利用人工智能等技术，可以实现产品的个性化定制。在零售端，企业利用大数据技术和平台，充分挖掘消费意愿，洞察消费潜能，从而实现企业运营管理升级和经营潜力的挖掘，降低经营成本。

其次，在流程协同化方面，企业通过使用密码学、分布式计算存储、智能合约，以及大数据、人工智能等技术为协作与交易双方提供一种可信的环境，运用上述技术打造分布式自治组织，通过大数据分析，挖掘用户需求，基于信任关系、共识、分配机制聚集符合协作要求的参与者，并根据用户需求进行协同创造。多个参与者可以通过明确定义的、公开可见的事务来管理流程，以分布式方式解决相关业务。同时，密码学和分布式存储保证了各业务流程数据的安全性，智能合约为企业的业务流程管理填了双翼，企业借助智能合约，可以在处理交易时高效地以预先设定的相关规则，自动验证结果，完成既定的流程化部署工作。

就组织治理模式来说，治理整体思路与 6.7 节所述的理念一致。分布式自治组织要想稳定运行，首先，其和蜂窝状组织一样，需要在组织内部有相同的价值观、共同的奋斗目标，以及组织内部的行为准则，在此基础上提高组织成员的参与度和协作程度，减少因理念不一、方向不同而引起的沟通摩擦，在组织内部辅以通证激励机制和智能合约，进一步调动更多个体的积极性和能动性，降低了人类社会运行的管理成本。其次，基于区块链构建的组织内部群体之间的信任关系也能降低供需双方之间的交易成本，区块链系统中的 DC/EP 数字支付具有一定的可追溯特性，可实现用户的可退款保护，让网状的社会协作充满弹性和回旋力。另外，组织内部也要形成一定的冲突解决机制或仲裁机制，当冲突发生时，能够迅速通过有效的公开仲裁机制解决自组织内部的矛盾，有效避免冲突的积累和因冲突而导致的组织效能的下降。总而言之，在自组织的治理模式方面，相关主体可充分利用区块链思维和信息化技术，以及社交网络等工具，更利于塑造公平、高效的组织，提高组织治理体系和治理模式的现代化水平。

8.5　分布式自治组织实践案例 [50]

Aragon 是以太坊区块链上的一个可以让任何人创建和管理任意组织（公司、开源项目、非政府组织 NGO、基金会等）的去中心化应用（decentralized application，DApp）。

Aragon Network（AN）是一个去中心化自治组织，其目标是充当数字司法权，使组织的企业家和投资人可以非常容易地操作。Aragon Network 很重要的角色是保证网络内组织的成员关系，并检查成员是否遵守了发布的规则。Aragon Network 为组织发展提供了必要的功能设计，如果要跟现实世界做个类比，最好的例子就是今天的特拉华州为公司、投资人和企业家所做的事情。Aragon Network 会是更有效率的区块链上的数字特拉华州。

1. 基础技术与网络层

如图 8-4 所示，Aragon 基于以太坊建立的全球公有区块链平台和操作的完整技术堆栈。它包括模块化智能合同框架、治理层和本地用户界面。其通过 Aragon Core 进行搭建，Aragon Core 是由 solidity 语言的 DAO 和 DApp 组成的。Aragon 目前实现了股东名册、支付转账、投票、职位任命、融资、会计等组织机构的基础功能。

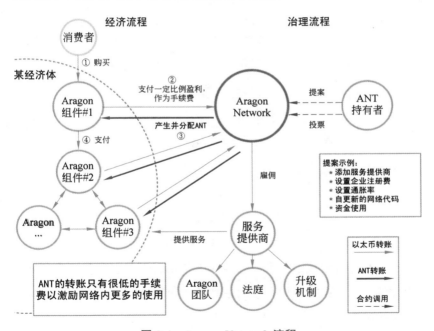

图 8-4　**Aragon Network** 流程

网络会通过积累用户在组织内的交易手续费来运转，这些手续费会

贡献为网络的内部资产，由治理组织随意支配。这些资金的主要流向是
网络的服务提供者，这对网络的运行很必要。这些服务主要有如下内容。

（1）开发支持运行去中心化组织的 Aragon Core 合约。

（2）一个去中心化的法庭，可以用来冻结组织。

（3）一个为所有 Aragon Core 提供合约升级和漏洞悬赏的服务。

2. 社区组织与合约层

Aragon 网络为用户创造和管理 DAO 提供基础设施和服务（如
AragonOS）。用户可以自主定义所创建的 DAO 的目的、类型、激励措施。
DAO 去中心化的程度由创建者自己决定。

Aragon Core 里主要是自定义的组织行为模式。简单来说，Aragon
Core 的应用层的主要部分如下。

（1）规章系统：谁可以执行某项操作。

（2）治理系统：如何做决定。

（3）资本系统：发行和管理生态通证。

（4）会计系统：管理资金。

所有部分一起工作，最终用去中心化的方式达成高效和公平的组织。

3. 组织治理与激励

Aragon Network 有一些基本的宪法和治理方法，每个人都可以在
Aragon 里建立另一个只使用法律子集的网络。例如，你可以创建一个
组织，加入 Aragon Network，然后投票产生一个专门用于你自己组织
的法律子集。或者该组织可以把 Aragon Network 的基本宪法服务作为
一个框架，然后建立一个规则子集来治理组织间的关系。

Aragon 拥有 Aragon 治理提案（Aragon governance proposal，AGP），
每个 AGP 都详细描述了对 Aragon 网络共享资源进行管理、分配以及
使用所要做出的改变。所有的 AGP 必须与社区的目标和价值相一致。

AGP 的目的是对 Aragon 网络共享资源的改变提供一个结构化的决策流程。对于共享资源的调整，需要 DAO 参与者共同决定同意／拒绝访问，或者批准／拒绝有关提案。

Aragon 网络上的原生通证被称为 Aragon network token（ANT）。ANT 代表用户在其所在 DAO 中的通证媒介。Aragon Network Jurisdiction（ANJ 司法机关）提供了解决人际主观纠纷的工具。它是 Aragon 组织激励机制的一部分，因为参与该组织业务交互的人们希望得到特殊的保证，以防合约有未覆盖到的信任漏洞。

ANJ 的投票流程是透明的，但在某些情况下，一些股东之间可能会分叉，这也激发了他们的治理模型并使其产生作用。ANJ 通过提供能够在大范围内运行，且能够使组织高效运作的服务，解决了运行完全去中心化组织的核心问题，为分布式自治组织的高效治理与协作提供了新的解决方案。

第9章

U盘化人才：分布式商业环境中的个人发展新方向

　　分布式商业生态主要是在场景的基础上建立沉淀用户、服务用户的分布式商业模式或商业终端，并以该模式或终端对某一现有用户进行精耕细作的挖掘和运营。我们既可以将传统的业务从场景角度做存量的增长，也可以界定一个新场景做增量的创新，不管是存量增长，还是增量创新，其核心都是为了满足消费者在具体场景的个性化消费体验。而这种"增长与创新"往往需要借助于分布式自治组织和与之相匹配的人才。

　　此外，3.3 节提到：场景管理的主要目的是达到场景价值最大化和人在场景中价值的最大化。碎片化场景价值的最大化体现主要还是靠人去塑造，而人的价值最大化主要取决于个人在单位时间内能否将其能力最大化地表达在系统中，为系统输入最大的能量，并在任何一个系统或组织中都可以将其能力最大化地体现出来，而其中的关键在于个人的行为能否以其能力、意愿、兴趣、个性、三观等影响个人潜能得以释放的因素为基础。

　　在农业时代和工业时代，人们为了满足基本的生理需求而不得不处于被压榨或被动状态，其价值难以充分发挥，此时人的潜能被淹没。而在互联网或知识经济时代，人民的生活水平普遍提高了，很多时候不必因为基本的物质需求难以解决而受到他人的管制和约束。人心被释放，个体价值可以被充分放大，个体的自由度有所提高。随着现实世界中限制于个体潜能及意志的条件被减弱，每个个体都产生了较多发展的可能和机会，普通人也可以通过互联网平台展现个人的价值，他们完全可以突破权威限制和路径依赖，获得平等而充分的展现机会，如近两年的网红崛起、个人 IP 崛起等现象。在这种环境下，企业如何更好地将员工的价值发挥出来，并让其更高效率、更高质量、更加持久地为企业贡献价值？

　　2014 年 7 月，拉姆·查兰（Ram Charam）在《哈佛商业评论》

上发表了一篇名为《分拆人力资源部！》的文章，在国内引起一片热议。拉姆·查兰从市场需求和企业业务出发，认为应该将人力资源部进行分拆，一部分可以称为行政人力资源（HR-A），主要管理薪酬和福利，向财务主管（chief financial officer，CFO）汇报。这样，CFO 便能将薪酬视为吸引人才的重要条件，而不是主要成本。另一部分称为领导力与组织人力资源（HR-LO），主要关注提高员工的业务能力，直接向 CEO 汇报[51]。拉姆·查兰开始注重人的主观能动性。如果从个人全面发展的角度去考虑，人力资源管理和人力资本管理概念的提及都带有一定的局限性，将人视为一种"资源"，是对人的物化，这种属性下，人的主观能动性、创造性、自由性以及增值性等都较难被表达。如果这种"资源"利用得不好，个人的价值很容易被埋没。

在个体价值崛起的时代，对组织管理以及人力资源管理的挑战是非常大的，需要重新理解个体效能的影响因素，解决个体跟组织之间新的关系。例如，腾讯的产品经理制、用户为中心制；华为的以客户为中心、以奋斗者为本；海尔集团的企业平台化、员工创客化、用户个性化；等等。这些都是充分重视人的表现，目的就是为了让个体更自由地发挥其潜在价值。

在分布式商业时代，个人相对自由、组织相对灵活，"社会化员工"与"U 盘化人才"会大量出现，他们可以根据个人所携带的信息、能力、兴趣等加入某一合适的组织，解决问题，创造价值。

9.1　什么是U盘化人才

顾名思义，U 盘化人才就是将人的生存方式类比于 U 盘；我们知道 U 盘是一种使用 USB 接口的不需要物理驱动器的微型高容量移动存储产品，人们通过 USB 接口与计算机连接，实现即插即用、随需插拔的价值传输和使用效果（在数字化世界中，U 盘化人才也可以理解为"数字人"）。

具体来说，U 盘和人们的大脑一样可以存储大量的价值信息，也可以将那些长期不调用的信息"忘记"，U 盘可以与其他系统通过数据接口实现价值传输，U 盘的存储信息量越大、接入到系统的有用信息越多，其价值传输能力和价值利用度也就越强。一般来说，U 盘的价值是其通过数据接口，使已有信息充分输出并发挥效用，其在单位时间内输出的有效信息越多，U 盘的价值也就越大。

U 盘化人才是指人才在某一系统或平台通过其对某一场景的角色扮演将其自有能力最大价值表现或发挥出来，而且其也可以在不同的系统中输出不同的能力、发挥出不同的价值，U 盘化人才每次接入系统都是以系统需求为前提，即每次输出的价值都是系统所需的，其输出的价值可以为系统的正常运转或系统的增量业务做出贡献，即 U 盘化人才按需进行价值匹配和创造，随时插拔、自由协作。

9.2　U 盘化生存：　未来人才的新型生存方式

我们可以认为企业就是一个系统，企业内部的每个人都可以插入这个系统，通过各自的角色扮演、任务执行及角色内的价值输出为系统贡献能量。

随着数字社会的发展，一方面，人和人的协作变得更加自由，个人通过联网将其能力信息云端化，激活其自有资源，通过云端协作的方式进行价值创造；另一方面，大量的中大型企业开始打造平台化企业，它们利用互联网的连接能力和大数据的精准匹配能力聚合大量的自由型人才在平台上贡献价值、获取收益。

回到人才本身，在公司组织内部，衡量个人价值的尺度是什么？很显然是其为组织的价值贡献量，而这个价值贡献量的多少则主要看其单位时间内的价值输出量，其影响因素有个人自带的技能、信息、认知等能力，还有其个人意愿、兴趣、个性等影响其潜能发挥的内在因素。所以，为了让员工在一定时间内贡献更多的智慧、技能、时间等自有资源，就需要转换企业的人才类型，改变企业和员工之间的关系，企业和员工之间不再是简单的雇佣关系、打工关系，而会变成一种合作关系，随需合作，资源／能力互补，互利合作，角色配位，按贡献分配价值，形成一种 U 盘化的生存状态。

U 盘化人才要求人才具有多元化能力，即具有一专多强的能力，人才的价值表现在这个人在社会诸多节点创造独特价值的能力，无论插到哪里都可以与系统兼容，并驱动系统更好运转。这既是一种释放个人潜能的方式，也是一种高效利用人才价值的方式。在这个社会中，每个人都要学会用 U 盘化的方式在多变环境中自由生存，即以一种手艺人的工匠精神和社会进行网端协作，激活个人潜能，放大个人价值，而平台的运转机制和市场的反馈自然会给 U 盘化人才一个公道的回报。

可是，作为一个 U 盘化人才和插件，在市场当中，不同系统衡量个人价值的标准可能也有所不同，人才的贡献量如何评价？如何公平地对之进行价值分配？我们知道，市场是一个最公道的价值评价体系，可以依据市场贡献和反馈获得价值回报。就如海尔集团的"用户付薪"机制和其"战略损益表、人单酬表"等价值评价体系。

在区块链技术赋能下，区块链可以较公平地解决价值评价问题。一方面，系统中的多个参与者可以就某一成果进行分布式评价，评价时有抵押机制，避免恶意评价事件的发生；另一方面，系统可以预先设定某一价值衡量和评价机制，例如，简单的点赞、评价、转发等内容方面的贡献评价机制可以预先设定于智能合约中，然后在满足条件时自动执行。

在飞速变化的时代，知识的更迭、技术的多样、行业的洗涤等使各行各业职位类别及职位胜任力要素发生了大的转变，如此企业内部的职位设置或职位胜任力要素要是不改变，那企业在这种环境下的生存力必然会降低很多。

对于个人来说，一方面需要个人的行为具有和U盘一样可随时插拔的特征，可以在多个系统中快速相容，并能与系统内部的成员快速达成协作关系，为系统创造价值。就如海尔集团的员工创客化就是企业内部职位类别发生改变的方式，让员工从雇用者、执行者，转变成创业者、合伙人。

每个员工过去是雇用者，但是现在要求每个员工都是创业者，需要具有U盘属性，可以加入某个组织或建设一个团队来创业，你可以凭借自己的能力、意愿、兴趣、想法自由地进入某一个小微（蜂窝）组织，扮演小微组织内某一角色，完成好相对应的任务，市场评价其价值，并根据预先达成的共识和设定的约定给予其回报，其为组织贡献多少力量就可以得到多少回报，人人皆可成为CEO。

海尔集团内部设立了专门的创业基金，并与专业投资公司合作，支持员工进行内部创业，让员工在平台上更能将自身的价值"传输"出来。也就是说，员工只要有好主意、好点子，其就可以在平台上组建队伍去创业，平台亦就可以给资金鼓励他，辅助其"自带的优质信息"在平台内更大程度发挥出来，而且员工可持股。企业利用开放的人才吸引平台，颠覆了传统的选留育用，提供的是一个创客对接孵化平台。

每个人都是市场主体，自带信息，自带创意，自带创造力等显性或隐性资源，也是价值创造的主体，这些主体只有融入互联网平台或组织的某个节点，在某个节点贡献价值，并可以成为世界上所有资源和用户需求的连接体，将价值精准地传输给用户，才能充分发挥价值。因此，哪里需要我们，我们就去哪里，这时，企业的边界会显得越来越模糊，更符合蜂窝状组织之下的人才状态，这就意味着人与人之间、人与系统之间的融合性会更强，U盘人才的利用性更大，其自我价值表达程度、潜能激发程度、价值创造力等也随之提高。

那么，就个体来说，如何才能让其成为自带优质信息的"U盘"。

其实，优质信息就是我们一个人的硬本领，是一个人创造价值的能力，是一个让自己所创造的价值区别于他人的核心竞争力。

例如，罗振宇特有风格的演讲能力和其对某一内容的通俗化转述能力就是其核心能力。他从创建"罗辑思维"到后来开发"得到"App，打造出了中国较著名的内容生产商，让其U盘内的内容受到诸多商业界人士的喜欢，可以插入大多数系统中传输他所创造出的内容。

樊登，曾经是央视的著名主持人，后来也辞职出来创建"樊登读书会"，也是以其对经典内容的再转述力让更多的人加入读书的队伍，提升读者在复杂多变环境中的认知力，用读书改变人们的生活方式和生活态度。他的核心竞争力主要是学习能力、领导能力和演讲能力。

对分布式商业组织而言，U盘化人才的上述特性可以促进个体在组织生态中自我发展、自我运营和自我完善。个体与市场环境相容，根据市场的变化而调整自身能力。自然地，其在多变且复杂环境中的适应力也就增强了。

9.3 U盘化人才：新时代下人才自由发展之路

不同的个体在不同的时代有着不同的生存方式。我们知道在区块链可信连接互通背景下，个体和个体之间或个体与系统之间的可信连接更容易，他们的信息与能量之间的传输和交换愈加频繁，就如一个U盘，灵活轻便，即插即用，用完随时可以取下，不占用计算机内存、不占用计算机硬件。对企业来说，减少了诸多人力成本，企业也变得更加灵活和轻便，易转型和调整方向。对于个人来说，个人的灵活性和自主性也更大，个人可以根据其能力、意愿、价值观等主观要素，利用自己的知识和技能等在诸多网状结构的节点创造其特有的价值。

对U盘来讲，其存储的信息量越大，则其使用价值也越大，与外界接触的可能性也越高。但是因为U盘的存储量是有限的，在信息积累、价值把控、能量传递等方面都需要进行控制和优化。一方面，要积累有用、有效、能发挥出信息价值的信息；另一方面，需要对已经存在的信息内容进行不定期的更新，清理过期的信息，将最常用、最实惠、最有价值的内容呈现给用户。

当U盘所存储的信息或所拥有的资源与用户或某些系统不能兼容时，U盘（人才）的价值将难以发挥。此时，人才只有根据市场需求，去"存储"市场所需要的价值信息，能被市场最大化利用起来，人才的价值也就可以体现出来了。

就是因为U盘化人才有着这些特性，U盘化人才也就可以根据市场需求、个人意愿、系统需求自由的"采集"有价值的信息能量，进而在某一系统中传输自己的能量，展现自己的能力，实现人才的自由发展之路。

现今，人力资源云化已是现在企业发展的一个趋势，将企业内的人力资源变轻、变灵活，让企业里的人才的所有属性都被"标签化"，而后"随时在线"，能够被任何的用户需求"随需调用"，这种组织模式也被称为"云组织"。而那些具有U盘特性的人才就可以在"云组织"环境中"云生存"。人才像云般变得更轻、更敏捷，随着市场的大风自由地飘向某个系统中。

对企业来说，因为所有员工的能力都是用标签标示，企业需要什么类型的人才就可以在云系统中搜寻，效率更高、更快。此时人才也实现了"在线"而不"在册"，成为"云组织"里的一员，被搜寻和连接的范围更大。这样，企业也可以找到"U盘化"的人才，实现即插即用。这样一来，招聘成本和培训成本就降到了最低。

而在分布式商业时代，除了企业外部"创客"性质的人员需要具有U盘化生存的条件外，对于企业内部的员工也需要培养出具有U盘特性的生存能力。因为在目前的商业环境中，企业面临着太多的市场不确定性、能力需求的不确定性、战略的不确定性，以及技术、商业模式等的不确定性。此时，如果当企业遇到某一突如其来的问题或困难时，通过招聘、培训、吸引咨询公司等外部力量去解决该问题，可能根本来不及。我们只有以自身的创造力和较强的解决问题的能力才能较自如地应对问题或困难。而且这种能力就像创客、"蜜蜂"、U盘一样，将有创意、能折腾、价值为本、能力自更迭、具有工匠精神等特性集于一身，为企业献计献力，以应对多变且复杂的市场环境。

如笔者在第8章提到的Aragon Network案例，在区块链时代，U盘化人才更是时代发展的需要，其在区块链系统中，主要体现在个人行为数字化、激励化，个人资产确权化、证券化，以及资产流通智能化、生态化这三部分，具体来说，在数字经济时代，个人在网络中最常见的资产是基于网络行为而留下的数字。在区块链网络下，这种行为都可被描述、定义与激励，只要符合生态鼓励的行为都可以在执行后得到相应的通证奖励，此时网络行为就具有了资产属性。此外，在生态系统中一切具有流通价值的个人资产都可以上链确权，在资产链上流通，在智能合约的助力下可实现供需的可信自动交易和融资的数字化、智能化服务，使得个人资产在单个或多个生态系统中得以最大化流通。区块链的通证激励极大地调动了个体的积极性与能动性，提高了生产力。

综合来说，分布式自治组织下的人才也要聚焦于三点，一是聚焦于战略使命，二是聚焦于客户需求，三是为战略使命和客户需求输出结果。U盘化人才的打造也是为了让人才更自由地发展，让有能力的人可以掌握自己的命运，让组织在这种人才结构下能更快地解决市场问题和客户需求，创造绩效，更好地实现战略使命。这是每个人才和企业都需追求的目标。

9.4 数字化时代自由人与企业商业协作新形式——以高灯自由薪为例

高灯自由薪作为高灯科技旗下数字化人企商业协作服务平台，平台汇集自由职业者/U盘化人才、用人企业、金融机构、保险机构、人力资源机构等生态角色，依托领先的AI、区块链技术和大数据技术，打造符合U盘化人才的自由职业者与企业商业协作的全链条服务生态，包括智能匹配、流程管理、信用评价、成长体系、金融服务、保障服务等数字化服务（见图9-1）。

高灯自由薪以现代信息技术为依托，以商业协作场景为基础，积极开拓人企商业互联服务市场。一是采用行业领先的区块链技术、安全算法以及身份认证，让人企协作更加安全，让交易双方的信任更加简单；二是基于大数据、AI算法和数据安全搭建大数据实时分析和应用平台，为人企商业协作精细化运营及应用提供支撑；三是打通金融支付基础设施，通过技术手段持续提高结算成功率和秒级到账率。

图 9-1　高灯自由薪的分布式商业模式

　　高灯自由薪基于区块链、大数据和领先的 AI 技术，构建了四大商业协作引擎（平台）和两大流量池（资源池）。四大商业协作引擎为智能匹配引擎、招募引擎、工作任务管理引擎、结算引擎。其中：智能匹配引擎利用 AI 算法为人力资源供需双方提供数字画像、人力需求波峰波谷调度等功能；招募引擎可以实现全民猎头、资源渠道对接等海量招募功能；工作任务管理引擎可以实现技能评级、绩效考核、任务管理等功能；结算引擎可以实现收入管理、理财、纳税管理等功能。两个流量池为私域流量池和公域流量池，其中：私域流量池中，入驻企业商户与自由职业者基于自有合作资源建立"一对一"合作关系，入驻企业商户基于高灯自由薪工作任务管理引擎的平台即服务（platform as a service，PaaS）层搭建个性化的任务分发、考核、结算私域管理平台，实现任务管理数字化；公域流量池为开放的任务发布和承接平台，入驻企业商户和自由职业者通过招募智能匹配引擎和招募引擎，可以完成人员招募、供需撮合与匹配、员工考核、结算等多项任务。

社会生产力提高的本质是生产资源交易效率的提升，高灯自由薪通过连接更多就业场景，并以"全力提升U盘化人才与企业的商业协作效率"为场景造物目标，以协作供需场景平台建设、数据资源池沉淀、数字化技术应用、系统引擎等手段，通过夯实商业协作的底层能力，提升整个社会的生产效率。高灯自由薪一方面以自由人之间的自由匹配与协作模式搭建新型分布式自治组织结构，提高人力资源的匹配效率，提升人效，优化管理；另一方面也通过大数据分析匹配，让更多自由职业者能够通过平台的服务，找到能真正发挥所长的工作岗位，让自己的时间和能力价值最大化。

案例资料来源：国家信息中心发布的《中国共享经济发展年度报告（2021）》及高灯科技官方网站。

第10章

分布式商业案例，开启新商业实践之旅

10.1 分布式能源应用分析[①]： 以分布式商业生态 战略驱动能源行业数字化转型

在当前碳达峰、碳中和的国家战略之下，能源领域面临新的挑战。在传统能源体系下，一般是大型发电站，如火电厂、水电站、核电站等通过电网给所有用户去供应电力，供给效率相对较低。目前，互联网+、区块链、综合能源服务、能源互联网等一大批能源新技术、新模式、新业态正在蓬勃兴起，分布式发电、分布式需求响应、虚拟电厂点对点交易、碳排放权认证与交易等正成为能源行业电网服务新模式。

能源的生产、存储、调度、交易等天然具有分布式的特点，随着能源产业与互联网的深度融合，能源互联网业态也逐渐成熟。具体来说，能源互联网是在现有能源供给系统与配电网的基础上，通过先进的电力电子技术和信息技术，将大量能量采集装置和能量储存装置互联起来，实现能量和信息双向流动的能源对等交换和共享网络，具有以下特点。

一是能源来源的种类广泛。能源互联网发电体系包括常规能源、大规模新能源和大容量储能，以可再生能源发电的广泛应用为基础，包容多种不同类型的发电形式。然而，可再生能源发电具有模糊性和随机性，其大规模接入对电网的稳定性产生冲击，从而促使传统的能源网络转型为能源互联网。

二是能源来源的地域分散。可再生能源具有较强的地域性特点，来源分散，不易输送。为了最高效地收集和使用可再生能源，需要建立就地收集、存储和使用能源的网络，这些能源网络单个规模小，分布范围

---

① 本节参考及引用资料：叶蓁蓁，罗华，潘健，等.区块链应用蓝皮书：中国区块链应用发展研究报告（2019）[M].北京：社会科学文献出版社，2019.

广，每个微型能源网络构成能源互联网的一个节点。

三是不同能源之间互联互通。能源互联网是以大规模分布式电源应用为基础，然而大部分微型能源网络并不能保证自给自足。因此，需要将每个微型能源网络互联起来进行能量交换。能源互联网是在传统电网的基础上将分布式发电、储能、智能变电和智能用电组成的微型能源网络互联起来。

四是能源网络共享开放。能源互联网不仅具备传统电网的供电功能，还提供能源共享的公共平台，系统支持小容量可再生能源发电、智能家电、电动汽车等随时接入和切出，真正做到即插即用。传统用户不仅是电能使用者，还是电能的创造者，可以没有任何阻碍地将电能传送到能源互联网上并取得相应的回报。从能量交换的角度看，所有微型能量网络节点都是平等的。

五是具有很强的自愈功能。电力系统自愈机制主要是指当电网出现故障时，不需要或仅需少量的人为干预，即可实现自动隔离电网中存在危险或潜在危险的器件，使供电中断最小化或恢复其业务的一种机制。能源互联网系统在出现故障时，应能够主动隔离故障，实现系统自愈功能，必要时允许孤岛运行。

六是具备系统运行的高效性。能源互联网通过智能代理终端实现发电端与用户设备之间行为的交互，引入最先进的 IT 和监控技术，既可以对电网运行状态进行精确估计，又可以对负荷、发电端、储能装置等进行实时监控和管理，合理分配电网资源，提高单个资产的利用效率，降低运行成本。

能源互联网是多能源融合、信息物理融合和多市场融合的产物，将深刻影响未来的能源生产、传输、存储和消费各个环节，促进产能用能的高效化和清洁化。能源互联网的建设少不了新技术的引入和新思维的渗透。区块链技术作为一种新技术，因其去中心化、公开、透明等特性与能源互联网的理念相符，在未来能源互联网中具有广泛的应用的潜力。

10.1.1　能源场景区块链应用需求分析：三种场景下的 N 种创新机遇

由于全球经济发展放缓、对环境可持续发展的要求更加严格，能源企业的发展进入了一个瓶颈期。一方面，能源企业的传统业务模式和盈利模式不再适应数字化、低碳化的新经济格局的需求；另一方面，以能源用户为主导的能源变革如火如荼，企业既有系统无法管理越来越复杂的交易请求，并难以满足监管方和能源用户对能源供应安全和分布式能源接入的旺盛需求，同时传统的集中式监管和第三方的介入阻碍了能源用户对高效率和低成本的追求。

区块链的特性和优势可以帮助能源企业在安全的基础上创新性地解决以上问题，并促进能源价值链重塑。笔者根据场景思维从以下三种场景的区块链应用，描绘能源价值创新的新机遇。

1. 原生场景

原生场景的应用是利用区块链特性实现的原始价值创新。原生场景中的应用与能源行业特点可以作为能源行业的底层应用。

（1）数字货币。国际货币基金组织发布的《虚拟货币与超越：初步探讨》报告中认为，数字货币在支付和价值转移方面，特别是跨境支付和价值转移方面有着非常大的潜力，在推动能源跨境交易方面能发挥作用。

（2）智能合约。区块链技术的分布式账本功能可以被用来创建、确认、转移不同类型的资产及合约，智能合约便是重要应用之一。智能合约可以广泛应用于多方签名交易、能源交易、碳排放权证明与转移等。

（3）价值转移。数字资产的价值已经被广泛认可，但受到安全机制不完善、信用体系不健全等因素限制而无法实现安全地转移、交换和共享。能源作为一种重要的资产，能源资产数字化后，借助于区块链技术使得资产在互联网中的转移更加安全便捷。

2. 衍生场景

能源企业在能源需求下降、环保压力增加、全球经济缓慢增长的新常态下，传统业务运营模式和公司治理方式都受到前所未有的挑战。而当区块链技术与能源行业传统业务和传统治理框架相结合时，可衍生出更加丰富的应用，帮助能源企业创造新收入并降低运营成本。

（1）公司治理。区块链内置的安全和共识基础，可以提升企业风险管控和资本管理的能力。例如，降低内部信息泄露和篡改等风险，减少对外交易风险、内部管理费用和第三方介入成本，提高业务和风险的处理效率。相关企业利用智能合约构建实时的可再生能源接入体系，既能够减少可再生能源发电的波动性对主电网的影响，又可以减少人力控制成本和差错率。企业将区块链技术用于能源网络管理还可实现智能、自动的负载均衡、替代能源的切换、减少能源中断时间。

（2）智能服务。区块链开放且安全的特性以及智能合约的应用可以帮助能源企业提升现有业务的智能化程度，开发更多智能化增值服务。例如，能源企业可以结合智能电表、智能燃气表等 IOT 设备管理用户能源使用和付费，或提供更安全的电池存储管理、电动车充电等增值服务，也可以将智能合约应用到能源批发领域以降低交易风险和管理成本。

（3）供应链管理。能源企业供应链复杂，具有多方参与、采购的物资种类和数量繁杂、流程烦琐等特点，很多大型能源企业更是将全集团的采购业务进行集中管理。而区块链提供了更加安全和可信的交易解决方案，能够帮助能源企业降低贸易参与方的核验成本，降低交易复杂性

和交易成本，促进多方的快速交易，提升了供应链的效率。同时区块链平台在连接了商品所有权和转移关系的同时，还有效连接了间接发生关联的上下游企业，使能源企业供应链生态系统更加完善。Skuchain 公司正在为 B2B 交易和供应链金融市场开发基于区块链的产品。

（4）资产管理。在数字资产管理方面，区块链的优势在于后续流通环节可以不依赖于发行方系统，数字资产将在保证知识产权的基础上，由集中控制变成分布的、社会化传播和交易，促进了数字资产流通效率。而在实物资产管理方面，IBM 和三星一直在研究去中心化 P2P 自主遥测系统（ADEPT），利用区块链类的技术为物联网设备网络的去中心化构造存在基础。在 ADEPT 中，区块链被作为大量设备的公共账本，不再需要中央枢纽协调设备之间的通信，设备便能自主地实现相互通信，从而管理软件更新、系统错误、能源使用、故障报警等。

（5）用户体验。区块链技术可以实现更加灵活高效的用户服务。区块链技术不但解决了客户信息更加安全地存储和传输的问题，还增加了用户自主权，借助于智能合约，能源用户可以自定义缴费周期、灵活更改订购的套餐，并实现自动缴费或预付费，并且区块链技术与智能电表的结合也将支持智能电表根据合同条款购电，甚至自动更换电力供应商。埃森哲（Accenture）近期创建了一款智能插头原型，可从不同供应商处购电，并定期调整耗电量。

3. 创新场景

随着能源互联网逐渐成熟，多种能源流、信息流、资金流的融合将令能源企业面临愈发复杂的情况。由业务模式创新带来的复杂流程和管理、由参与方的多样化带来的复杂利益分配……随之而来的是能源企业面临更多风险和管控挑战。而这些挑战的根源是原有的信息安全和信用体系难以支持能源互联网的创新发展。区块链技术可以帮助能源互联网实现可信计量、高效协同、分布式平等决策、随时随地的分布式、自动化交易等新功能、新模式。

（1）共享经济。能源企业可以利用区块链解决共享经济中面临的如何建立安全高效的授信机制问题。例如，能源企业可以租赁分布式发电设备、家庭储能设备、电动汽车甚至是企业的备品备件。维萨（Visa）和 DocuSign 宣布合作的区块链应用试点旨在简化汽车租赁流程。潜在客户选择车型后交易便被录入区块链的公共账本。然后，客户在驾驶座上签署租赁合同和保险单，这些信息也被更新到区块链内。

（2）分布式能源管理。区块链分布式的网状结构恰与分布式可再生能源的市场化结构吻合。区块链技术可以用来同步电网服务的实时价格与实时相量控制系统，以平衡微电网运行、分布式发电系统接入和批发市场运作。此外，可再生能源发电的结算与支付可以不再依靠传统电力企业的参与，大量个人或企业能源产销合一者可以直接进行能源交易。TransActive Grid 公司正在纽约布鲁克林运行的区块链微网项目促进了点对点交易。居民可将自家太阳能板产生的过剩电力出售给社区内的用户，交易基于区块链网络，因而几乎不需要人员参与就可以管理、记录交易。其投资方之一的 LO3 Energy 也提供了智能电表硬件，可以提供实时、细粒度的数据，以帮助控制电能和电池的运营和负载，并将电力传送到电网、将数据写入区块链。

（3）能源金融市场。能源互联网时代的能源和电力不再仅仅具有商品属性，还将增加金融属性。区块链可以记录电力来源，使得每一度的清洁能源发电、煤电和油气发电都可以被记录和跟踪，而不同频次能源的发电成本和实时电价也都可以被记录和跟踪。这样，电力可成为一种价值存储的载体。而能源企业在深度应用区块链后也将为自身的资本运作和融资渠道开拓更多机遇。如能源企业通过区块链的共享经济盘活了资产、通过区块链技术进行资产管理降低了运营成本、通过匹配发电组件的 ID 标识和经济账户实现售电收入自动抵消运营成本、催生能源领域供应链金融的发展和完善、去中心化的能源产品票据贴现和资金结算等。

10.1.2 区块链在能源互联中的应用价值分析

1. 维度分析，深挖区块链在能源互联中的应用潜力

区块链技术的核心功能就是不依靠中心或者第三方机构，保障数据的真实可信，打破信任壁垒，极大降低了业务开展需要支付的信任成本，促进业务的高效开展。区块链的技术特征与能源互联网的理念吻合，使区块链有潜力成为未来能源互联网中重要的技术解决方案之一。区块链技术在能源互联网中的应用维度如图 10-1 所示。

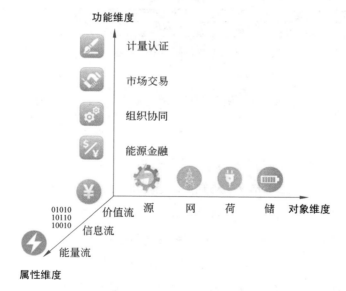

图 10-1 区块链技术在能源互联网中的应用维度

区块链技术在能源互联网中的应用可以从功能维度、对象维度和属性维度三方面进行归纳和分析。

（1）功能维度：主要包括计量认证、市场交易、组织协同、能源金融四个方面。

（2）对象维度：可分为源、网、荷、储等多个能源生产、传输、存储、消费环节。

（3）属性维度：主要包括能源互联网中的能量流、信息流和价值流。

2. 价值定位，界定区块链在能源互联中的应用理念与价值

区块链技术的特点与能源互联网在一定程度上具有相似性（见表 10-1），笔者利用场景思维和区块链思维对区块链与能源互联网价值理念与定位进行分析，具体叙述如下。

表 10-1　区块链技术与能源互联网的特点

特　　点	区块链技术	能源互联网
去中心化	所有节点的权利和义务对等	各主体平等分散决策
协同自治	所有节点共同维护	不同形式能源高效协同
自由市场化经济	不依赖于第三方的信任机制	多元化的能源市场
智能合约	能够自动执行合约	自动化交易无处不在

1）区块链和能源互联网都体现了去中心化的思想

区块链系统中，每个节点都保存了区块链的全部信息，权利和义务对等；能源互联网中分布式能源和微电网将成为重要的组成部分，"消费者即生产者"，强调个体之间平等进行能源的分享。

2）区块链和能源互联网都体现了协同自治性

区块链系统由网络中的所有节点运行和维护，不存在统一的管理机构；在能源互联网中强调系统的自调度和生态化运行。

3）区块链和能源互联网都能够促进建立自由市场化经济

利用区块链技术能够建立公平开放的市场机制，有助于形成不依赖于第三方的自由市场交易；能源互联网中也强调建立开放的能源市场，在多元化的能源市场中也将促进能源的金融衍生品的形成。

4）区块链和能源互联网都具有智能化、合约化的趋势

区块链系统中可以通过智能合约或"可编程货币"来实现合同执行的自动化和智能化；能源互联网中将存在大量的智能发、输、配、用以及储能设备，需要通过一系列的智能合约保证能源系统交易等的自动执行。

10.1.3　区块链技术在分布式能源中的应用策略与实例

目前，国内外已有少数公司开始探索并实践区块链技术在能源互联网中的应用，下面将简要介绍几个区块链技术在能源互联网中应用的实例。

1. 可信价值网络：打造分布式能源生态运行基石

信息与物理系统的融合是能源互联网的重要特征之一，有利于物理系统的实时态势感知与快速决策，有效提升能源系统的运行效率，准确的信息将指导物理系统进行合理的决策，然而一旦信息系统损坏或受到攻击，错误的信息可能会为实际物理系统带来灾难性的影响。

在未来能源互联网中，保障信息物理系统的安全存在一系列的挑战与技术需求，主要包括如下内容。

（1）为了保证信息系统的安全，目前能源互联网中重要信息均是通过内网传播和交换，对于 AMI 等数据则采用载波通信，前者增加了网络建设成本，后者信息传播容易受到干扰和攻击。

（2）目前信息安全系统还没有主动防御攻击的完整解决方案。目

前，主要利用数据挖掘技术对可能包含坏数据或者攻击信息的数据进行识别和修正。针对某一特定攻击问题需要构建具有针对性的模型，不具有普适性。

区块链去中心化的本质有助于解决物理信息系统中面临的部分安全可信问题，如图 10-2 所示。

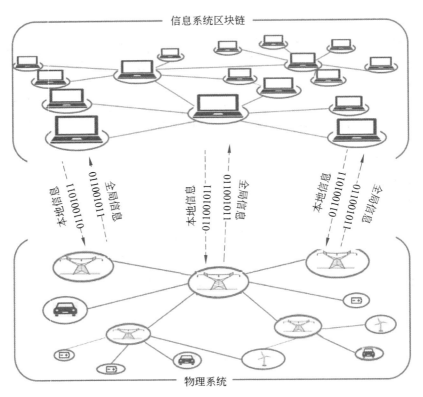

图 10-2　区块链技术赋能构建可信价值网络

具体而言，可将区块链作为能源互联网中信息系统的底层。在感知执行层安全上，每个传感器都有自己固定的私钥，并在每次向全网广播数据时，在数据包末尾添加用私钥加密的数字签名，这使得攻击者试图伪造传感器数据欺骗网络中其他节点变得非常困难。网络中，只有得到授权的节点才能获取其他节点和传感器的公钥。因此，攻击者如果没有公钥将无法解密网络传输中的数据。在数据传输层上，系统终节点连接成网状结构，使得数据通路存在冗余。即使攻击者阻断了网络拓扑中的部分数据通路，信息仍然可通过其他数据通路进行传输。在应用控制层上，区块链系统中所有用户的个人信息具有绝对隐私，因此不存在隐私泄露问题。

该网络具有如下特点。

（1）抗攻击性。如果攻击者试图篡改区块链数据库中的数据，由于区块链系统的去中心化特点，攻击者无法攻击集中式数据库。由于全网中的所有节点都有数据库的完整备份，存在大量的数据冗余，因此攻击者必须控制系统中至少 51% 的数据节点才能实现数据篡改，这使得数据篡改的成本大大增加，数据被篡改的可能性大大降低。

（2）数据保密性。区块链采用非对称密钥加密技术，破解条件苛刻，大大增加了攻击者攫取用户个人隐私的难度。即使系统各节点拥有全部的数据，也只可能访问其权限内的数据，无法访问保密的数据。

（3）自我修复性。系统中每个节点都写入了区块链数据的完整备份，即使系统中部分节点和通路受到攻击而瘫痪，也可以保证系统中的特定节点通过其他通路重构所需信息。

2. 数据确权，建设透明可信的碳排放权认证、交易体系

碳排放权是一种可交易的，能兑现为货币的凭证。顾名思义，碳排放权是对各行业二氧化碳排放的一种分配和计量方式。政府有关部门会结合我国碳减排目标，根据各行业排放情况，对产生排放的各主体分配一定配额的碳排放权。排放超过配额的主体要被处以罚款。多产生的碳排放需要通过额外购买排放权的方式抵消，排放权有余额的参与主体可

以将多余部分转移给排放超额的主体，从而获取利润。电力系统是碳排放的大户，将是碳交易的活跃部门。此外，绿色证书的认证和交易也具有类似的机制。

目前，碳排放市场中存在一系列商业模式的挑战和需求，主要包括以下内容。

（1）政府部门需要对每一个发电商进行碳排放配额认证，发电公司数量繁多，使得绿色证书认证工作量巨大。因此，需要一个自动化、智能化的认证机制。

（2）政府部门需要对所有发电公司上交的排放配额进行追溯，确保其真实性。碳排放权的频繁交易使得其追溯过程极其复杂。因此，碳配额的数据记录应可追溯，并且不能篡改。区块链能够为碳排放权的认证和碳排放的计量提供一个智能化的系统，如图 10-3 所示。

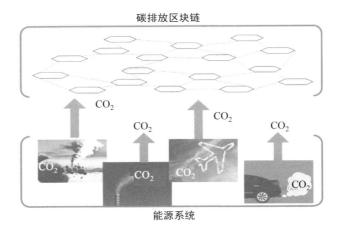

图 10-3　区块链碳排放权认证与计量系统

具体而言，采用区块链技术搭建碳排放权认证和交易平台，给予每一单位的碳排放权专有 ID，加盖时间戳，并记录在区块链中。发电企业每台机组的发电排放实时向区块链进行更新；区块链系统将根据发电公司的机组排放情况，采用智能合约方式自动确认碳排放权消耗量；碳交易时，每当碳排放权发生一次所有权转移，交易信息即记录在区块链中，并且不可篡改；区块链系统自动对超标排放的企业进行罚款。

该系统具有如下特点。

（1）可追溯性。区块链系统可以保证每一单位的碳排放权的来源以及交易路径能被追根溯源，确认其存在及交易的合法有效。此外，根据碳排放的交易路径，还能够计算碳排放在电网中的流动情况，为碳排放流的计算提供基础数据。

（2）不可篡改。每家发电企业的每台机组的发电属性不可更改，保证了碳排放量与常规碳排放机组发电量相匹配。因此，发电公司如果想保证一定范围内的碳排放量，必须有效控制单位电量碳排放，或增加绿色发电机组出力。

（3）数据公开透明。使得用户可查询和确认发电企业的发电规模及其碳排放属性，在信息对称的条件下实现对电能供应商的选择，在用户侧保证了碳排放权分配的公平合理。

（4）自动化与智能化。区块链上可记录智能合约，自动实现碳排放的计量认证，以及确认配额是否被使用。如果企业和用户的碳配额数量满足要求，则智能合约条件满足，达到政策要求；否则条件不满足，智能合约将自动执行罚款，由此可保证政策的执行力。

如图 10-4 所示，数据的不可篡改、可追溯性等，可以为企业建立征信系统，为银行提供贷款依据。同时可以吸引资本的进入，促进碳金融体系的建立。区块链以所记录数据作为价值载体，将资产数字化，如企业环境价值、信用价值、碳指标价值等。以碳交易体系为基础，通过碳指标的有序流动，实现价值的传递与"碳行为"追踪。企业的"碳行为"直接反映其生产、经营、资产等信用信息，催生碳金融，碳指标将成为新的金融杠杆，帮助企业扩张其价值。此外，光伏、风电项目也通过"核证自愿减排量"等政策来"兑换"碳指标，进入碳市场交易，激活碳交易。

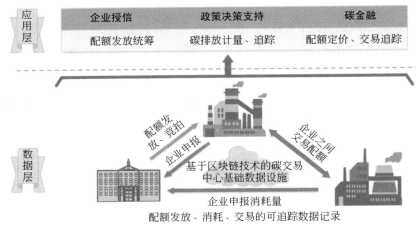

图 10-4　碳排放权交易

3. 平台战略，打造供需资源生态与虚拟电厂交易系统

随着能源互联网的发展，众多分布式电源，如分布式风电、分布式光伏发电等，将并入大电网运行。但是分布式电源容量小，有一定的供需间断性和随机性。企业通过虚拟电厂广泛布局，并对分布式能源、需求响应、分布式储能等进行集中管理、统一调度，进而实现不同虚拟发电资源的协同，是实现分布式能源供需平衡的重要途径。在未来的能源互联网中，虚拟发电资源的选择与交易应满足公开透明，公平可信，成本低廉的要求。

目前在虚拟发电资源交易的系统中，存在一系列商业模式的挑战，主要包括如下内容。

（1）虚拟电厂的交易缺乏公平可信、成本低廉的交易平台。虚拟电厂之间的交易以及虚拟电厂与其他用户的交易成本高昂，难以实现社会福利最大化。

（2）虚拟电厂缺乏公开透明的信息平台。每家虚拟电厂的利益分配机制并不公平，分布式电源无法在一个信息对称的环境下对虚拟电厂进行选择，增加了信用成本。

区块链能够为虚拟发电资源的交易提供成本低廉、公开透明的系统平台，如图 10-5 所示。

风力发电　　　常规发电机组
分布式光伏
辅助服务计量　　辅助服务交易
电动汽车
UPS电源
弹性负荷
虚拟发电资源交易区块链
分布式燃机
分布式储能　　智能居民负荷　　智能工业负荷

图 10-5　区块链技术在虚拟发电资源交易方面的应用

具体而言，通过区块链系统建立虚拟发电厂信息平台和虚拟发电资源市场交易平台，虚拟发电厂与虚拟发电资源可以在信息平台上进行双向选择，每当虚拟发电资源确定加入某虚拟电厂中时，区块链系统将为两者之间达成的协议自动生成智能合约。同时，每个虚拟发电资源对整个能源系统的贡献率（即工作量大小）的认证是公开透明的，能够进行合理的计量和认证，激发用户、分布式能源供应方等参与到虚拟发电资源的运作中。能源市场交易平台中，虚拟电厂之间以及虚拟电厂和普通用户之间的交易，可以以智能合约的形式达成长期购电协议，也可以在交易平台上进行实时买卖。

该系统具有如下特点。

（1）运行生态化。分布式信息系统与虚拟电厂中的虚拟发电资源相匹配，用户自愿加入虚拟电厂系统平台的维护工作，权利与义务对等，保证了系统平台的去中心化属性；开放的信息发布与交易平台易于接入，便于聚合更多虚拟资源。

（2）工作量认证公平化。构成虚拟电厂的各种资源如分布式储能、弹性负荷等对能源系统的贡献大小（即工作量）能够根据规则进行公开、公平的认证，保障各参与者利益的合理分配，激发其参与辅助服务市场等的积极性。

（3）智能合约化。虚拟电厂与分布式能源签署有关利益分配的智能合约，一旦智能合约实现的条件达成，区块链系统将自动执行合约，完成虚拟电厂中的利益分配。由此实现虚拟电厂与分布式能源利益分配的公平有效，并且降低了信用成本；所有的交易都建立在区块链系统上。整个系统中交易的清算由系统中的所有节点共同分担，费用低廉，免去了交易手续昂贵的中心化机构。

（4）信息透明化。虚拟发电资源在信息平台上，得到了公开的市场信息。公开透明的信息平台，不仅有利于分布式电源寻找调点最优的虚拟电厂加入，也为不同虚拟电厂之间提供了定价参考，激励它们降低成本，促进市场竞争。

4. 多能源系统协同，造就多场景融合的能源生态体系

多能源系统融合是能源互联网的重要特征，传统能源系统中电力、热力、燃气等能源系统均处于各自分离运行的状态，而未来能源互联网

中，各能源系统在生产、转换、储备、运输、调度、控制、管理、使用等环节紧密融合与协同优化，形成有机的整体。各种能源能够通过能量转换设备实现在不同物理系统中的灵活流动，实现能量的灵活存储与梯级利用，能够显著提高能源的转化与利用效率。

在目前的能源系统协同中，存在一系列商业模式与技术需求，主要包括如下内容。

（1）电力系统、热力系统、燃气系统等不同能源系统长期处于分立自治的状态，其分属于不同的部门管理，难以设立一个中心化调度机构进行运行管理。因此，需要进行去中心化的协同。

（2）不同能源系统物理性迥异，调度模式差别很大，其控制方式、控制间隔时间、信号指令等无法进行统一。因此，需要一个标准化平台进行"对话"，需要平台数据能够在多个能源系统之间进行同步，且能保障数据的安全性和可信性。

（3）不同能源系统之间没有跨平台的商业模式，不同能源系统之间协同缺乏激励相容的机制。一个能源系统为另一个能源系统的优化运行做出贡献时，应能够分享一部分收益。

区块链能够为多能源系统提供一个去中心化的系统平台，如图 10-6 所示。

具体而言，当企业采用区块链记录不同能源系统的实时生产信息时，通过区块链网络可记录多个能源系统之间的交易及价格信息，在此基础上实时生成各地区各类能源的边际价格（如节点电价、节点气价、节点热价）；不同能源系统可以通过区块链中的边际价格信息对自身系统运行进行优化，或通过签署智能合约，根据边际价格信息执行自动调度指令，并且根据边际价格信息进行能量费用结算。

该协同系统具有如下特点。

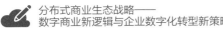
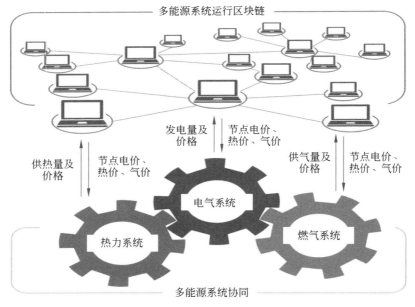

图 10-6　区块链技术在多能源系统协同方面的应用

（1）调度运行去中心化。区块链使多一个能源系统之上不需要存在统一的机构进行调度管控，通过"边际价格"将不同能源系统以及不同地区的能源供求关系信息在多个能源系统中进行共享，多能源系统中每个个体都能够通过所在地区的不同能源的边际价格信息进行自调度决策，在优化自身收益的同时也促进了不同能源系统之间的协同。例如，当用电紧张时，电价升高、用户可以用微型燃机供电，或将电供暖改为燃气供暖，进而缓解电力系统的供需矛盾。

（2）跨能源系统通用性。区块链通过价格信息搭建了不同能源系统之间进行沟通及协同的桥梁。不同能源系统中运行方式及交易模式大不相同，区块链为不同能源系统的信息提供统一化、标准化的"对话平台"，能够在不改变各系统调度运行方式和交易方式的前提下实现不同能源系统之间的协同。

（3）数据具有保密性与可靠性。不同能源系统内的交易信息是私有信息，这些交易信息通过公钥加密后上传副本的方式确保交易信息的保密性；而系统节点价格信息是共有信息可以被公开查询，区块链分布式账本的存储方式能够保证节点价格信息的真实可靠不易被篡改，进而具有公正性。

（4）通过智能合约实现自协作。不同能源系统之间可以以节点价格作为触发条件而签署一系列智能合约以实现协同。例如，对于风电供暖而言，在冬季深夜产生弃风时（系统发电边际价格接近于0），风电供暖设备可以自动启动将风机发电用于转换为热能供暖，实现自动化的风电供暖。

（5）调节服务有偿化。通过节点价格信息可以进行跨能源系统之间的价值计量，能够明确对多能源协同而产生的效益有贡献的参与者的经济收益，进而实现跨能源系统的激励相容。即使能源系统中不采用节点价格进行结算，区块链中也可采用通证激励的形式对参与者的贡献进行认证与奖励。

5. 智能合约驱动能源需求侧敏捷响应

企业通过将不同地区及不同设备的供求关系信息在系统中共享，并在智能用电设备和分布式电源内预置不同的智能合约，当满足既定条件时，即可实施点对点自动化交易，并在区块链中保存交易记录，实现能源交易数据的验证、传输、存储、维护、结算等过程。智能用电设备的合约策略是：在满足使用需求前提下，寻求成本最低的时段和供电方。例如，家庭热水器等设备可利用夜晚低谷时段或者分布式能源无法消纳时投入工作。

分布式能源的合约策略是：寻求电量与电价乘积最大化，在供电大时通过降低电价来寻求用电设备，在需求大时可加大供电力满足需求。

需求侧响应流程是基于区块链的工作流程，通过该流程完成智能用电设备和分布式电源间的信息交互。在整个响应过程中，不需要第三方参与，区块链能够实现数据的实时共享和自动运转。

（1）信息注册。分布式发电设备、智能用电设备在区块链中注册，注册信息包括设备参数、特性等，并将智能合约注册到区块链中，构成一条元数据区块链，各个市场参与者均成为区块链的节点。

（2）信息更新。分布式发电设备利用功率预测技术，将预计发电情况写入能源区块链参与交易。用电设备将周期性或临时性用电需求写入区块链。区块链中每个节点都包含实时更新的供用电信息，具有不可篡改等特点。

（3）自动交易。用电需求和发电情况相互匹配，用电设备根据智能合约的匹配规则选择合适的发电设备，交易达成后记录在区块链中。

例如，对于风电供暖，在冬季产生弃风时（系统发电边际价格接近于0），风电供暖设备可以自动启动将风电转换为热能。区块链存储电的生产、传输、消费信息。

（4）自动结算。根据区块链中存储的交易信息，周期性地进行自动结算，因用电信息透明清晰，结算不需要第三方监管审核。以区块链为基础的需求响应，信息传递环节少、效率高，基本能实现实时敏捷响应。同时，供用电信息能实现全网共享，自动匹配最优的供用电交易策略。区块链数据库支持数据查询及统计分析，如获取客户用电习惯、电动汽车电池剩余容量等信息，利用大数据实现高级需求侧管理。

6. 以区块链打造"源、网、荷、储"生态自运行系统

区块链作为一种分布式数据处理技术，具有高度透明、去中心化、去信任、集体维护等性质，相关企业通过运用区块链的分布式共识、价值协同、分布式自治、经济激励和生态等思维，在节点不需要互相信任的分布式系统中也能实现基于去中心化的点对点交易、协调与协作，契

合"源、网、荷、储"协调优化运营需求。

一般地，企业通过"多中心"的联盟链架构，可对用户身份和权限进行控制，提高系统的安全性。在联盟链架构中引入合理的监管机制和"多中心"协调管控机制，以提升系统的效率。具体来讲，应用方向如下。

（1）以区块的形式记录所有的柔性负荷，将其中可调节负荷节点作为交易实体，通过数据信息共享和多方协同的方式优化柔性负荷控制的策略，提高精准性。

（2）通过智能合约按时、准确、自动执行的特征，避免人为因素和外界因素干扰，使得负荷柔性控制的过程安全可信。

（3）将所有参与负荷控制的用户数据记录在区块链上，支持"源、网、荷、储"友好互动与共享，通过隐私计算提供全过程的数据安全保障，并通过分布式处理方式，提高协作效率（见图 10-7）。

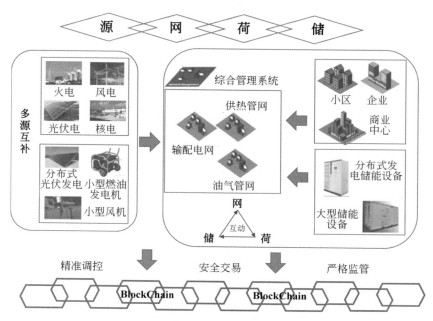

图 10-7 源网荷储分布式协同模型

7. 多方参与的的分布式电力交易市场

分布式商业作为一种多角色参与、平台支撑、资源共享、多方协作、协同共生的新型商业形态，在电力交易市场上，通过区块链与分布式商业模式，可以促进电力交易过程中的多个环节优化。生态建设者通过界定生态角色，理清交易链条，实现电力交易的市场化与智能化。如图 10-8 所示，该交易市场中，存在生产者、一般消费者、生产消费者、政府、金融机构等多个生态角色。具体场景及解决思路如下。

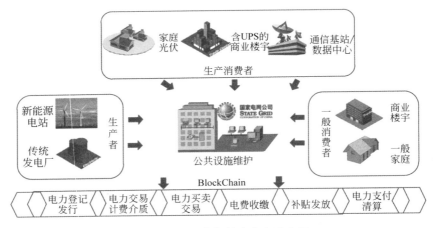

图 10-8　多方参与的电力交易市场

1）电力登记发行

由于电能生产和使用是实时的，因此，电力登记发行实际是一个期货登记发行过程。在区块链的多元交易体系中，将电力虚拟化为一种数字资产，并将该资产登记发行到区块链上，用户就像是在购买实际商品一样购买电力，以备未来一段时间内使用。电力登记发行表示未来某个时间，发电厂将能够生产多少电量。

2）电力交易计费介质

区块链系统中有一个核心部件——电力交易计费介质，在比特币系统中的交易介质就是比特币，以太坊中的交易介质就是以太币。同样，为了促进电力交易区块链多元交易体系中的交易及其他业务，可以考虑设定一种交易介质，用于在区块链多元交易体系中转移价值、记录交易等各种业务行为。

3）电力买卖交易

电力生产商将电能发行到区块链上即可以进行交易，用户（个人或者企业）可以通过电力交易平台或者直接线下点对点的方式进行电力买卖交易。交易信息包含了买家和卖家以及电价的信息，这些信息都记录在区块链上，因此，不会出现购电不成功的情况，也不会出现电力交易被否认的情况。

4）电费收缴与补贴发放

电费收缴是传统电力系统的一个重要工作，基于区块链的多元交易体系可以较为轻松地实现电费收缴的任务。在实际使用电能时，就可以实时完成电费的收缴工作。电费的收缴可以采用区块链智能合约，将每一个交易的输入分别输出到不同的对象中，如发电厂和输配电网。

同时，为了鼓励环保电力能源的生产和消费，对于政府出台的补贴政策需要精准及时发放到电能生产者和消费者手中，基于区块链的电力交易介质就是一种很好的解决办法。由于交易介质具有明确的记账功能，能够清楚记录交易行为，明确分辨出哪些电能是环保的能源，因此，就可以精准利用交易措施将补贴发放到受益者手中，减去了中间繁杂的手续流程。

5）电力支付清算

电力企业通过采用交易介质来记录电力交易和消费情况，可以有效缓解电力支付的清算结算压力。电力的价值流转都利用区块链多元交易系统实现，并不与各大银行进行实时对接，实现实时的清结算。

8. 分布式能源区块链应用价值总结

区块链技术的核心功能是不依靠中心或者第三方机构，保障数据的真实可信，打破信任壁垒，降低了业务开展需要支付的信任成本，促进业务的高效开展。区块链的技术特征与能源互联网的理念吻合。本节从区块链技术与能源互联网的去中心化、自治协同性等特征分析了区块链与能源互联网融合的理念，且对从不同的维度分析了两者的融合点，并从不同的维度列举了区块链技术在能源互联网中的应用场景，根据场景的应用需求与价值分析，总结了区块链在能源互联网的应用策略。区块链在能源互联网领域将引领"互联网＋"智慧能源的发展趋势与潮流。具体来看，将发挥以下作用。

1）奠定能源在各场景中数字化管理的坚实基础

"互联网＋智慧能源"需要推进能源网络与物联网之间信息设施的连接与深度融合，进一步实现高效集成与智能化调控，而这一切均离不开对能源系统运行状态的数字化感知与管控。

区块链能够真正打造触点网络，实现对能源的数字化精准管理，并确保数据的不可篡改。以电力为例，一方面，未来能够针对每度电的来源建立数字映射关系，从源头生产、接入、运输到终端使用，实现追溯、精确管理和结算；另一方面，实现电力数据信息的智能采集、自动传输、分布存储、高效处理和安全共享，确保数据的真实可靠、不可篡改。

2）构建智能交互、可信任的分布式能源生态系统

智能交互、彼此互信、可信连接、价值协同等是构建分布式能源生态体系的前提。相关企业通过区块链则能够实现低成本的点对点价值传递，降低多方主体彼此建立信任的成本。从未来发展来看，"区块链"可能是未来建立信用的主要方式，利用区块链实现分布式记账，参与的主体越多，信用则越可靠，从而最终构建可信的能源互联网生态系统。

例如，企业可以利用区块链构建涵盖设备供应商、中间服务商、专业运维服务商、金融机构等主体灵活自主参与的资产设备运维生态系统。在整个系统中，设备供应商可同时发挥中间服务商的作用，提供类似滴滴打车的服务功能，一方面对接采购业主，另一方面对接专业运维服务商，通过建立智慧云，实时监测自身提供的专业设备，通过状态评估、智能诊断进行预警，业主在"互联网＋"平台上搜索合适的服务提供商，平台进行实时报价匹配，为业主提供服务。

3）区块链与物联网等场景科技融合，实现分布式能源深度落地

从源头着眼，在数据信息接入方面，基于物联网技术实现智能设备信息互联互通与接入；在数据信息采集方面，推进信息系统与物理系统的高效集成，实现设备状态、外部环境实时感知与在线监测；在数据信息处理与应用方面，则通过区块链技术，实现智能化的决策调控与自主交易。

例如，IBM 和三星公司已联合开发 ADEPT 系统（自动去中心化点对点遥测技术系统），使用区块链数据库建立一个分布式设备网络（一种去中心化物联网），由 ADEPT 来提供一种安全并且成本低的设备连接方式，通过"智能合约"来发布命令、执行逻辑操作、进而产生可信任的本地指令，实现互联设备间的自动控制和自主交易。

10.2　分布式协作实践案例分析：领主科技的分布式商业运作逻辑

"领主"是一个由北京领主科技开发出的一款类数字孪生产品，利用互联网满足用户在手机终端实现真实世界的第二人生，符合元宇宙的商业逻辑。"领主"是分布式协作及商业落地的一个互联网产品，未来

或将引领互联网用户角色的变革：从 user 到 owner，用户不再仅仅是互联网的使用者，而是经营者和拥有者。

领主科技充分应用数字技术很好地将虚拟世界与现实世界实现了融合。在领主平台中，有两种"领主"角色：社区领主和专家领主。基于现实世界的地图将全球地图划分为 42 亿个数字社区，拥有这个数字社区的用户，称为"社区领主"，通过自己在真实世界所在地域和系统中数字社区两类属地的社会化数字经营，来分布式管理自己的虚拟"场景"。

随着元宇宙时代的到来，越来越多的生活场景进入 VR/AR 世界中，"场景"在领主世界中线上线下无缝连接。领主平台通过地图、群组、生活服务和泛娱乐等产品形态，结合基础的用户积分、虚拟资产、支付及信用体系构建一个完整的线上虚拟世界自激励生态体系。

更具想象力的是，在数字世界中，用户往往会面对不同领域的知识和信息的需求，例如，如何在"元宇宙"中创建一个 3D 咖啡杯？这时 3D 建模这个领域的专家，就可以经营"3D 建模"这个领域，他们在领主平台，称为"专家领主"。

领主以人的基本价值实现为原则，每一位领主通过虚拟世界的贡献产生价值。每一位领主在自己数字社区，经营自己的数字商业，号召并管理本数字社区成员及内容产出，用户间进行协作及为信用背书，从而形成一个分布式系统的闭环。

在这个应用场景之上，真实世界与虚拟世界、全球用户和全世界互联网信息可以高效连接。围绕全球数字社区及用户的社交和商业系统所产生的价值、产生的商业利润，领主和数字社区成员在获得这些经营的收益方面有优先分配权。

领主创造性地赋予领主和数字社区成员各个角色，以及不同程度的贡献者更多权限。然后通过一种社区的竞争机制、社区资质、信用体系和分布式商业的孵化系统，让"真实世界的第二人生"变得多姿多彩起来。

10.2.1 靠谱指数：节点间可信连接与分布式协作的基石

中心化平台是头部经济模式，少数"网红"和"大V"占有了主要的流量和注意力，而有非常多的专家和专业人士，可能并没有很好的网络表现力让自己更出名，他们可能更擅长于做好产品、搞好生产，可能只是一个默默无闻的地质专家。在领主的分布式系统中，一个只有1000关注者的地质专家和一个1000万关注者的网红，有着同样量级的权重。

如图10-9所示，领主平台通过分布式网格管理，更好地实现人与人之间的高效协作与服务，构建以"领主人"为超级节点的社会化推荐平台，为"人"赋能。用户则可以基于商品、商家、服务、知识4种内容形态进行社交推荐或被推荐，推荐过程交由系统算法推举产生的社交人脉完成，推荐的信息传递过程均由传递方的个人信用背书。平台倡导价值传递的生态体系自生长、自循环，通过领主社交关系中的权重算法不断优化，每个人的靠谱指数（social rank）更加公正和精准，让每个人得到优质且高效的内容及服务。

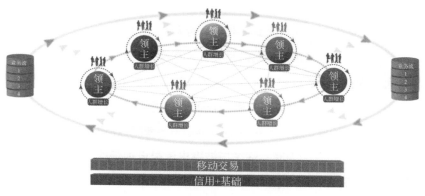

图 10-9 领主科技分布式商业实践模型

在领主平台，专家领主和社区领主一样，是人类网络的重要节点，他们将智慧和能力通过社交网络传递并延伸出去，人们共同经营了一个自底向上、从微观到整个网络的互助"价值网络"，这种类似于供应链的价值链模型，事实上一直在运转着，只是在移动通信技术不够发达的过去，它们的存在不是那么明显，但是这个网络的作用却异常重要。同时，在平台上，每个用户还有一个数字人助手"艾尔"，艾尔是个性化人工智能技术支持，当主人不在线时，艾尔可以在数字世界帮你打理业务，当然，你可以为艾尔起一个专有的名字。

这样，一个由分布式的"人"组成的网络，人脑的智慧和经验，通过分布式技术和数据融为一体，并借助于"智慧"算法，将之互联和传输，让其越来越高效，越来越精准和可信任，必然大大强化人类网络的运转效率和智慧产能。

10.2.2　领主社区互助：打造高效的分布式网络服务社区

领主平台通过分布式网格管理在社区互助中发挥积极作用，通过角色梳理划分三种角色：求助者、援助者、志愿者，并以这三种角色的定位实现不同个体在社区互助中的供需匹配。

求助者：在社区互助中需要救助的对象。

援助者：可以提供直接或间接帮助的个人／企业。

志愿者：解决最后物资落实到人的现场派发个体／团队。

在产品形态上，有 App、有 HTML5，基于地理位置，方便用户发布求助或援助信息，并以网格式管理协助志愿者高效派发物资。

人与人之间直接沟通，需求与被需求信息直观获取，实现网格化、分布式模式下的深度供需触达和匹配！

为了提升更加高效、精准的传播效果，信息、物资等数据之间的快速且精准的对接与匹配显得至关重要。领主社区互助平台依托于分布式网格化领主（节点管理者）主导，数字社区管理员辅助协作的分布式群体响应模式，高效快速地完成了人与人之间的直接触达。

10.2.3　更大的想象力：全球化、一体化的工作协同趋势

领主团队正在内测全球版本，在全球版本的基础上，迭代出更多的"插件"式基于区块链的智能合约功能，这些智能合约功能，将用户之间的需求匹配管理起来，完成可信任的点对点交易。

在分布式的交易模型下，以分布式广告为例，广告的接收者能够更大程度地与潜在消费者匹配，广告费的分成逻辑，也呈现倒三角模型，即广告的接收者本人会获得更多的广告费用。

而在开放平台中，开发者还可以在这个平台上开发各种各样的"撮合合约"，用户达成类似于网约车这样的点对点交易业务。而合约开发者，也会从合约使用费中，获取自己该得的辛苦钱，虽然可能只有1%，但是对合约执行的双方，司机和乘客，也都降低了成本。

10.3　分布式金融实践案例分析：以河南省产业金融服务平台建设为例 [53]

10.3.1　河南省产业金融服务平台建设背景

数字经济的蓬勃发展离不开数据资源要素在产业内外的高效流动。当今社会中，中小微企业在增加就业与保持经济活力方面发挥着无可替代的作用，但受限于企业自身资产规模有限、资产评估与抵押方式单一，以及信用评价体系的缺失，导致中小企业融资难、融资贵的问题。河南

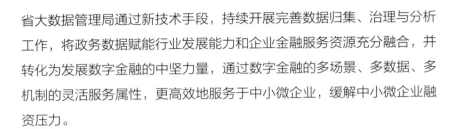
省大数据管理局通过新技术手段，持续开展完善数据归集、治理与分析工作，将政务数据赋能行业发展能力和企业金融服务资源充分融合，并转化为发展数字金融的中坚力量，通过数字金融的多场景、多数据、多机制的灵活服务属性，更高效地服务于中小微企业，缓解中小微企业融资压力。

10.3.2 应用分布式商业思维打造新型金融服务模式

分布式商业作为一种新商业时代企业数字化发展新逻辑，在金融行业中解决融资难、融资贵等问题发挥着较大的价值。金融机构运用分布式商业中的平台化战略，以"资源共享""价值连接""可信协作"等为基础，通过预先设定透明的价值交换或合约协议而进行智能化金融服务活动（如抵押、交易、贷款等）。

联通数科与河南省大数据管理局应用区块链技术、场景科技等技术，打造智能可信的分布式金融服务平台，其通过构建金融供需体系、打造区域权威信用体系、数字身份体系，以及以场景数据驱动的供应链金融服务体系，实现中小微企业融资服务"一网通贷"。通过该平台，解决数据可信问题，提升风控评估准确度，进而降低中小微企业融资成本，加速融资过程。

具体来说，一方面，平台通过构建基于区块链的数字身份体系和面向中小微企业的信用评价体系，实现以数字身份为基础的行为记录、数据存证和信用保障。在信用体系构建方面，通过利用区块链与隐私计算技术，一是将企业相关的信用数据，如工商、经营、财务等隐私数据进行可信存证，在此基础上纳入多方数据实现数据交叉验证，建立可信企业画像。二是对链上数据进行确权确责，并进行授权使用，可信存证数据可用于贷款申请与审批。同时，企业贷款行为全流程上链留痕，通过对企业贷款全流程跟踪，防止作假控制风险，包括贷款申请记录、还款记录、惩戒记录等，均可作为企业信用背书的有力依据，提升银行的风控能力。

另一方面，建设基于区块链的供应链金融服务平台。区块链是多方协作共识的基础设施，通过构建区块链网络，连接各供应链节点，记录各节点的供应数据，实现上下游分布式数据的可信可用，进而重塑金融服务业务流程，实现基于区块链的信贷、担保、保险一体化的"一网通贷"体系，帮助银行等金融机构实现对企业经营反馈数据的穿透感知，梳理上下游中小微企业的资金流和物流走向，并通过多维度获取各类信息，为目标客户提供更加可靠的金融服务。

在平台战略方面，以基于联通链的中小微企业信用中心为例，其由企业申报子平台、产业发展分析子平台、融资信用子平台、互联网金融服务子平台四大业务平台以及底层区块链系统共同构成，各平台相互联动，共同为客户提供个性化的金融服务。

如图 10-10 所示，该平台的业务流程如下。

（1）企业申报子平台，负责汇总省平台归拢的全部政策性融资贷款和政策扶持项目。

（2）数据采集后，接入产业发展分析子平台，对申报子平台汇总数据进行清洗、整理和分析，建立以大数据分析为标准的企业基础评价体系。

（3）数据分析结果提供给融资信用子平台，以企业金融信用为核心，输出企业融资信用报告。

（4）基于企业画像，企业可以在互联网金融服务子平台、面向企业和银行的银企撮合执行平台、银行以政策性贷款、商业贷款入驻平台上索寻和申请目标贷款。

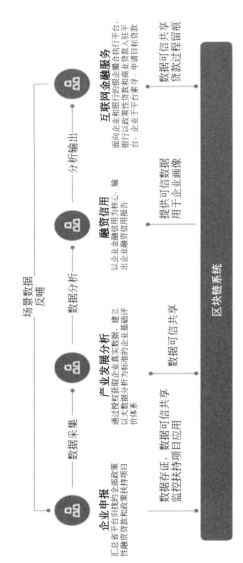

图 10-10　分布式金融服务平台业务流程图

（5）通过"区块链 + 通证"形式，实现金融机构反向共享数据，将场景数据反哺到企业申报子平台，形成闭环反馈。

在该案例中，依托"互联网 + 大数据 + 区块链"技术，联通数科助力河南省大数据管理局构建全省政银企融资服务总枢纽，提升省数据平台对外赋能服务能力、区域化征信公信力，加强新型契约机制下中小微企业、金融机构、政府及金融监管部门的互信和协作，实现中小微企业融资服务"一网通贷"，推进行业数字化转型。

面向河南省中小微企业，河南省大数据管理局通过提供一站式金融服务，企业通过一个门户入口、一次登录认证，实现"一网通贷"。企业根据自身发展阶段的企业信用、风险评估信息灵活选择最优的金融产品组合和扶持政策，有效降低企业融资成本，加快融资效率。

面向金融机构，河南省大数据管理局充分发掘平台汇聚的全供应链场景、全节点、全方位信用数据资源价值，为金融机构提供企业信用信息、信用评级、风险评分等多种类型的数据服务，有效解决投融资双方信息不对称问题，降低金融机构获客成本，通过数据价值降低金融风险。

面向政府和金融监管部门，河南省大数据管理局通过提供融资服务监控与督导、产业经济画像、产业发展趋势分析等服务，帮助主管部门监测产业经济结构和运行状况，掌握产业发展趋势，推进产业转移和结构优化，持续优化营商环境，为政府制定地方金融政策、经济发展策略提供决策依据。

在应用效果方面，联通数科与河南省大数据管理局应用联通链构建普惠金融信用体系，在保障金融机构精准风控的同时，缩短审批周期，加快放贷速度，截至 2021 年 8 月，平台已完成 27 家金融机构入驻，提供 130 余款金融产品，为河南省 19 932 家中小微企业实现了 31 980 笔、总额超 800 亿元的金融贷款服务。

10.3.3　区块链与场景科技赋能分布式金融生态建设

联通数科借助于区块链和场景科技，以平台为支撑，通过构建可信数据体系、数字身份体系、信用评价体系，在数字化场景中提供全场景闭环的分布式金融服务。

（1）采用以区块链技术为代表的分布式技术，构建底层信任机制，服务各种金融场景的应用。

（2）采用分布式技术打通各场景数据和业务数据，服务金融业务的应用。

（3）采用分布式技术重建或改造现有金融业务流程，探索提升金融业务效率和形态升级的应用。

联通数科助力河南省大数据管理局建设全省政银企融资服务总枢纽，提升省数据平台对外赋能服务能力，加强在新型契约机制下，中小微企业、金融机构、政府及金融监管部门的互信和协作，构建普惠金融信用体系。

联通链构建了普惠金融信用体系，实现企业画像精准刻画、多方数据共享交叉验证、贷款行为全过程存证，帮助银行实现贷前、贷中、贷后全面风控，帮助中小微企业建立信用分，实现及时、低成本融资。通过运用大数据、区块链等技术，解决融资繁、融资难、融资贵的问题，实现中小微企业融资服务"一网通贷"。

10.4　分布式政务实践案例分析：以济南高新区分布式政务服务平台建设为例 [54]

随着信息化技术加快发展和简政放权力度的不断加大，政务服务数字化转型迫在眉睫。分布式商业作为一种以平台支撑、数据及资产可信共享、可信连接、身份对等、多方协同的数字商业新模式，在推动政务服务效率及效果、提升群众获得感和满意度等方面也起着重要作用。

10.4.1　政务服务数字化、分布式转型的背景

"一次办好"作为政务服务场景塑造的核心价值主张，不仅是贯彻落实党中央、国务院深化"放管服"改革的重要举措，还是增强企业和群众办事满意度和获得感的工作抓手。目前，推进政务服务"一次办好"改革，面临的痛点和难点问题仍然是跨部门、跨系统、跨业务的网络互联互通难、数据共享难、业务协同难的"三难"问题。"三难"问题导致了人工办事效率低、成本高、业务办理过程不透明、多次跑腿、重复提交材料等问题。对于办事群众、企业来说，办事慢、办事难、办事累，体验感和满意度有待进一步提升。对于监管人员来说，管理看不见，难以及时发现问题和及时决策等问题亦亟待解决。

10.4.2　济南高新区的分布式政务生态构建路径

自 2018 年，济南高新区管委会、山大地纬软件股份有限公司联合山东大学开始探索构建高效、透明的政务服务商业生态。随着区块链技术在产业变革中价值的凸显，这些机构基于区块链技术在产业可信体系、协作模式等方面的价值，打造了以区块链为基础的分布式政务服务平台，并创造性地提出"还数于民（企）"的新理念，充分发挥数据要素价值，在平台模式建设方面，采用"数据资源上链共享 + 链上数据可信流转 + 业务场景协同"新模式，实现了政务数据跨部门、跨系统、跨业务的可信共享和各部门业务协同办理，提升了业务办理的自动化、智能化水平，推动"一次办好"改革深入开展，大大提高了政务服务质量和水平，提升了群众和企业获得感、体验感和满意度。具体来说，其主要采用了以

下路径。

1. 界定政务场景造物主张

济南高新区根据场景痛点，将"一次办好"设定为场景重塑及场景造物价值理念，以企业和群众眼中的"一件事"为场景造物目标，这为政务场景价值链重塑奠定了基础。

2. 构建可信分布式政务数字资产管理系统

基于区块链多方共识、可信流转、不可篡改、自主授权、可追溯、可监管的特性，济南高新区以区块链分布式账本为载体，以公民身份证号码、企业组织机构代码作为唯一标识，将各种证照（目前主要包括身份证、企业营业执照、卫生许可证、食品许可证等）的签发、使用记录、验证记录、状态存储到区块链上，并利用全新的加密认证技术和全网共识机制，建设数字资产管理和应用系统。通过建设数字资产管理和应用系统，自动地、智能地为每个办事群众、企业建设自己的数字资产，并开设加密数据资产账户。企业或群众办事时，在移动端出示数字资产或凭证，在线自动验证后即可办事，真正实现"减材料、减环节、减时间"，让办事群众和企业切实享受到政府优质、高效、便捷的服务体验，同时也大大减轻了工作人员重复审核的成本。

3. 构建可信连接与数据协同的信息系统

济南高新区充分利用区块链网络的分布式、多节点、自管理等特性，打通各"业务网络节点""数据平台""应用程序"等数据。在数字资产共享平台的支撑下，通过数字身份认证与权限管理等措施，实现了政务数据通过跨部门可信传递，各部门业务在线协同办理和管控。证照、凭据等数据资产，可由群众和企业通过自己的"数字保险箱"随时申领查看，并在政务服务办事中自主授权使用，可查、可控、可信，从而将传统的政务数据共享变为基于区块链的可信授权传递，使数字证照、数字凭据在各业务部门、各业务系统之间可信安全地流转，且监管部门通过区块链对业务办理的全过程可溯可查。

4. 塑造多场景连接、多业务协同的生态协作体系

以政务平台典型应用"企业开办一次办好"为例。高新区通过建设连接市场监管、公安、医保、社保、公积金、税务等场景/部门的数字政府平台，各部门审批的结果、证照、凭据等政务数据实时产生、实时"上链"，成为企业和群众"数字保险箱"中的数字资产。群众和企业通过自己手机端的"数字保险箱"应用即可实现对自己数据资产的"链上自主授权使用"，实现了营业执照、企业数据、证明材料、备案材料等政务数据跨部门、跨系统、跨业务实时连接与可信传递，大大提升了部门在线协作效率，提升了群众和企业在办事过程中的获得感、体验感、满意度，创造了企业开办办理时间最短 35 分钟，平均 116 分钟的"高新速度"。两年服务 21 000 多家企业开办。

从技术架构来说，分布式政务服务平台架构如图 10-11 所示。

在基础设施层，以区块链的分布式网络为基础，分别基于生态参与者（如市场监管、公安、医保、社保、公积金、税务等角色）的功能与特性，设计共识节点、交易节点、存储节点的角色职责与权力，实现节点的分权管理。

在数据资源层，主要是对可信节点/主体的共享资源、交易信息资源、监管信息资源，以及受理、审批等信息资源实现面向业务场景的共享与管理。

在业务支撑层，首先，通过对各网络节点、数据传输节点的高效管理，可驱动生态数据的实时共享及使用。其次，借助于区块链操作系统分布式节点管理优势（如成员管理、主体管理等），对各组织成员、业务节点、生产资料、交易信息等数据资源开展分布式管理。最后，在区

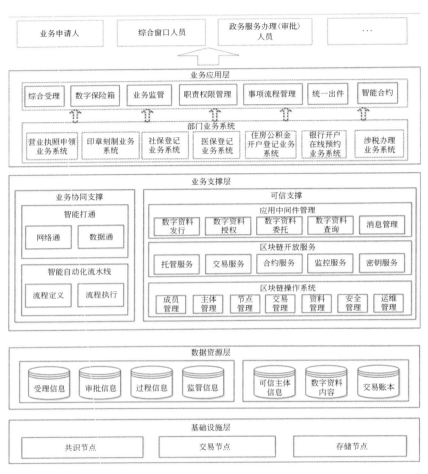

图 10-11　分布式政务服务平台架构 [54]

块链开放服务（如合约服务、密钥服务、监控服务等）和应用中间件管理（如数字资料的发行、授权、委托、查询等）等措施下，能有效面向各业务场景有针对性提供个性化解决方案。

在业务应用层，针对各部门业务场景（如医保登记、银行开户预约、涉税办理、社保登记查询等）都可以在数据共享与节点授权情况下实现高效办理。平台运营 2 年以来，该平台共办理事项 320 000 多个，平均办理时间降低 31%，材料减少 23%。在省内外 10 多个地市、高新区推广应用。

10.4.3 以分布式为特征的数字政务转型的新价值与新未来

在区块链技术支撑下，济南高新区分布式政务服务平台的建设与成功应用，得益于其构建了线上线下协同的可信数据资产共享体系和可信协同的政务服务模式。该平台链上链下政务数据的有效协同，促进了政务数据跨部门、跨系统可信传递和部门业务在线协同办理，在政务服务领域起到了显著的引领示范作用。

一方面，基于区块链技术构建了各业务场景的数据资源共享平台，解决了证照、证明材料等政务数据跨部门、跨系统、跨业务的难以共享、反复提交等问题；另一方面，基于可信连接与数据共享机制，实现各部门业务在线协作、无缝对接，解决"互联互通难、数据共享难、业务协同难"问题。具体体现在以下几项。

（1）创新"还数于民（企）"服务理念，群众和企业通过"数字保险箱"的个人自主数据管理中心，管理授权使用自己数字账户中的数据资产，回归数据授权共享使用的本质，实现了"我的证照我做主"的"人证合一"和"自证清白"。

（2）创新"自主授权"可信体系，有效解决办事过程中的假证伪证、证照冒用、信息泄露、循环证明等问题。

（3）创新"信用建立，信任传递"共享机制，打破各方之间的数据壁垒，实现数据有序授权共享，解决传统中心化平台存在的时效性、完整性、可信性等得不到保障的问题。

10.5 传媒领域分布式商业实践案例分析：以 Mirror 项目实践为例

随着在线媒体的发展，数字化内容的创作、发布与传播成为主流，但是，传媒领域内容确权难、用权难、维权难、转化难，数字化内容产品流通效率低下等问题也日益凸显。人们在网络平台上发布的内容无法实现知识转化和变现，高质量内容也越来越稀缺。在互联网中心化平台中，内容的价值转化途径多依赖于流量分成、内容付费、广告植入等，但是平台方抽取高额渠道费，导致创作者收益有限。

如今，大多数内容大多托管于中心化互联网平台上，导致平台上容易出现数据被泄露、内容资产价值失衡等现象。同时，内容版权被盗或侵权等现象也较为严重。大部分内容创作者为了维持生计，追求撰写博人眼球的低质文章，以增加曝光率提升流量来吸引广告商。与此同时，创作者面临 IP 被盗、跨平台限制等问题，对于内容创作者来说，如何摆脱平台束缚，实现内容直接变现至关重要。

区块链等数字化技术的发展极大地改善了以上问题。在传媒领域，区块链以分布式数据存储、内容不可篡改、数据可溯源等特性为传媒业的数字化转型、媒体融合、内容供给形态、盈利模式等的创新发展提供了新的路径。

10.5.1 Mirror——传媒领域的分布式商业发展新范式

Mirror 是价值互联网（Web 3.0）时代下发展起来的全新的内容价值生态模式。在 Mirror 内容生态中，其以平台为基础，以用户为中心，用户主导着内容的生产、创作、传播、消费，平台通过生态角色界定，绑定数字身份，让创作者拥有内容所有权。同时，平台以 NFT 所有权经济改变原先的内容创作、消费和盈利模式。

Mirror 充分结合了数字化时代的新技术、新理念和新模式，以 Web 3.0、DAO、NFT 所构建的所有权经济模式，为内容创作者提供了一套内容创作和内容转化工具集，以解决内容创作者创作无思路、创作效率低下、内容价值变现难等问题。不仅如此，在该生态中，其主要角色包括用户、创作者、DAO 运营商、NFT 项目方、开发者、投资者等，他们的想法和努力将为生态注入源源不断的活力。同时，人人都可以成为内容的创作者、传播者和早期投资者，并获取内容在未来的收益。

10.5.2 Web 3.0 下分布式内容管理的所有权经济

Mirror 作为一款基于 Web 3.0 而构建的应用，拥有多种 Web 3.0 的原生属性。例如，网络的无处不在、内容的即时即刻共享、内容的所见即所得、数据的自我控制权等。在 Web 3.0 中，各节点之间点对点连接、分布式交互，是去中心化的，各参与方通过绑定数字身份，设定相关角色及权益，就可以在生态中拥有更多资源的控制权和所有权。这让 Mirror 拥有多重属性，包括可编程性、互操作性、可组合性、易传播性和可转移性。这些属性让内容的分布式管理成为可能。

在内容存储方面，平台采用去中心化数据存储协议 Arweave 存储数据，包括创作者发布的内容及其所有相关更改、验证作者身份真实性所需的所有信息，并支持数据永久存储。

在账户管理方面，平台通过搭建数字身份体系，内嵌原生货币，集成去中心化以太坊域名服务（ethereum name service，ENS），可助力创作者确权，让创作者拥有更多的内容控制和所有权。同时，为了规避安全和隐私问题，平台通过让创作者绑定数字身份，使其拥有更多控制

和所有权。当创作者发布内容时，需要通过签名密钥登录获得内容创作权和发布权。Mirror 支持用户绑定自己的 ENS 域名，同时也为每个创作者生成一个子域名作为内容发布平台主页，实现与原有互联网网页的兼容。

在平台架构方面，以分布式架构和微服务方式，将社交平台组成要素分拆成可供 DApp 开发者灵活使用的组件，包括新闻源、社交图谱关系、评论、列表算法、声誉系统等组件，各个组件可根据开发需求自由组合。例如，开发者可根据所需功能通过集成微应用程序"社交图谱"让用户彼此关注。

Mirror 发布了一款连接客户端和协议的后端 API 网关，并为内容创作打造了一套快速构建内容创作所有权经济的组合拳。Mirror 为用户开放了内容写作、内容分享、把内容做成 NFT、内容产品众筹、内容拍卖以及创作者个人通证发放的功能。Mirror 包括内容编辑（entries）、创作内容众筹（crowdfunds）、收益拆分（splits）、数字藏品（editions）、内容拍卖（auctions）、社区投票（tokenRace）6 种基础能力工具，其中，任何一种工具模块既可以独立使用也可以与其他模块组合使用，实现内容生产、内容创作、内容传播的分布式管理和内容创作所有权经济。

10.5.3　内容众筹 DAO，开启内容高效创作与自由传播新实践

为了提升内容创作的效率，解决内容创作无思路、内容传播较局限等问题，Mirror 创新推出了 DAO 组织治理模式和组织管理工具。它不仅可以为基于分布式协作的内容创作提供强大的创作工具和能力，同时也可以基于网络原生 token 为参与者提供激励。

如果你有一个内容创作的想法（包括文章 / 新闻、研究报告、音乐、

短视频等），使用 Mirror 可以快速地对想法进行分步落地。

（1）针对创作想法创建一个众筹，并描述你的愿景。这是建立连接的关键一步。

（2）在社交圈内传播你的想法，找到愿意参与的用户，并通过众筹获得内容创作所需的资金。

（3）通过筹集到的资金落实自己的想法。在这个过程中，参与者可以通过 Discord 等形式，召集社区用户参与讨论，并以投票方式决定路线图和资金用途。

（4）发布创作成果。创作成果可以被包装为 NFT 竞拍，收益可以按照众筹份额分配等。

具体来说，Mirror 为内容创作提供了一个去中心化自治组织的快速创建方式，并围绕 Mirror 上发布的某一创作想法形成了一个个利益相关的小的去中心化自治组织，Mirror 通过各种共同作者功能实现前所未有的协作，内容创作者可以借助于平台将自己的想法变为现实。其中，创作者作为内容生产者，通过 ENS 身份系统和内容进行绑定。同时，创作者也可以通过众筹活动获得启动资金，而支持者们则享有项目最终价值的分成。当内容创作者发布作品时，会为原始作品创建一个不可替代的 token，并通过销售 token 实现内容的价值转化，同时 token 也可以当作界定参与方权益的证明，以此来奖励贡献者。

10.5.4　内容资源 NFT 化，提升组织活力与内容转化效率

Mirror 也为创作者提供了一个快速编辑和发布原创内容的渠道，并为创作内容赋予了价值属性，创作内容通过 NFT 化，即可将部分 NFT 所有权出售给多个投资者，投资者通过出售 NFT 获取收益。从产品形态上看，Mirror 平台是一个针对单篇内容的众筹平台，支持针对 NFT 藏

品的拍卖。任何内容创作方都可以创建 NFT 藏品，并对其进行拍卖，拍卖结束后的收益可以按照预先设定的规则，通过智能合约的触发与执行，直接转入创作者设定的钱包地址，也可转入众筹或收益拆分合约地址，从而实现多人合作和收益拆分。同时，DAO 也可以通过奖励机制激励合作者多做贡献，有利于各参与方开展创作合作，提升组织活力。

Mirror 以 "DAO+NFT" 的方式拥抱了一种全新的所有权经济模式，其商业模式不再依靠广告和流量变现，而是可以面向某些人群以 "所有人为所有人服务" 的自由市场经济提供高质量内容，形成了一个基于内容作品的生产、创作、投资、传播和消费的闭环，从而维持服务域内供需的自给自足（本案例参考资料：Mirror 官方网站；张钰雯 .Mirror：内容经济变革者（2022-04-01））。

第11章

分布式商业生态战略：驱动企业重生，引导人类生活质变

11

我们知道，传统的企业管理思想已不能适应新的商业环境变化。理论和实践都迫切需要建立一种与现代商业环境相适应的企业管理新思维和新方法，在当今万变的市场环境里，增强市场应变能力是企业生存发展的关键。

根据现有的商业背景，笔者提出了基于场景的分布式商业逻辑和管理思维。场景是人们活动的根据地，是矛盾和需求的触源地，是变化与变革、创造与传播的着眼处。笔者瞄准于多变场景，深挖场景，追溯过去，立足现状，回归商业本质，对商业环境进行多方位探索，重思商业演化路径和企业管理困境，提出了分布式商业思想及其管理理念。分布式商业立足于场景，以场景洞察、需求重构、价值定位、造物主张、资源赋能、开放协作、动态管理等数字化场景管理思维，重塑场景中人的新生活方式，连续性场景体验升级后，最终引起人类生活的质变。

场景的数字化管理是分布式商业时代企业分布式管理的新入口，是针对企业在多变且复杂的新商业环境下应对变化、变革创新的关键。

与以往的通过实施计划、组织、领导、协调、控制等职能来协调他人的活动，使组织成员一同实现既定目标的活动过程有所不同。笔者提出的基于场景的数字化管理是以变求变，根据多变的环境和多变的需求，以分布式价值网络及其平台、组织为基础，通过灵活的场景思维、区块链思维、柔性分布式自治组织、专业 U 盘化人才，敏捷地应对复杂的环境问题。

例如，针对某一业务场景，首先以场景为原点，界定场景角色、重塑场景需求、确定价值定位和造物主张，然后盘点组织的相关资源，以分布式商业管理理念和基于场景的价值创造逻辑，为场景人群创造相应的价值。在创造价值的同时，辅以区块链思维（价值共识思维、分布式自治思维、价值协同思维、通证激励思维及生态思维）和场景思维（基于场景的价值定位、创造、传播等），在共识的基础上建立协作关系，在分布式自治组织、U盘化人才和运行内核架构上开放赋能、动态管理，创造价值，完成组织或个体的使命和愿景。

思维指导行动，组织变革一直在追求资源利用的最大化和价值创造回报的最大化，场景思维和区块链思维为组织或个人在基于场景的活动中奠定了行为指导基础。

在如今的商业环境中，企业所处的环境发生了重大变化。社会、产业和市场的不确定性增加，颠覆性创新、跨界融合时而出现。在此背景下，笔者认为，分布式商业生态战略是数字化时代企业的基本生存战略，就企业而言可以充分根据笔者提出的分布式商业思维及其生态战略方法论，设计相应的战略规划及其执行细节。例如，就某一复杂问题的解决，企业可以充分利用分布式商业思维，借助于网络力量，在平台中获取资源，可信连接，达成共识，以数字身份在网端协作，充分借助于云端人才和社区力量，低成本、高效率地完成某一价值闭环。同时，也能以此种方式更好地解决复杂多变的场景需求和场景问题。

就个人而言，则需要打造云端生存力和网端协作力，各价值创造主体可以随时更新自己的知识储备，提高自己应对变化的能力和与他人协作能力，以U盘人才的标准在网络社会中自由发展。

随着移动互联网技术、云计算、区块链、人工智能等信息基础设施的逐渐成熟，使得商业形态慢慢由以往的集中式、连锁式走向共享式和分布式。分布式商业生态既是区块链的未来，也是数字化时代中商业演化的趋势。分布式商业的应用一般以区块链思维、场景思维为基础，在笔者所提出的分布式商业生态战略设计要素和生态运行内核，以及分布式自治组织和U盘化人才等关键要素支撑下，所展现出的基本商业生存策略和逻辑。其商业特征具体表现出多方参与、统一共识、价值整合、资源共享、智能协同、通证激励、生态赋能等特点。分布式商业一般以某一特定业务场景为基础，多方供应生产资料，每一种资料的供给和基于业务的贡献都是可衡量的，企业通过数据信息、触点网络、平台组织、价值共识、机制设计、智能合约等借助生态资源，协同多方角色，共同执行业务流程及商业契约等。在此基础上多方共创产品、共建生态。

在信息源丰富，需求多元化、个性化程度较高的环境下，企业必须以动态的分布式商业思维应对动态的商业环境，只有这样，才能适应变化，动态成长。

例如，在价值创造、价值协作方面，人们可以利用分布式商业中的通证激励思维，以通证作为一种经济激励工具，来促进生态圈内各个创造价值角色的协作，在价值活动的底层生态中可提供一种价值媒介（通证），让每个参与价值创造的角色都可以用通证来兑换（在此过程中可以利用区块链的智能合约来执行利益分配），激励创值行为，形成利益共同体，进而推动整个生态的发展。在企业构建的对等互信的区块链网络中，各参与方可基于分布式网络安全地点对点地共享价值和交换价值，并且基于区块链的特性，把原有的商业模式或业务模式建立在区块链之上，每个企业都可以基于组织内部的价值共识、分布式协作与通证设计，将生产资料与业务流程进行链上分布式管理，从而实现全业务流程的可追溯可审计，以及利益分配的公平透明。

在数字化、智能化时代，笔者认为，就企业而言，几乎所有的场景都有必要利用新技术、新思维重新定义或升级，连接场景，聚焦于个体的需求与创造能力，基于"生产主体分布式、多元化，生产对象场景化、数据化，生产资料云端化、确权化，生产工具科技化、智能化，生产方式数字化、协同化"等分布式商业理念，以分布式结构的自治组织和U盘化人才创造多元化的产品或服务，然后通过内核数据系统打通生态内的多场景连续体验，采用基于场景的数字化管理方式，不断促进个体与外界环境的适应与迭代，进而寻求组织生态的自运转和有序跃迁，为生态系统中多方角色构建沉浸式体验。

例如，在美好的清晨，你听着优美的音乐声健身跑步，上班路上听着某 FM 上感兴趣的音频，中午饿了就用某订餐 App（小程序），来一份简餐。下班路上，打开某生鲜 O2O 平台，选好晚上做饭的食材，等到家时，订单正好配送到门口。此时，打开某知识付费平台，一边下厨，一边听着音频学习，吃饭的过程中打开某品牌的智能电视和家人一起享受大屏幕电影／电视的闲暇时光，饭后打开《分布式商业生态战略：数字商业新逻辑与企业数字化转型新策略》一书认真学习商业新思维和管理新思想，以在多变的环境中找到新的生存方法；等等。

毕竟，生活的意义就是体验场景的意义。

参 考 文 献

书中参考文献扫如下二维码观看。

参考文献